일제강점기 평양의 생활실태조사

生活狀態調査 其四 平壤府

한국근대 민속 · 인류학 번역총서 18

일제강점기 평양의 생활실태조사
生活狀態調査 其四 平壤府

초판1쇄 발행 2025년 12월 30일

지은이 젠쇼 에이스케善生永助
번역 및 교정 김광식 · 박희용

주간 조승연
편집 · 디자인 오경희 · 조정화 · 오성현 · 신나래 · 박선주 · 정성희
관리 박정대

펴낸이 홍종화
펴낸곳 민속원
창업 홍기원
출판등록 제1990-000045호
주소 서울 마포구 토정로 25길 41(대흥동 337-25)
전화 02) 804-3320, 805-3320, 806-3320(代)
팩스 02) 802-3346
이메일 minsokwon@naver.com
홈페이지 www.minsokwon.com

ISBN 978-89-285-2195-1
SET 978-89-285-0139-7 94380

한국근대 민속·인류학 번역총서 18

일제강점기 평양의 생활실태조사

生活狀態調査 其四 平壤府

지음 젠쇼 에이스케
옮김 김광식·박희용

민속원

머리말

서울시립대학교 서울학연구소 평양학연구센터는 2018년 개교 100주년을 맞아 남북대학교류협력비전을 수립하고 설치한 종전의 한반도산학협력연구센터를 2022년 6월 평양이라는 장소를 특정화하여 연구하기 위한 목적으로 변경하여 설립한 조직입니다. 현재로서는 직접 가볼 수 없는 조사연구의 한계가 있지만 타자연구로서의 평양학을 연구하기 위한 전문 연구조직입니다.

평양학연구센터는 지난 30여년간 서울학의 축적된 연구경험을 바탕으로 평양학의 연구기반을 구축하려는 목적으로, 지난 3년간 짧은 기간에도 불구하고 여러 연구성과물들을 발간해 왔습니다.

우선 『평양의 옛 지도』 도록은 역사와 미술사 분야 뿐만아니라 근대의 도시와 건축 분야 등 여러 학문에 장소학적인 측면에서 많은 이해를 할 수 있도록 도움을 주었습니다. 또한 『평양 오디세이』와 『모방할 수 없는 역사』, 『평양학 개론』 등 여러 학술서도 출판하여 현대 도시로서의 평양을 쉽게 이해하는데 도움을 줄 수 있었습니다.

이외에도 여러 학술 심포지엄을 통해 평양학과 관련한 신진 연구자의 육성에도 많은 도움을 주고 있습니다. 이를 바탕으로 평양학연구센터는 평양학이라는 학문체계를 널리 알리고 정립하는 플랫폼으로서 노력을 지속해가고 있습니다.

한편 근대기 평양의 모습을 이해하기 위해 1920년대의 기록물인 『평양 안내』를 번역해서 출판했고, 이어서 이번에는 1930년대의 평양 모습에 대한 이해를 위해 『평양부』라는 책을 출판하게 되었습니다. 이를 통해 1920년대와 30년대의 평양에 대한 이해를 하는데 많은 도움이 될 것으로 기대합니다.

평양은 서울과 함께 한반도에서 겪어 온 숱한 역사의 흔적이 잔존하고 있는 역사도시입니다. 고구려 시대의 수도였고, 고려와 조선 시대를 거쳐 오늘에 이르고 있습니다. 그러나 한국전쟁으로 도시가 폐허가 된 이후 사회주의의 이념적 기반 위에 도시가 새롭게 재건됨으로써 옛 자취와 흔적이 사라져 현재는 역사도시의 원형과 그 뿌리를 잘 알 수 없는 것이 현실이기도 합니다. 이에 평양학연구센터에서 발행하는 책들은 옛 평양의 도시를 기억해내는데 도움이 될 것입니다.

이 번역서가 발간되기까지 어려운 여건 속에서도 정심을 다하여 애써주신 평양학연구센터의 조유현선생님을 비롯한 모든 관계자분들께 깊은 감사의 마음을 전합니다. 또한 연구성과를 만들어 낼 수 있도록 물심양면으로 지원해 주신 서울시립대학교 총장님과 서울학연구소 소장님께도 감사 인사를 드립니다.

이 책의 간행이 서로 다른 체제와 이념의 두꺼운 벽에 가려져서 지금껏 제대로 된 실체를 파악하기 어려웠던 평양의 과거와 현재를 이해하는 길잡이 역할을 할 수 있기를 바랍니다.

앞으로도 서울학연구소 평양학연구센터는 평양학 연구를 위한 기반을 구축하고 심도깊은 학술연구를 통해 다양한 연구자료를 발간하고, 이와함께 평양학의 연구성과를 서울학과 연계하여 서울시민들과도 공유하는 다양한 프로그램으로 전개해 나갈 계획입니다.

아무쪼록 평양학에 대하여 독자 여러분의 끊임없는 관심과 성원이 이어지기를 기대합니다.

2025년 12월

역자를 대표하여 박희용 씀

生活狀態調査

차례

其四 平壤府

生活狀態調查

일러두기

1. 원문에는 페이지 주가 없지만, 독자의 편의를 위해서 역주를 달았다.
2. 지나支那, 북지北支(중국 북부), 선지인鮮支人(조선인과 중국인), 서선西鮮(황해도, 평안남 · 북도 서조선), 선인鮮人, 내선인內鮮人(일본인과 조선인), 선내鮮內(조선 내), 전선全鮮(전조선), 남선南鮮(남부 조선) 등 부적절한 용어 및 차별어가 많지만, 역사적 사실을 그대로 밝히기 위해 직역하였다. 독자의 양해를 바란다. 한편, 예를 들어 서선西鮮 및 서조선西朝鮮, 선인鮮人 및 조선인朝鮮人을 같이 사용했기 때문에 이를 그대로 직역하였다.
3. '내지內地'(일본 본토), '임나任那'(가야에 대한 일본적 명칭), '이씨조선李氏朝鮮' 또는 '이조李朝'(조선왕조에 대한 일본 통칭), '국어國語'(일본어), '한국병합' 등의 용어들도 역사적 사실을 드러내기 위해 그대로 직역하였음을 양해 바란다.
   단지, 분로쿠의 역文禄の役, 일로전역日露戰役(러일전쟁), 유럽대전(歐洲大戰 제1차 대전) 등 한국에서 통용되지 않은 표현은 가독성을 위해 각각 임진왜란, 러일전쟁, 제1차 대전(제1차 세계대전)으로 번역하거나 병기併記하였다.
4. 겸이포兼二浦(송림) 등 근대 이후 일본인이 작명한 평양 부근 지명 등은 역사적 사실을 적기摘記하기 위해 원문 그대로 표기했다.
5. 일본 연호 소화昭和 5년은 초출初出을 제외하고는 가능한 한 서력 1930년으로 번역했다.
6. 이 책에서는 통계자료를 열거하면서 수많은 표를 제시하였다. 표 숫자 중 잘못 표기된 부분이 다소 확인된다. 번역을 통해 일부를 바로 잡았지만, 대부분은 그대로 표기했음을 양해 바란다. 또한, 모든 표기는 한자로 적혀 있고, 일부 선명하지 않은 부분도 존재하지만, 가능한 한 원전, 전거典據 등을 확인해서 기록하였다.
7. 원서에서는 책의 '서序'와 '서언' 사이에 목차가 제시되고 있지만 이 번역서에서는 동일한 목차가 반복되기에 시작 부분에만 제시하였다. 아울러 접지 형식으로 나온 일부 도판(38~39쪽, 314~321쪽)을 편의를 위해 양면보기 형식으로 배치하였다. 배치 중 책의 안쪽에 물려 확인되지 않는 부분이 있다면 젠쇼 에이스케 지음, 최석영 해제, 『生活狀態調査』 平壤(『한국근대 민속 · 인류학자료대계』 14, 민속원, 2008)에서 확인할 수 있다.

젠쇼 에이스케의 『생활상태조사(其四) 평양부』

해제

生活狀態調査

其四 平壤府

1. 젠쇼 에이스케善生永助와 관련 연구

국내에서 조선총독부 촉탁 젠쇼 에이스케善生永助(1885~1971)가 남긴 '조사자료'집에 대해서는 2005년 이후에 본격적인 연구가 수행되었다. 실제로 그가 사망한 시기도 2010년대에 들어와서 알려졌다.[1] 이대화의 명확한 지적처럼, 일본 학습원대학 동양문화연구소 우방문고友邦文庫의 자료 소개[2]를 통해 그 사실이 국내에 알려졌지만, 임경택,[3] 임학성,[4] 이대화[5] 등의 연구를 통해 다방면에 걸친 실체적 연구가 진행 중이다.[6]

이를 참고로 그의 생애를 조선 체류기를 중심으로 정리하면 다음과 같다.

젠쇼는 1885년 일본 시코쿠四國 지역 가가와香川현에서 태어나 1906년 와세다早稻田대학 전문부 정치경제과에 입학했다. 재학 중에 중국에 관심을 지니고 일청협회日淸協會 회원으로 가입 활동하면서 북경어와 중국 사정事情에 대해 연구하였다.

---

1) 김일권 · 최석영 · 정숭교, 『한국 근현대 100년과 민속학자』, 한국학중앙연구원출판사, 2014, 179쪽; 하지연, 「식민권력의 조선 소작관습 조사와 근대 지식권력」, 『한국문화연구』 34, 이화여자대학교 한국문화연구원, 2018, 34쪽 등.

2) 2024년 11월 4일 최종 열람 https://www.gakushuin.ac.jp/univ/rioc/vm/c03_yuuhou/c0306_zenshou.html

3) 임경택, 「일제하 일본인의 촌락조사와 촌락사회 - 조선총득부 촉탁 젠쇼 에이스케(善生永助)를 중심으로」, 『민속연구』 14, 안동대학교 민속학연구소, 2005; 林慶澤, 「植民地朝鮮における日本人の村落調査と村落社会 - 朝鮮総督府嘱託善生永助を中心に」, 『韓國朝鮮の文化と社會』 5, 韓國 · 朝鮮文化研究會, 2006, 167~202쪽; 임경택, 「젠쇼 에이스케의 『조선의 취락』 연구 : 조선의 사회경제와 '취락'」, 주영하 · 임경택 · 남근우 공저, 『제국 일본이 그린 조선민속』, 한국학중앙연구원, 2006.

4) 임학성, 「조선총독부 囑託 젠쇼 에이스케[善生永助]의 朝鮮人口 연구 및 특징」, 『역사민속학』 61, 한국역사민속학회, 2021, 193~245쪽; 임학성, 「일제강점기 젠쇼 에이스케(善生永助)의 '조선 인구' 연구」, 인하대학교 한국학연구소 엮음, 『일제 강점기 일본 한국학의 형성과 양상』, 민속원, 2022.

5) 이대화, 「조선총독부의 조선 취락에 관한 연구 : 젠쇼 에이스케(善生永助)의 생활상태조사를 중심으로」, 『문화와 융합』 43-3, 한국문화융합학회, 2021, 775~799쪽.

6) 홍양희, 「'同姓同本'='同族'이라는 상상 : 젠쇼 에이스케(善生永助)의 '同族部落'의 발명과 식민지 정치학」, 『한일관계사연구』 58, 한일관계사학회, 2017, 371~403쪽; 전종한, 「『朝鮮の聚落』(1935)을 통해 본 한국 宗族村落의 기원과 분포」, 『문화역사지리』 26-2, 한국문화역사지리학회, 2014, 63~82쪽 등 선행연구에 대해서는 전술한 이대화 및 임학성의 연구를 참고. 특히 임경택과 임학성은 상세한 논저목록을 제시하여 유용하다.

대학 졸업 후 1911년에 오사카 마이니치大阪每日신문사 나고야名古屋지국 기자로 첫 사회 활동을 시작했고, 농상무성農商務省의 촉탁으로 재직하다가 다시 기자 생활에 복귀하여 1923년 조선에 들어오기 전까지 언론계에서 활동하였다. 젠쇼가 38세였던 1923년 같은 가가와현 출신인 오니시 이치로大西一郎(조선총독부 서무부 조사과장)의 소개로 조선총독부 촉탁이 되어 건너왔다.[7)]

그는 1923년 8월 조선총독부 촉탁으로 임명되어 1935년 12월에 퇴임할 때까지 34권의 단행본(조사자료 23권 포함)과 120여 편의 논문을 집필하였다.[8)] 1924년에 단행된 조선총독부의 행정정리로 인해 중단된 오다우치 미치토시小田內通敏의 조사계획을 활용해 젠쇼는 조선총독부 조사과에서 생활상태조사 등을 조사하게 된다.[9)]

젠쇼가 촉탁으로 초빙된 까닭은 중추원에서 총독관방으로 조사사업이 이관되면서, 학술적 성격의 조사보다는 식민지 척식 활동에 주력하려는 의도가 반영되었기 때문이라 보이는데,[10)] 그는 적어도 양적으로는 그 의도에 부응했다.

총독관방 서무부 조사과는 1923년에 조선총독부 조사자료 제1집 『1919년의 애급 대폭동(이집트 대폭동)一九一九年の埃及大暴動』[11)]을 시작으로 1941년에는 무라야마 지준村山智順이 정리한 제47집 『조선의 향토오락朝鮮の鄕土娛樂』(1941)을 끝으로 총 47책의 조사자료집을 간행했다.[12)]

총 47책 가운데 적어도 23책은 젠쇼가 집필한 것이다. 그 목록은 다음과 같다.[13)]

第2輯 : 『조선에서의 내지인朝鮮に於ける內地人』, 1923.

第6輯 : 『한신 · 케이힌지방의 조선인 노동자阪神 · 京濱地方の朝鮮人勞働者』, 1924.

---

7) 임학성, 앞의 논문, 2021, 197~198쪽.
8) 이대화, 앞의 논문, 776쪽.
9) 위의 논문, 782쪽.
10) 위의 논문, 785쪽.
11) 朝鮮總督官房庶務部調査課 編, 『一九一九年の埃及大暴動』, 朝鮮總督府, 1923.
12) 朝鮮總督府, 『朝鮮の鄕土娛樂』, 朝鮮總督府, 1941(調査資料 第47輯).
13) 총 47책의 조선총독부 조사목록은 임학성, 앞의 논문, 207-209쪽을 참고.

第7輯 : 『조선에서의 지나인朝鮮に於ける支那人』, 1924.

第8輯 : 『조선의 시장朝鮮の市場』, 1924.

第11輯 : 『조선인의 상업朝鮮人の商業』, 1925.

第14輯 : 『시가지의 상권市街地の商圈』, 1926.

第15輯 : 『화전의 현상火田の現狀』, 1926.

第17輯 : 『조선의 계朝鮮の契』, 1926.

第18輯 : 『조선의 요업朝鮮の窯業』, 1926.

第19輯 : 『조선의 물산朝鮮の物產』, 1927.

第22輯 : 『조선인의 인구현상朝鮮の人口現象』, 1927.

第23輯 : 『조선의 범죄와 환경朝鮮の犯罪と環境』, 1928.

第24輯 : 『조선의 재해朝鮮の災害』, 1928.

第26輯 : 『조선의 소작관습朝鮮の小作慣習』, 1929.

第27輯 : 『조선의 시장경제朝鮮の市場經濟』, 1929.

第28輯 : 『생활상태조사生活狀態調査(其一) : 水原郡』 1929.

第29輯 : 『生活狀態調査(其二) : 濟州島』, 1929.

第32輯 : 『生活狀態調査(其三) : 江陵郡』, 1931.

第34輯 : 『生活狀態調査(其四) : 平壤府』, 1932.

第38輯 : 『生活狀態調査(其五) : 朝鮮の聚落(前篇)』, 1933.

第39輯 : 『生活狀態調査(其六) : 朝鮮の聚落(中篇)』, 1933.

第40輯 : 『生活狀態調査(其七) : 慶州郡』, 1934.

第41輯 : 『生活狀態調査(其八) : 朝鮮の聚落(後篇)』, 1935.

놀랍게도 젠쇼는 조선총독부 조사자료에 한정해도 1930년을 제외하고 1923년부터 1935년까지 매년 1책 또는 2책을 간행하였다.

2. 조선총독부 '생활상태조사'에 대하여

위에서 밑줄 친 8권(기일其一에서 其八까지)은 후반부에 '생활상태조사'라는 이름으로 출판되었다.

'생활상태조사'의 간행 경위에 대해서는 젠쇼의 회고에서 조금씩 다르게 주장해서 선행연구에서 해명되지 않았는데, 이대화는 젠쇼의 회고 자료를 총체적으로 복원해서 다음과 같이 결론지었다.

> 이로써 보건대, 젠쇼는 지리적 여건과 도별 안배를 고려하여 최소 10개소의 지역조사와 종합조사 6개 주제를 염두에 두고 있었음이 거의 확실하다. 그러나 치밀한 사전조사와 계획을 거쳐 지역과 주제를 구체적으로 확정하고 조사활동을 전개한 것이 아니라는 점도 짐작할 수 있다. 아마도 생활상태조사 사업에 대한 마스터플랜 같은 것은 존재하지 않았거나, 후보지역을 다수 물색하다가 추후에 확정하는 느슨한 형태였다고 짐작된다.
> 젠쇼의 직무는 크게 두 가지로, 하나는 생활상태조사가 포함된 '조선사회사정 조사사무'를 맡아 부정기적으로 조사자료를 발간하는 것이었다.[14)]

이처럼 젠쇼는 최소 10개소의 지역조사와 종합조사 6개 주제를 염두에 두고 자료를 수집했지만, 결과적으로 수원군水原郡, 제주도濟州島(1929), 강릉군江陵郡(1931), 평양부平壤府(1932), 경주군慶州郡(1934) 편만을 간행하였다. 이를 종합해서 『조선의 취락朝鮮の聚落』 전편前篇 · 중편中篇 · 후편後篇(1933. 3~1935. 3)을 집필하였다. 이처럼 1929년 9월에서 1934년 2월에 걸쳐 8책의 '생활상태조사'집을 간행한 것이다.

젠쇼가 펴낸 '생활상태조사'집들은 1980년대 민속원을 시작으로 한국과 일본에서 수차례 영인되었고, 2008년 민속원에서 『한국근대 민속 · 인류학자료대계』 9~15(2008, 9~11. 조선의

---

14) 이대화, 앞의 논문, 788~789쪽.

취락, 12. 수원 · 제주, 13. 강릉, 14. 평양, 15, 경주)라는 이름으로 해제(최석영 집필)를 포함해 영인되었다.

또한, 지역 역사를 검증하기 위한 용역으로 각 지방단체에서 개별 지역 자료집은 아래와 같이 번역되었다.

이창식 역, 『생활상태조사』 1 수원군, 수원박물관, 2013.

홍성목 역, 『제주도 생활상태조사(1929)』, 우당도서관, 2002.

임호민 역, 『국역 강릉생활실태조사』, 강릉문화원, 2002.

김기조 역, 『조선총독부 발간 생활상태조사』 (7) 국역 경주군, 경주문화원, 2008.

그러나 북한 자료인 『생활상태조사 (其四) 평양부平壤府』(1932)는 아직까지 번역되지 않았다.

3. 『생활상태조사 (其四) 평양부』에 대하여

지금까지 간단하게 젠쇼와 선행연구, 여덟 권의 '생활상태조사' 자료집의 간행 양상과 번역 양상을 살펴보았다.

전술한 바와 같이 개별 지역 자료로는 수원군(1929), 제주도(1929), 강릉군(1931), 평양부(1932), 경주군(1934) 편이 간행되었고, 평양부를 제외한 모든 자료집은 번역되었다.

평양부平壤府 편이 마지막으로 번역됨으로써 모든 개별 지역 자료를 한글로 읽을 수 있게 되었다. 앞으로 본격적인 비교 연구를 포함하여 비판적인 검토가 요청된다.

이에 앞서 평양부平壤府 편을 번역하면서 느낀 소감을 간단하게 서술하고 글을 마무리하고자 한다.

『생활상태조사 (其四) 평양부平壤府』(1932)의 목차는 다음과 같다.

부록으로 실린 지도와 사진 자료도 참고된다. 사진 매수는 수원군(138매), 제주도(152매), 강릉군(280매), 경주군(192매)에 비해, 평양부는 308매로 압도적으로 많다.[15]

젠쇼는 상업 도시로 평양부의 위상을 선전했는데 이는 총독부 정책(선전)과도 연동됨은 물론이다. 그러나 다양한 통계조사를 구체적으로 조사해 이를 나열했다는 점에서 당대의 상황을 참고할 수 있다. 대인관계 즉 지주와 소작인, 내지인과 조선인, 조선인과 지나인支那人, 고용주와 고용원, 백정과 상민, 채권자와 채무자, 관헌과 민중의 관계에 대한 서술은 일본인의 입장에서 본 해석이지만 꽤 상세한 내용을 다루고 있어 참고가 된다.

대부분의 자료 출처가 경찰서 자료이기 때문에 비판적 접근이 요청되지만, 젠쇼가 반드시 일방적으로 통치에 도움이 되는 자료만을 나열한 것은 아니다. 조선총독부는 일관해서 단군을 부정했지만, 본문에는 그 내용을 반복해서 서술했고, 관련된 전설을 수록하였다. 문헌설화뿐만 아니라 도끼장수로 알려진 구전설화도 처음으로 수록해 중요한 자료를 제공하고 있다.

그럼에도 불구하고 대부분의 통계자료와 현장조사가 평양경찰서와 대동경찰서의 정보제공과 그 진술에 의지하고 있다는 점, 식민주의를 곳곳에 노출하고 있다는 점에서 주의 깊은 읽기가 필요하다. 식민주의자의 시선 속에서 상세한 역사자료와 통계자료의 제공을 통해 현재는 분단으로 인해서 접근하기 어려운 평양 이해의 단초를 제공하는 측면도 있을 것이다.

번역은 일러두기에 상세히 제시한 바와 같이 가급적 원문 내용에 충실하게 번역하려고 노력하였다. 더불어 독자들의 가독성을 높이기 위해서 한자를 가급적 한글과 함께 병기併記하려고 노력하였다. 이 책의 번역으로 일제강점기 평양을 비롯한 지역연구는 물론이고, 북한 연구에도 참고가 되길 바라며 글을 마친다.

---

15) 임경택, 앞의 책, 110쪽.

生活狀態調査

조사자료 제34집
『생활상태조사 (其四) 평양부』

번역

其四 平壤府

生活狀態調査

其四 平壤府

서序

이 책은 일찍부터 본부本府에서 계속 조사해 온 생활상태조사 제5집으로, 평양부에 관한 기술이다. 조사에서는 평양부를 비롯해 평안남도, 평양과 대동大同경찰서, 대동군大同郡 및 평양공립 여자고등보통학교[1] 등의 많은 도움을 받았다. 이에 덧붙여 사의謝意를 표하고자 한다.

소화昭和 7년[2] 3월

조선총독부 관방官房문서과장 하기와라 히코조萩原彦三[3]

1) 원문에는 페이지 주가 없지만, 독자의 편의를 위해서 이하 역주를 달았다.
고등보통학교는 조선인 남성용 중등교육기관, 여자고등보통학교는 조선인 여성용 중등교육기관.

2) 1932년.

3) 하기와라 히코조(萩原彦三, 1890~1967)는 일본 사이타마현 출신으로 1916년 동경제국대학 법률학과를 졸업하고, 조선총독부 시보試補, 참사관, 학무국 학무과장 등을 거쳐 1932년 당시 관방문서과장으로 근무했다.

조사자료 제34집 『생활상태조사 (其四) 평양부平壤府』

조선총독부 촉탁囑託 젠쇼 에이스케善生永助[1]

서언

세계에서 가장 먼저 인류문화가 발전한 곳은 나일, 티그리스 유프라테스, 그리고 인더스 갠지스, 황하 4대강 유역으로, 거기에서 이집트, 메소포타미아, 인도, 지나支那의 찬연燦然한 고대문명이 발상돼 성장한 것이다. 또한, 로마, 파리, 런던, 뉴욕紐育, 오사카大阪, 상하이上海, 기타 대도시의 기원 및 발달한 곳을 봐도 도회都會와 하천과의 관계가 매우 밀접하다. 무릇 하천유역은 그 지리적 조건으로 시작해 문화의 개발, 취락의 발달, 교통, 경제 등의 진전을 조장하고 촉진함이 매우 크다. 인류문명에 기여하는 바가 심히 큰 것은 이루다 설명할 필요도 없을 것이다. 이것에 비추어 우리 조선에 대해 살펴보자면 낙랑樂浪, 고구려, 마한, 진한, 변한, 임나任那,[2] 부여扶餘, 백제, 고려, 이씨조선李氏朝鮮 등 크고 작은 국가 및 부족은 모두 하천유역에 나라를 세우고 세력을 확대하였다. 단지 반도半島 동북부에서 발생한 신라만은 강운江運(강수운)이 없는 경주 산간에 오랫동안 왕도王都를 두었는데 그 권력 범위는 시대에 따라 다소 차이가 있지만, 항상 낙동강, 금강 및 한강 유역으로 뻗어 나갔다. 그리고 이들 국가 및 부족

1) 젠쇼 에이스케(善生永助, 1885~1971)는 조선총독부 촉탁으로 다수의 조사자료를 편찬했다. 자세한 내용은 해제를 참고.

2) 임나(任那)는 경북 고령에 있었던 부족국가 임나가야의 줄임말인데, 일본에서는 가야를 임나라고 총칭함.

발생 후에는 물론이고, 나아가 그 발생 이전으로 거슬러 올라가도 조선의 큰 하천河川 유역이 인류 생활과 밀접한 교섭을 지녔음은 고고학 및 역사적으로 수많은 유적과 사실史實로 이미 선배 학자들이 이를 입증하였다.

예부터 조선의 지세로 보면, 반도를 종관縱貫하는 척량산맥脊梁山脈[3] 동쪽 땅은 경사가 급하고 큰 강이 적다. 그 서쪽 땅은 경사가 완만해 압록강, 낙동강, 한강, 금강, 대동강, 섬진강 6대강을 비롯해 크고 작은 하천이 많고 그 유역에는 평야가 펼쳐져 수로와 관개灌漑의 이점利點이 뛰어나다. 크고 작은 도읍都邑 및 촌락이 분포하며, 인구 밀도가 높고 산업이 발달하고 문화가 진보해 왔다. 이들 하천유역 중 어느 곳이 가장 먼저 문화를 발전시켰는가 하면, 먼저 대동강 유역을 들 수 있겠다. 단군 조선檀君朝鮮 및 기자 조선箕子朝鮮은 전설 시대로, 기록記錄 시대가 아니므로 차치해 두고, 지나支那 황하 유역에서 발아發芽한 문화가 제일 먼저 조선반도에 침윤浸潤한 것은 평양 지방을 중심으로 한 대동강 유역이고, 그것은 낙랑, 고구려 시대 문화가 연구됨에 따라서 그 사실이 더욱 명백해 졌다. 즉 춘추전국 시대 이후, 지나 본토의 세력은 점차 밖으로 신장伸張되어, 국내에서 압박을 받은 부족 및 유민流民들이 때로는 이민移民으로, 때로는 침략자로 조선반도에 들이닥쳐 누차 바다와 육지 양쪽으로 조선에 침공해왔다. 이들 지나 세력의 동점東漸은 오래된 것으로 한漢 시대에는 대동강 부근에서 연燕까지가 같은 언어를 사용했다고조차 말해진다. 물론 이 대동강 유역도 영구토록 평화로운 낙토樂土가 되지 못하고 치란흥망治亂興亡이 반복되었다. 일찍이 오랫동안 왕도지王都地로 번성을 자랑하던 평양 지역도 때로는 황량한 초원으로 변한 적이 있다. 그러나 평양 시가지는 고려 시대 및 이조 시대에도 여전히 서선西鮮[4]의 웅도雄都였고, 특히 대동강 유역은 관부官府에서도 유력한 보고寶庫였다. 문명사적으로 봐도 대동강 유역은 가장 흥미로운 연구 지역인데, 나아가 경제상으로 볼 때도 극히 유망한 장래將來를 지니고 있다.

조선의 도시는 여러 외국이나 내지內地에 비해서 규모, 시설, 인구, 문화, 경제 등에서 심각

3) 척량산맥(脊梁山脈)은 '등뼈(backbone)'에 해당되는 산맥으로, 여러 산맥의 원줄기가 되는 태백산맥 등을 말함.

4) 서선(西鮮)은 황해도 평안도 등 서조선 지역을 가리키는 차별어.

한 손색遜色이 있다. 인구수에서 경성부京城府는 대도시다운 자격이 있지만, 나머지는 아직 빈약함을 면치 못한다. 하물며 다른 도시는 말할 필요도 없다. 시가지의 성질性質에서 볼 때, 조선의 것은 대개 소비도시로, 생산도시라 할 만한 것은 극히 적다. 무릇 정치, 교육, 군사 등의 관계로 발달된 이들 소비도시의 팽창력에는 그 한계가 있으며, 위치, 지세 및 지형, 교통, 기후, 물산 등에서 현재 이상으로 많은 발전을 기대할 만한 사정이 있는 것도 적지 않다. 따라서 수많은 조선의 시가지 중에서 각종 조건에서 추측해 장래에 크게 팽창하고 발전할 만한 가능성이 있는 것을 찾는다면, 나는 무엇보다도 대동강 유역에 그 형승形勝의 지위를 지닌 평양을 제일로 추천할 것이다. 과거에 평양 지방이 몇 번이고 도성지都城地로 번창한 이유를 탐색하고, 그 문화를 검토하는 것도 흥미 있는 연구일 것이다. 나아가 이런 연구보다도 이 지역이 장래에 어떻게 발전할 것인가를 묻는 것이 더 의미 있지 않을까? 농업경제 시대에 하천유역의 경제적 가치로 말하자면, 한강, 금강, 낙동강 등도 중요한 지역을 점하지만, 제조공업이 열세劣勢인 조선에서 시가지 부근에 무진장한 큰 무연탄광을 지녔고, 강운江運 이용이 가장 좋은 입지에 있는 평양 지역은 산업적으로 봐도 현저한 특색을 지닌 도회都會다. 따라서 앞으로 30년, 50년 후에 그 발전 약진은 눈부실 것이며, 교통, 교육, 군사, 사상思想 등의 방면에서 봐도 평양부의 현상現狀 및 장래는 조사연구를 요하는 몇 가지 문제를 지녔다. 만일 조선반도를 한 마리 동물에 비유한다면, 평양 지역은 반드시 장래에 그 심장부다운 움직임을 수행할 것이다. 뻗어 나갈 평양, 팽창할 평양, 실로 평양이야말로 신흥 조선에서 생명의 원천이 될 만한 소질을 지녔다.

여기에 우리들은 이 커다란 고동 소리를 듣고, 그 복잡한 조직을 해부하듯이 흥미를 지니고 이 책을 집필하게 되었다. 본래 생활상태조사를 위한 이 소책자를 통해 대평양大平壤의 겉과 속을 완전히 해명할 수는 없을 것이다. 여기에 수록한 것은 마치 한 유자遊子가 표연飄然히 모란대牡丹臺 위에 서서, 불과 그 시야에 들어오는 범위를 거칠게 전망한 데 머무는 결과에 그쳤을지도 모르겠다. 어쨌거나 평양 지역의 윤곽만은 제시하였을 것이다. 그리고 이 책은 주로 평양부에 관해서 기술했지만, 그와 밀접한 관계를 지닌 대동군大同郡에 대해 설명을 한 부분도 많다. 나아가 대동강 유역의 여러 지방, 서선西鮮 삼도三道를 언급한 부분도 적지 않으므로, 엄밀히 말하자면 책명을 '평양 지역'이라고 하는 것이 더 지당할지 모른다. 종래의 생활상태조사는 수원군, 제주도濟州島, 강릉군 세 편을 통해 모두 주로 조선 농촌경제를 천명하는 데 노력했는데, 도시경제를 조사하는 데 평양부를 제일로 든 것은 전술한 바와 같이 평양 시가지의 특수한 지위를 고려했기 때문이다. 이 조사는 소화昭和 5년(이하 서력 1930년으로 표기 - 역자 주) 겨울, 내가 평양 지방에 출장 가서 견문한 것과 평양부 및 평양과 대동大同경찰서, 대동군大同郡, 평양공립 여자고등보통학교 등에 의뢰해서 수집한 자료, 그리고 조선총독부, 평안남도, 평양부, 평안남도교육회, 평양상공회의소 등에서 간행한 인쇄물과 각종 문헌을 섭렵해 편찬한 것이다. 통계류도 대다수는 1929년 또는 1930년 것을 사용했다. 사진은 대부분 평양 아사히초旭町 나카무라사진관이 촬영한 것으로, 촬영 시기는 주로 1930년 겨울이었으므로, 이듬해 봄, 여름경에 다시 몇 장 촬영한 것을 추가했다. 다소 풍물 경관에 변화가 적은 것이 유감이다. 조사에 임해 지역의 관민 각위各位로부터 다대한 지원 원조를 받았음에도 불구하고, 필자의 미력단재微力短才로 인해 각 방면의 기대에 부응할 수 없었음에 깊이 사죄드리는 바이다.

01
총설總說

연혁沿革

유사 이전有史以前

유사 이전에 대동 유역이 미개 야만 인류의 서식지가 된 것은 평양 부근에서 많이 발굴된 석기 시대 유물로 증명되었다. 즉 그 중복된 것으로 석총石塚, 돌도끼石斧, 석포정石庖丁, 석착石鑿, 석족石簇, 석검石劍, 지석砥石, 중석重石, 석추石槌, 골족骨簇, 골추骨錐, 골검骨劍, 토기, 목탄 등이 나와서, 당시 인류생활 상태를 보여준다. 그리고 이들 유물이 보이는 곳은 대동강 유역 일대에 존재하는데, 잘 알려진 곳은 사동寺洞 해군 연료창海軍燃料廠 부근, 고방산高坊山 구릉산복 일대, 미림리美林里 지방이다. 생각하건대 석기 시대 대동강변은 각종 발굴된 유물로 추정해보면, 삼림森林이 울창하게 우거져 있었다고 쉽게 상상할 수 있다. 따라서 이 지방이 수렵, 요해要害, 교통, 수리水利, 연료 등의 이점으로 원시인류의 생활이 가장 번식繁殖에 적당했고, 곳곳에 집단생활을 영위한 형적形跡이 보인다. 그러나 인지人智가 점차 발달해 사회가 진화되어 농경 생활에 들어간 유사시대에는 토지가 비옥하고 무한한 천연자원이 많아 전술한 바와 같이 생활에 유리한 조건을 구비한 대동강 유역에 많은 인구가 분포해 군집하게 되었다는 것은 자명한 이치다. 특히 평양 부근이 후세에 몇 번이고 도성지都城地로 정해져 많은 부족과 국가들이 패권을 쟁탈하려 했는데, 이것은 이 지역이 정치적, 군사적, 경제적으로도 중요한 지위를 차지함을 보여준다고 하겠다. 천지유구天地悠久 수천 년 동안 흘러온 대동강 유역에 반도 최고의 문명이 발상되고, 치란흥망治亂興亡의 역사를 거듭하면서 평양 지방을 중심으로 한 찬연燦然한 문화 발전을 이룬 것은 필경 그 지리적 관계에 의지한 바가 크다고 믿는다.

단군 조선檀君朝鮮

신인神人 단군을 조선 개국의 조왕祖王으로 하는 전설은 예로부터 전해져 왔는데, 처음으로 이 전설이 문헌에 나타난 것은 고려 충렬왕忠烈王 시대에 일연이 편찬한 『삼국유사三國遺事』 기사가 최초이며, 각종 문헌은 대개 동일하게 기술되었다. 즉 그 요강은 지금부터 약 4천 년 전, 환인(제석帝釋을 가리킴)의 서자 환웅이 제석帝釋의 명을 받아 태백산(평안북도 묘향산) 단수檀樹 아래 강림해, 여기에서 웅녀와 혼인해 아이를 낳았다. 그 이름을 단군왕검이라 하였다. 처음에 동방東方에는 군장君長이 없이 단지 9종의 이족夷族이 할거割據하고 있었는데, 그 중망重望[5]으로 국인國人들은 신인神人 단군을 국왕으로 섬겼다. 나라를 조선이라고 칭하고, 평양을 도읍으로 정했다고 한다. 이 시대를 전조선前朝鮮이라고 한다.

기자 조선箕子朝鮮

단군檀君 시대 전조선前朝鮮에 대해, 기자箕子 시대를 후조선後朝鮮이라고 칭한다. 기자 조선의 전설은 『사기史記』 및 『후한서後漢書』를 비롯해, 조선 측 문헌에 많이 나온다. 유자儒者들은 일반적으로 이 설을 믿었고, 평양에는 기자에 관한 고적古蹟이 아주 많다. 이를 열거하자면, 지금부터 약 3천 년 전, 주대周代에 은殷의 기자가 조선으로 피해 무리 5천을 이끌고 시서詩書, 예악禮樂, 의무醫巫, 음양陰陽, 복서卜筮학자 및 백공기예百工技藝를 거느리고 평양에 와서 여기를 도읍으로 삼고 8조법을 실시했다고 하는데, 사실史實로서는 의심할 여지가 있다.

위만 조선衛滿朝鮮

기자箕子 41세世 왕준王準 때, 진송秦宋의 난으로 연국燕國에서 망명한 위만이 천여 명의

---

5) 매우 두터운 명성(名聲)과 인망(人望).

무리를 이끌고 조선 국경 안으로 들어와 서쪽 경계를 서겠다고 청하므로, 왕준은 이를 허락할 뿐만 아니라, 위만을 깊이 신뢰해 서변西邊을 지키게 했다. 당시 지나 본토는 분란이 극심하고 연, 조, 제나라 유민流民들은 산동山東방면에서 평안남도 연안으로 자주 넘어왔다. 위만은 이들 지나인을 잘 통제해 세력을 키워서 부근의 종족도 복속시켰다. 기회를 엿보다가 왕준을 무찌르고 결국 조선왕이 되어 왕검 즉 평양을 도읍으로 삼았다. 당시는 한나라 혜제惠帝 때로 서력 약 기원전 190년경, 일본 효원孝元천황 때다. 이렇게 왕준은 나라를 빼앗겨 좌우 궁인들을 데리고 남방으로 도망쳐 마한 국왕이 되었다고 전해진다. 위만이 왕이 되자, 한나라는 그를 조종하기 위해 외신外臣으로 삼았고, 그의 권세는 반도를 압도했다. 주위 종족들이 그를 따르고 결국 임둔臨屯, 진번眞番 등 여러 나라를 복속시키게 되었다. 특히 한민족漢民族이 더 많이 이주해 오게 되었고 그 세력은 더욱 강성해져 대동강 유역을 중심으로 동쪽은 일본해,[6] 남쪽은 한강 이남까지 그 세력범위를 확장시켰다. 위만의 손석거孫石渠가 왕이 되고 나서는 한나라 망명자가 더 많아졌고, 한편으로 진번眞番, 진국辰國 등이 한나라와 통하려는 것을 항상 저지시켰다. 이에 한 무제漢武帝는 사신을 파견해 항의했지만, 손석거는 이를 듣지 않고 도리어 그 사신을 죽여버렸다. 그러자 한 무제는 조선 정토征討를 일으켜 해륙海陸 양쪽으로 거병하여 국도 왕검國都王儉을 공격해, 전쟁은 지구전持久戰으로 들어갔다. 이때 손석거의 신하 중 하나가 그를 죽이고 한나라로 투항해, 이로써 위만 조선은 불과 3대 80년으로 멸망했다. 한 무제 원봉元封 3년, 기원전 108년, 일본 개화開化천황 50년, 즉 지금으로부터 약 2천년 전의 일이다.

낙랑 시대樂浪時代

한 무제漢武帝는 위만 조선衛滿朝鮮을 멸망시키고, 그 땅과 부근의 여러 소국小國들을 병합해 한나라 직할영토直轄領土로 하여, 여기에 낙랑樂浪, 임둔臨屯, 현도玄菟, 진번眞番 사군四郡을 두고, 그 밑에 현縣으로 구분해 소위 군현郡縣제도로 통치했다. 대체로 당시 낙랑군은 지금의 평안남 · 북도, 황해, 경기 4도道에 해당하며, 임둔군은 지금의 강원도와 함경남도의 일부,

---

6) 동해.

현도군은 함경남도 대부분에 해당된다. 진번군의 위치에 대해서는 남방설과 북방설이 있는데, 남방설은 충청도 및 전라북도, 북방설은 압록강변의 고구려족 주거지, 즉 압록강 상류 지역 및 그 지류인 동가강佟佳江 유역을 포함하는 지역이라고 한다. 이 4군은 그 후 예맥濊貊 및 한족韓族의 반항과 침박侵迫(침범해 핍박逼迫)에 의해 불과 27년으로 없어졌다. 소제昭帝 시원始元 5년에는 현도玄菟 · 낙랑樂浪 2군 중 현도군은 만주滿洲로 옮기고 그 강역疆域을 축소해 압록강 방면의 3군을 관할로 하여 겨우 그 이름을 유지하는 데 그쳤다. 그 결과 낙랑군은 원래 임둔, 진번, 현도 3군의 남은 지방을 합쳐 25현을 포함한 대군大郡이 되었다. 그리고 그 치소治所를 조선, 즉 지금의 평양 지방에 두었는데, 낙랑군 동부 및 남부는 통치하기 어려워서 동부에 (지금의 덕원德源 지방인가?) 동부도위東部都尉를 두고 영동嶺東 7현을 통치하였다. 그리고 남부에 (지금의 경성京城 또는 광주廣州 혹은 개성인가?) 남부도위를 두고 한강 유역 이남 지역의 몇 현을 통치했다. 그 후에도 지나支那 본토에서 치란治亂이 계속되고 조선반도에 여러 민족이 흥륭興隆하여 낙랑군 세력에 성쇠消長가 있었지만, 평양 부근은 군치郡治 소재지로 420년간 정무政務의 중심이었고, 소위 낙랑 문화의 정수精粹였다. 낙랑군 치하治下의 주민들은 주로 위만 조선 이래 한민족漢民族이 대부분을 차지했고, 『한서漢書』 지리지에는 낙랑군 한인漢人들이 6만 2천 8백 1십 2호, 40만 6천 7백 4십 명이라고 기록했는데, 실제로는 이를 훨씬 능가했다고 추정된다. 이미 2천 년 전부터 한민족漢民族과 다른 민족이 이 지방에 큰 세력을 지녔다는 것은 조선민족성을 연구하고, 조선을 통치하는 데 간과해서는 안 된다.

고구려 시대

동명왕 주몽이 만주 부여扶餘로부터 압록강 지류의 동가강 유역의 졸본卒本에 고구려를 세운 것은 전한前漢 원제元帝 건소建昭 2년, 즉 일본 숭신崇神천황 61년으로, 한사군을 둔 원봉元封 3년 이후 70년이 지났다. 그런데 건국 이래 제14대 고구려 봉상왕烽上王 때까지는 항상 북방 강국의 압박을 받아 세력을 뻗지 못했지만, 반도 공략을 지속해 제15대 미천왕美川王 14년에 이르러 반도의 군현 세력이 약해짐을 틈타 공격해 멸망시키고, 결국 낙랑 · 대방 2군을 병탄倂呑했다. 서력 313년 인덕仁德천황 원년元年으로 지금으로부터 약 천 6백 년 전 일이다. 그 후 고구려 제19대 광개토왕 시대에는 더욱 사방을 공략해 재위 22년 사이에 백제, 신라와 접한 지역 64역域 천 4백 촌村을 함락시켰다. 이후 그 아들 장수왕이 79년 동안 재위하면서 고구려 세력은 크게 발양發揚되었다. 장수왕 시대는 마침 지나支那 남북조 시대였고, 당시 고구려는 일대강국一大强國이 되었지만 후환을 제거하기 위해 동진東晉의 봉책封册을 받고, 북위北魏에도 사절을 보내 대륙과의 관계를 원활히 하였다. 반도를 경영하는 15년, 즉 서력 427년, 일본 윤모允慕천황 16년, 국도國都를 압록강 연안 국내 지역에서 평양 쪽으로 천도했다. 그 도성지都城地는 평양 동북으로 약 40리 떨어진 안학궁지安鶴宮址 및 대성산성으로 추정된다. 장수왕은 부왕父王의 유지를 받들어 빈번하게 남방 신라, 백제를 침략했기에 두 나라는 결국 동맹을 맺어 북방 강국에 대항했다. 일본도 이를 도와서 고구려를 억제해 평양으로 공격한 적도 있다. 당시 고구려 강역疆域은 서쪽으로 요하遼河, 북쪽으로 송화강 방면으로 뻗쳤다. 동쪽은 두만강 유역에서부터 강원도 강릉 부근까지였고, 남쪽은 충청도 대부분을 포함하는 지대로, 만주에서 조선반도에 걸친 대국이었다. 따라서 그 수도 평양의 성대함은 상상할만하다. 장수왕부터 24대 평원왕에 이르는 약 120년간은 고구려가 성대한 시기였는데, 평원왕 28년에 왕은 수도를 장안長安으로 옮겼다. 그 장안성은 지금의 평양으로, 왕궁 소재지는 창광산록蒼光山麓 연대聯隊 소재지일 것이라고 세키노[7] 박사는 보았다. 장안 천도 이후 고구려는 점차 쇠퇴하였고, 당시 남쪽의 신라는 크게 세력을 확대하였다. 더불어서 명군현상明君賢相이 속출하였고 대륙의 신흥세력 당나라의 환심을 사려고 노력했다. 고구려는 권신세력이 활개를 치고 도道를 잃어 당나라의 노여움을 받는 일이 많았고, 28대 보장왕은 그 27년, 당 고종 총장總章 원년, 당과 신라 연합군에 의해 결국 국도國都를 빼앗기고 적들에게 체포되어 멸망했다. 서력 668년, 천지天智천황 7년, 동명왕 개국 이래 705년, 낙랑 멸망 이래 355년, 평양 천도 이래 241년 만에 고구려는 멸망했다.

고구려 멸망 후

고구려를 멸망시킨 후 당나라는 한때 평양에 안동도호부安東都護府를 두었지만, 당병唐兵

7) 세키노 다다시(關野貞, 1868~1935) 건축사학자, 미술사가. 1910년대 조선총독부 위촉으로 조선 고건축을 수차례 조사하고 『조선고적도보(朝鮮古蹟圖譜)』 등을 간행했다.

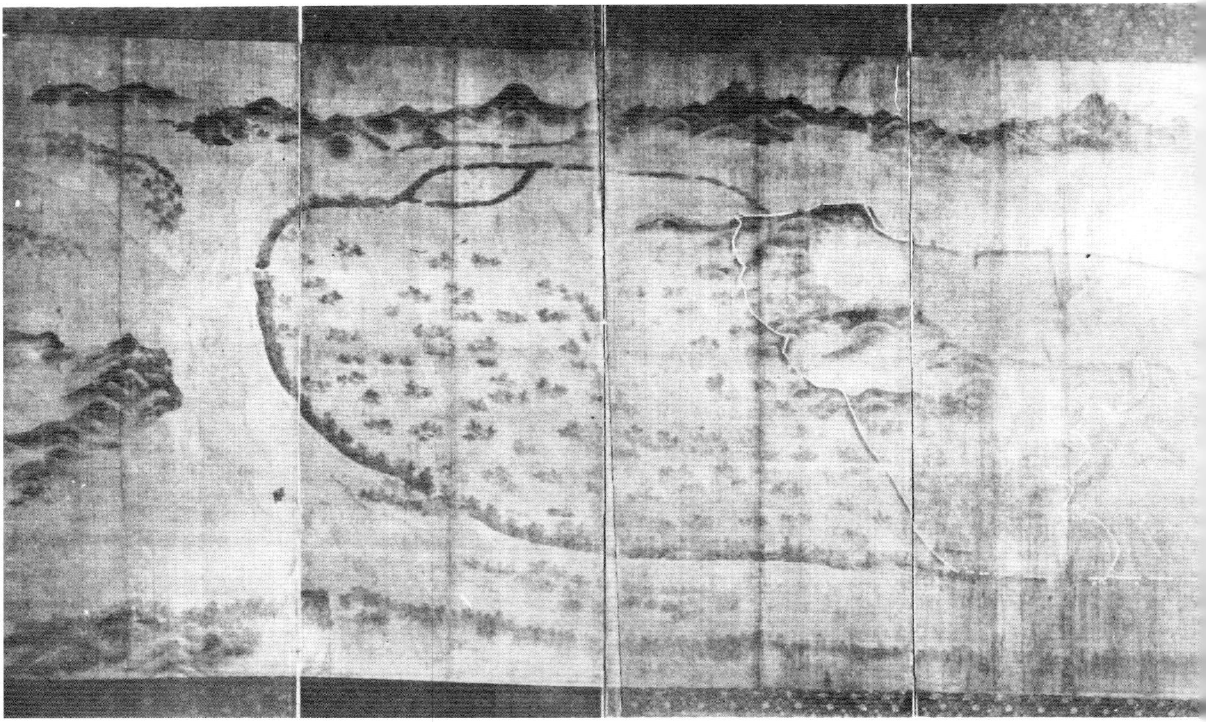

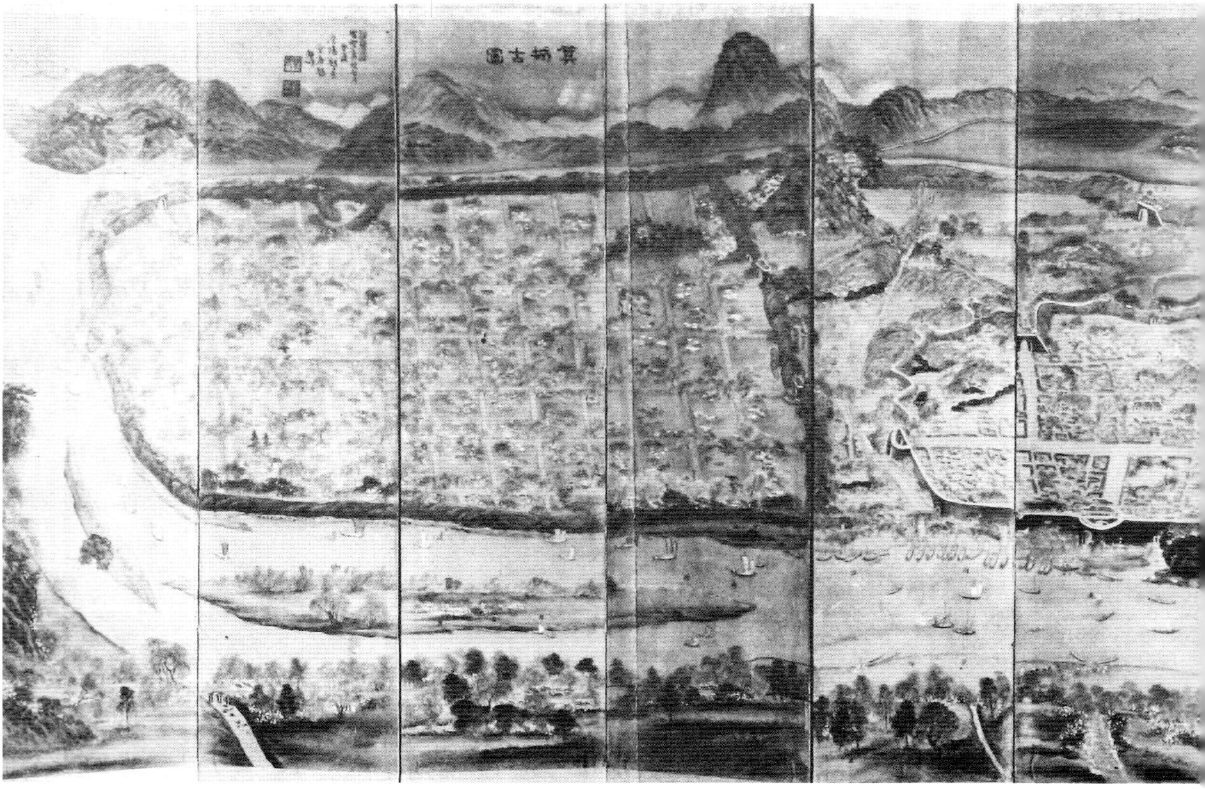

▲ **평양병풍**(1) 이 병풍은 평양박물관에 소장된 것으로, 필자는 선조시대(지금으로부터 350~360년 전)의 이징(李澄)으로 전한다. 이징은 부사(府使) 이숙(李潚)의 동생으로 호는 허주(虛舟), 벼슬은 주부(注簿)로 유명한 화가이다.

▾ **평양병풍(2)** 기성고도(箕城古圖)라고 제목이 붙여진 이 병풍은 평양허행사(平壤楷行社) 소장으로, 위 그림과 비교해 연대는 훨씬 새로운 것이지만 고도(古圖)를 모사한 것으로 화면이 선려(鮮麗)하고, 옛 평양시가의 상태를 알게 해주는데 많은 참고가 된다.

이 물러난 후에 이 땅은 신라가 지배하게 되었다. 그 후 평양은 현저하게 황폐해졌고, 고려 시대에는 대도호부大都護府, 서경, 서도西都, 서경유수西京留守, 동녕부東寧府, 만호부萬戶府, 평양부平壤府 등을 두었고, 이조 시대에는 대도호부 또는 관찰도觀察道 등을 두어 언제나 지방의 유력한 도회都會였다는 사실은 말할 필요도 없다. 고구려 이전의 평양 시가지는 왕성王城의 위치에 따라 이동했으므로 그 규모를 추측하는 것은 어렵지만, 역대 왕도王都가 현재의 평양 부근에 있었던 것은 가장 주목할 만 하다. 고구려 말기부터 현재 평양 가장 가까운 곳에 시가지를 옮겼다. 고려 성종 때에 석축石築 평양읍성을 쌓고, 태종太宗 6년에 개축改築하였다. 『동국여지승람東國輿地勝覽』에는 내성석축內城石築 주위 2만 4천 5백 3십 9척, 높이 1십 2척, 6문門, 외성外城 재당포상在唐浦上 8천 2백 척, 토축土築 만 2백 5척, 높이 3십 2척, 2문門이라고 기록하였다. 『문헌비고文獻備考』에는 숙종肅宗 40년 을밀대에서 모란봉, 부벽루浮碧樓에 걸쳐 석축 북성北城 주위 천 3백 1십 8보步, 높이 3장丈, 읍 남쪽에 있는 토성 중성中城 주위 5천 2백 6십 보, 높이 4장, 중성 남쪽에 있는 토성 외성外城 주위 3천 1백 8십 1보, 높이 4장 또는 3장 숙종 임진壬辰 완축完築이라고 적혀 있다. 현재 『평양병풍』 등 고지도를 보면, 이조 초기 내지 중기 평양 시가지 대강을 추측해 볼 수 있고, 오늘날의 평양부와 비교해도 흥미롭다.

위치 · 기상

위치位置 및 지세地勢

옛 평양의 별명別名을 기성箕城, 낙랑樂浪, 서경, 서도라고 하였고, 호경鎬京, 유경柳京이라고도 칭한 단군 이래의 구도舊都였고, 서선西鮮의 웅도雄都였다. 평양부는 평안남도 서남부에 위치하며, 동경 125도 41분, 북위 39도 1분에 있다. 남쪽으로 260.7km에 경성이 있고, 북으로 236km에 신의주가 위치한다. 동쪽으로 227.8km에 원산, 서쪽 진남포는 불과 55.2km에 있다. 동남쪽에 대동강 청류가 있고, 북방에 대성산이 위치해 뛰어난 요해지要害地다. 지형은 서북쪽이 가장 높고, 동남쪽을 향해 점차 완만해진다. 그리고 산악 중에서 가장 유명한 것은 금수산, 창광산蒼光山, 서기산瑞氣山이다. 금수산은 성북城北에서 17.8정町[8]에 위치하며 모란대와 을밀대가 있고 산수가 수려한 명승으로 전해진다. 창광산은 성 서쪽에서 13정에 위치하며 창관산倉觀山이라고도 불린다. 평양부내府內는 신시가지新市街地와 구시가지舊市街地가 있는데, 신시가지 배후의 구릉을 서기산이라고 부르며, 청일전쟁 당시 청군의 포병砲兵 진지(전장戰場터)였고, 현재는 시내에서 유일한 공원지로 부府가 운영 중이며 서기산공원이라 칭해진다. 또한, 시가지 중앙부는 토지가 대체로 평탄하며 대동강 장류長流는 크게 동남쪽으로 흘러가고, 연안에는 평야가 광활廣闊하고 관개灌漑와 수운水運 편이 좋고 게다가 천연자원이 매우 풍부하다.

기상氣象

평양은 북방 대륙과 연결되고 서쪽은 황해와 가깝지만, 산악이 많기 때문에 조류潮流의 영향이 비교적 적고 한서寒暑가 심하다. 겨울에는 영하 20도, 여름에는 33도에 이르며 강우량이 적고 기후는 대체로 양호하나 초춘初春에 강풍이 항상 분다.

기후표

			1월	2월	3월	4월	5월	6월	7월	8월	9월	10월	11월	12월	연
1927년	온도	평균	-8.8	-7.0	1.1	10.6	13.6	20.8	24.9	24.8	19.3	11.6	5.5	-5.1	9.3
		고	10.1	6.6	14.8	21.7	26.1	30.9	35.1	35.0	28.7	26.0	18.3	8.4	35.1
		저	-25.5	-21.3	-13.8	1.7	4.3	11.2	18.0	16.8	8.0	0.4	-6.4	-20.0	-25.5
	풍속	평균	2.2	2.3	2.6	3.3	3.2	2.3	2.8	1.5	2.0	2.0	2.4	2.6	2.4
		최대	10.9	12.0	14.6	16.7	10.5	12.8	10.5	8.2	9.6	13.1	10.3	9.3	16.7
	강우량		37.5	5.0	28.7	79.4	90.8	35.4	339.1	159.3	15.7	38.7	13.9	34.9	878.4
	증발량		33.7	42.5	71.8	133.2	146.9	200.7	150.1	153.2	154.1	95.0	66.9	33.1	281.2
	날씨 일수	눈비	6	5	6	8	16	4	14	10	4	7	8	11	99
		쾌청	7	11	10	6	5	3	1	4	11	8	15	10	91
		서리	28	20	21	3	-	-	-	-	-	10	16	17	115

8) 1정(町)은 1간(間)의 60배로 약 109m에 해당된.

1928년	온도	평균	-8.8	-5.7	2.6	10.9	15.9	20.8	24.4	24.7	19.0	10.9	2.9	-5.8	9.3
		고	5.2	7.0	16.8	23.4	27.6	31.6	33.7	34.4	30.1	24.4	16.9	10.6	34.4
		저	-26.0	-18.8	6.0	1.7	5.0	21.4	17.7	16.3	2.7	3.0	-8.6	-18.0	-26.0
	풍속	평균	2.4	2.6	2.9	2.7	3.1	2.3	2.7	2.6	2.3	1.9	2.6	2.1	2.5
		최대	11.1	12.4	12.6	8.6	16.3	8.8	11.0	9.0	8.5	6.4	12.8	8.5	16.3
	강우량		49.1	3.3	13.7	6.5	129.2	36.9	269.2	202.5	142.1	36.4	37.6	10.5	937.0
	증발량		34.1	42.1	87.2	156.6	200.9	200.7	186.2	185.6	122.4	90.4	47.6	34.0	1,387.7
	날씨 일수	눈비	5	4	6	5	9	10	14	11	8	7	8	7	94
		쾌청	12	10	8	6	4	2	3	2	7	10	5	2	80
		서리	21	22	15	5	-	-	-	-	2	9	20	23	117
1929년	온도	평균	-8.8	-5.7	2.6	10.9	15.9	20.8	24.4	24.7	19.3	10.9	2.9	5.8	9.3
		고	5.2	7.0	1.8	23.4	27.6	31.6	33.7	34.4	30.1	24.4	16.9	10.6	34.4
		저	-26.0	-18.8	-6.1	1.7	5.0	11.4	17.7	16.3	2.7	3.0	-8.6	-18.0	-26.0
	풍속	평균	2.4	2.6	2.9	2.7	3.1	2.3	2.7	2.6	2.3	1.9	2.6	2.1	2.5
		최대	11.1	12.4	12.6	8.8	16.3	8.8	11.0	9.0	8.5	6.4	12.8	8.5	16.3
	강우량		37.5	5.0	28.7	79.4	90.8	35.4	239.7	159.3	15.7	38.7	13.9	24.9	878.4
	증발량		33.7	42.5	71.8	133.2	146.9	200.7	150.1	153.2	154.1	95.0	66.9	33.1	1,281.2
	날씨 일수	눈비	5	4	6	5	9	10	14	11	8	7	8	7	94
		쾌청	12	10	8	6	4	2	3	2	7	10	5	11	80
		서리	21	22	15	5	-	-	-	-	2	9	20	23	117

수치 온도는 ℃, 강수량 및 증발량은 ㎜(모(粍)), 풍속(風速)은 초당 ㎜(㎧ 초미(秒米))

물산物産

문헌에 나타난 물산

이조 초기 문헌인 『동국여지승람東國輿地勝覽』에는 평양부 물산으로 숭어秀魚, 대합蛤, 백부자白附子, 우여량禹餘粮, 운모雲母, 자기磁器, 삼麻, 실, 위어葦魚, 면어綿魚, 굴石花, 쏘가리錦鱗

魚를 들었고, 이조 중기 문헌인 『고사신서攷事新書』에는 숭어, 대합蛤, 운모, 자기, 삼, 실, 위어(웅어), 면어, 굴, 쏘가리를 열거해 양자兩者는 대동소이大同小異하다. 이조 말엽에 편찬된 평양읍지에도 상세한 기술이 있다. 평양부 및 그 부근의 둘산의 종류가 많다는 것을 확인할 수 있다.

곡류穀類	기장粱, 메벼粳, 찹벼糯, 벼稻, 보리麥, 더맥大麥, 소맥小麥, 흑두黑豆, 교맥蕎麥, 차조秫, 소자蘇子, 녹두, 황두, 백두, 적두, 여黎, 잡두, 조, 율무薏苡, 당맥唐麥
과류果類	배, 귤, 개암, 대추, 은행, 오얏, 복숭아, 청포도, 수박, 앵두, 추자楸子, 도토리, 능각菱角, 딸기
채류菜類	미나리, 비름, 파, 마늘, 배추, 동과, 파채, 다북쑥, 쑥, 도라지, 만청蔓菁, 냉이, 양하, 마(서여薯蕷), 질경이, 궁궁이(대성大城 산지에서 남), 고사리, 자소紫蘇, 차조기, 자총紫葱, 당청唐菁, 훤채萱菜, 소채蔬菜, 해홍채海紅菜, 호유나물
목류木類	회화나무, 느릅나무, 뽕나무, 소나무, 버드나무柳, 버들楊, 은행나무, 옻나무, 닥나무, 가죽나무, 개오동나무
약재藥材	백출白朮, 산약山藥, 백지白芷, 악실惡實, 쪽, 갈근, 쑥, 대극大戟, 고체菰蔕, 정력자葶藶子, 사상자蛇床子, 갈화葛花, 욱리인郁李仁, 승마升麻, 형개荊芥, 인진茵陳, 토사자兎絲子, 세신細莘, 적작약赤芍藥, 궁궁이, 백부자, 우슬牛膝, 반하半夏, 택사澤瀉, 백선피, 초삼릉草三稜, 고향茅香, 박하, 토과吐過, 산장酸漿, 연자蓮子, 복분자, 사삼沙蔘, 포황蒲黃, 차전자, 자소엽紫蘇葉, 선각蟬殼, 유백피, 호장근, 노봉방露蜂房, 위령선威靈仙, 진교秦艽, 상백피桑白皮, 지유地楡, 황저黃芪, 창출蒼朮, 송지松脂, 피마자蓖麻子, 지골피, 고삼苦蔘, 과루실菰蔞實, 누로漏蘆
가축류	돼지, 양, 소, 말, 개, 고양이, 염소, 거위, 오리, 비둘기, 닭
금류禽類	꾀꼬리, 까마귀, 까치, 기러기, 꿩, 청둥오리, 들오리, 비둘기, 기러기, 오리, 해오라기, 딱따구리, 계자鷄子, 붕새, 황새, 갈매기, 학, 굴뚝새, 참새, 원앙새, 재승載勝, 할미새, 솔개, 산작山鵲, 가마우지, 비오리, 익조鷁鳥, 메추라기, 올

빼미, 흰꿩

수류獸類	호랑이, 표범, 승냥이, 들개, 토끼, 토저土猪, 고슴도치, 노루, 살쾡이, 여우
어류魚類	잉어鯉, 농어鱸, 메기鰋, 붕어鯽, 미꾸라지鰍, 적정어赤頂魚, 학꽁치針魚, 돌고래江豚, 뱅어白魚, 숭어, 누치訥魚, 드렁허리鱔, 장어, 가물치鱧, 복어河豚, 금어錦魚, 자라鱉, 위어(웅어), 쏘가리錦鱗魚, 해착海錯, 게蟹, 바지락蛤蜊, 곤쟁이새우紫蝦, 홍어洪魚, 반어斑魚, 준치鰣魚, 서대기舌魚, 민어民魚, 병어兵魚, 소어蘇魚
잡산雜産	홍화紅花, 잠사蠶絲, 명주, 포布, 종이, 소금, 마麻, 면화, 진임眞荏

이상은 문헌에 나타난 평양 지방의 산물인데, 현재 이 지방에 분포된 식물, 동물, 광물류를 열거하면 대략 다음과 같다.

식물류植物類

과수 종류로 보통 많이 보이는 것은 다음과 같다(밑줄은 거목巨木이다).

양류과楊柳科	육지꽃버들, 수양버들, 새양버들, 포플러, 선버들, 호랑버들, 왕버들, 사시나무
시수과柹樹科	고욤나무
장미과薔薇科	용가시나무, 심산장미, 꼬리조팝나무
앵두과櫻桃科	산사나무, 아그배나무, 벗꽃, 귀룽나무, 팥배나무, 조팝나무
호두과胡桃科	가래나무
목서과木犀科	수수꽃다리, 꽃개회나무, 쇠물푸레나무, 물푸레나무, 들메나무
서계과鼠季科	털갈매나무, 갈매나무, 대추나무
축수과槭樹科	신나무, 복장나무
전마과田麻科	수까치깨, 참피나무, 가보리수나무
유과楡科(느릅나뭇과)	참느릅나무, 당느릅나무, 난티나무, 개오동나무, 느티나무, 너도밤

나무, 시무나무

장과樟科 생강나무

회목과灰木科 노린재나무

목란과木蘭科 오미자, 함박꽃나무

위모과衛矛科 화살나무, 노박덩굴, 푼지나무, 참빗살나무, 참회나무, 회잎나무

두과荳科 회화나무, 아까시나무, 고삼

층층나무과 층층나무

제돈과과齊墩果科(때죽나뭇과) 쪽동백나무, 때죽나무,

옻나무과 붉나무, 옻나무

화목과樺木科 개암나무, 자작나무, 까치박달, 서어나무, 박달나무, 물박달나무, 만주오리나무, 물오리나무, 물개암나무, 사스래나무, 오리나무

참나무과 측백나무, 참나무, 물참나무, 떡갈나무, 졸참나무, 신갈나무, 상수리나무, 굴참나무, 약밤나무, 밤나무

송백과松柏科 조선적송, 조선소나무, 향나무, 전나무, 잎갈나무

공원수과 은행나무

상과桑科 산뽕나무

호퇴자과胡頹子科 보리수나무

매자나무과 매자나무

잡초로 평양 부근을 중심으로 가장 많이 보이는 것은 다음과 같다.

국화과菊花科 감국, 샤스타국화, 산엉겅퀴, 조선엉겅퀴, 망초, 솜나물, 왜솜다리, 황금초, 가는금불초, 소국, 금불초, 버들금불초, 이고들빼기, 씀바귀, 흰씀바귀, 흰민들레, 샐서피, 민들레, 사철쑥, 쑥, 제비쑥, 산국화, 탱알, 방가지똥, 털진득찰

가짓과茄科 꽈리, 까마중

순형과唇形科 개차즈기, 꿀풀, 향유, 익모초, 송장풀, 싸리, 개쉽싸리, 광대나물, 광대수

염, 산박하, 꿀풀, 개꿀풀, 송장풀, 방아풀, 층층이꽃, 산골무꽃, 초석잠, 석잠풀, 석산, 개꿀풀, 긴병꽃풀

자초과紫草科	개보리뺑이
선화과旋花科	나팔꽃
박주가리과	민백미꽃, 비비추, 빙케톡시쿰, 백미꽃
용담과龍膽科	구슬붕이, 흰용담, 자주쓴풀
앵초과櫻草科	큰까치수염, 영릉향, 앵초
척촉과躑躅科	털진달래
산형과繖形科	에글란틴, 들미나리, 섬바디, 기름나물, 미나리
근채과菫菜科	졸방제비꽃, 콩제비꽃
금채과錦葵科	수박풀, 어저귀
포도과葡萄科	들포도, 백렴, 산포도
단향과檀香科	단향목
여뀌과蓼科	여뀌, 소리쟁이, 털여뀌, 개여뀌, 고마리, 가막사리
석죽과石竹科	벼룩이자리, 벼룩나물, 개장구채, 패랭이꽃, 구름패랭이꽃, 술패랭이꽃, 큰개별꽃
모랑과毛莨科	참으아리, 좁은잎사위질빵, 으아리, 가는잎할미꽃, 조령으아리, 나도양지꽃, 왜젓가락풀, 꿩의다리, 가지복수초
도라지과	잔대, 도라지
현삼과玄蔘科	이른범꼬리, 산꼬리풀
장미과식물	딱지꽃, 먼지버섯, 오이풀, 삽주, 뱀딸기
두과荳科	땅비싸리, 살갈퀴, 자주개자리, 전동싸리, 등갈퀴나물
십자화과十字花科	개갓냉이, 말냉이
쥐손이풀과	이질풀
아마과亞麻科	개아마
금사도과金絲桃科	물고추나물, 물레나물, 고추나물, 좀고추나물

소벽과小蘗科 삼지구엽초

방기과防已科 새모래덩굴

앵속과罌粟科 들현호색

십자과十字科 광나무, 미나리냉이, 가는장대, 꽃다지, 콩다닥냉이, 구슬갓냉이, 재쑥, 말냉이

경천과景天科 돌나무

호이초과虎耳草科 빈도리

난과蘭科 청닭의난초, 은난초, 나도잠자리난, 넓은잎잠자리란, 제비난초, 타래난초, 이삭단엽란

압척초과鴨跖草科 닭의장풀

우구화과雨久花科 물옥잠

백합과 죽대, 천문동, 왕원추리, 각시원추리, 층층갈고리둥글레, 둥굴레, 무릇, 산달래, 비짜루, 은방울꽃, 애기중의무릇, 주걱비비추, 개말나리

연오과鳶尾科 붓꽃

사초과莎草科 길뚝사초, 좀양귀비, 사초, 물꼬챙이골, 인제사초, 드렁방동사니, 금방동사니, 골풀

화본과禾本科 개밀, 실새풀, 왕바랭이, 그령, 김의털, 기장대풀, 향도, 도랭이피, 쌀새, 물억새, 참억새, 수수, 갈풀, 수크령, 갈대, 선포아풀, 나도솔새, 조개풀, 새, 강아지풀, 피

양치과羊齒科 개고사리, 고비, 개속새, 부처손, 개두리밥

소태과蘇苔科(지의류地衣類) 갑옷지의, 꽃이끼, 손톱지의, 송라, 매화나무지의, 아이슬란드이끼, 솔이끼, 물이끼, 공작이끼, 나무이끼, 뱀톱, 만년석송, 다람쥐꼬리, 비늘이끼

다음으로 과수果樹로 재배되는 중복된 것은 다음과 같다.

평과苹果, 밤, 복숭아, 일본배, 포도, 대추, 앵두, 딸기

농작물 중 중복되는 것은 다음과 같다.

무청蕪菁, 감람甘藍, 우엉, 토란, 가지, 번가蕃茄, 번초蕃椒, 완두豌豆, 오이, 참외, 수박, 호박, 파, 쑥갓, 감채, 수도水稻, 육도陸稻, 대맥大麥, 소맥小麥, 조, 수수, 옥수수, 메밀, 대두, 소두, 고구마, 감자, 땅콩 류

동물류動物類

○포유류

표범, 늑대, 노루, 멧돼지, 족제비, 산토끼, 시궁쥐, 갈색쥐, 곰쥐, 다람쥐, 관박쥐, 진딧물, 박쥐, 두더지, 고슴도치

○조류

맹금猛禽	검둥수리, 솔개, 독수리, 말똥가리, 소쩍새, 수리부엉이
비둘기	양비둘기, 멧비둘기
반목攀木	오색딱따구리, 불여귀, 물총새, 뻐꾸기, 까막딱따구리
명금鳴禽	검은딱새, 큰유리새, 휘파람새, 때까치, 종달새, 오목눈이, 백할미새, 굴뚝새, 박새, 큰부리까마귀, 송장까마귀, 참새, 때까치,[9] 귀제비, 잣새, 콩새, 되새, 멧새, 노랑할미새, 알락할미새, 물레기, 쏙독새, 개똥지빠귀
계류鷄類	꿩, 메추라기
섭조涉鳥	큰물닭, 황새, 왜가리, 댕기물떼새, 뒷부리장다리물떼새, 검은머리물떼새, 학도요, 기러기, 먹황새, 덤불해오라기, 알락해오라기
유조游鳥	갈매기, 물오리, 괭이갈매기, 쇠기러기, 민물가마우지, 갈매기,[10] 쇠가마우지, 혹부리오리, 흰줄박이오리

○파충류

산거북, 자라, 도마뱀, 장지뱀, 독사, 능구렁이

9) 원문에는 때까치가 두 번 반복되었다. 오기 또는 오식으로 보이지만, 그대로 직역함.
10) 원문에는 갈매기가 두 번 반복되었다. 오기 또는 오식으로 보이지만, 그대로 직역함.

○양서류

아시아두꺼비, 참개구리, 송장개구리, 무당개구리, 맹꽁이, 청개구리, 조선도롱뇽, 옴개구리

○어류(대동강)

참붕어, 철갑상어, 칠성장어, 웅어, 멸치, 붕어, 잉어, 끄리, 피라미, 갈겨니, 모래무지, 가리비, 참가리비, 미꾸라지, 쌀미꾸리, 메기, 빠가사리, 두렁허리, 장어, 송사리, 학꽁치, 가물치, 참숭어, 농어, 동사리, 말뚝망둥어, 바리, 둑중개

○패류貝類

민납작조개, 칼조개, 담수조개, 명주우렁이, 다슬기, 논우렁, 우렁이, 대사리, 바지락, 진주조개, 펄조개

○담수해면淡水海綿

Ephydatia mulleri(Liebk), Ephydatia mulleri var japonica(Hilgdb)

○곤충류 중 가장 많이 채집되는 것은 다음과 같다(주로 나비를 기록함).

여치(민충이), 쇠똥구리, 말똥구리, 뿔소똥구리 등은 재미있는 곤충으로 교외에 많다. 나비 종류를 열거하자면 많이 채집할 수 있는 것은 다음과 같다.

호접, 굴뚝나비, 작은모시나비, 눈많은그늘나비, 상제나비, 조흰뱀눈나비, 태국나비, 석물결나비, 모시나비, 뱀눈그늘나비, 배추흰나비, 먹그늘나비, 노랑나비, 네발나비, 산제비나비, 봄처녀나비, 갈구리나비 알락그늘나비, 왕은점표범나비, 황알락그늘나비, 도시처녀나비, 부전나비, 까마귀부전나비, 세줄나비, 별박이세줄나비, 애기세줄나비, 표범나비, 두줄나비, 큰표범나비, 들신선나비, 대왕나비, 흰점팔랑나비, 산호랑나비, 박각시, 호랑나비, 붉은숫돌나비, 제비나비, 암먹부전나비, 담흑부전나비, 푸른부전나비, 뾰족부전나비, 유리산누에나방, 재주나방, 꼬마버들독나방, 천잠나방

광물류鑛物類

○광산물

석탄 평양 사방에 광대한 탄전

적철광 및 갈철褐鐵 중화, 강서, 개천, 순안지방 등 광대하게 분포

휘안광輝安鑛 양덕군 구용면

금광 산금山金 및 사금砂金이 여러 곳에 분포됨. 특히 순천, 덕천, 성천, 중화, 강서, 평원, 개천, 대동 등 여러 군에 있음

농홍濃紅 은광 성천군 삼덕면에서 생산됨

수은 맹산면에서 생산됨

아연 성천군에서 생산됨

흑연黑鉛 개천군 북면 및 동면에서 생산됨

대자代赭 대동군, 중화군에 많음

모나즈석 평원군 석암면 석암리

고령토高嶺土 대동군, 강서군, 용강군, 강서군에서 양질의 것이 생산됨

○암석류

화강암 강서군, 용강군

편마암片麻岩 강서군, 용강군

반암斑岩 · 분암玢岩 강서군, 대동군

슬레이트 강동군, 대동군, 중화군, 덕천군, 성천군

편암片岩 상동

석회암 중화군, 강동군 등

사암砂岩 · 규판암珪板岩 등도 산출된다.

명승 구적名勝舊蹟

예부터 평양 지방은 산과 긴 강을 지녔고 산수가 수려한 일대一大 공원 지대를 형성해 4천년 전후의 흥망성쇠를 통해 다수의 사적을 남겼고, 명소 구적이 많아 이를 자랑한다.

모란대牡丹臺　을밀대乙密臺와 함께 금수산 일각에 있다. 형태가 모란과 닮은 데서 그 이름이 생겨났다고 전한다. 옛날에는 산 위에 봉화대가 있었다. 누각만 남아 황폐한 상태로 남아 있었는데 1927년 가을, 산 위에 최승대最勝臺를 세우고 옛 모습을 복원했다. 분로쿠의 역文禄の役(이하 임진왜란으로 표기함 - 역주) 때, 명나라 장수가 여기에 머물며 일본을 상대했는데, 일본군의 힘으로 결국 강을 건너 이를 점령했고, 청일전쟁 때도 청군清軍이 이곳에 방어진을 쌓고 포대를 두고 대항했지만, 결국 일본이 삭녕朔寧과 원산元山 지대支隊를 통해 함락했다.

을밀대乙密臺　모란대와 대치해 금수산 일각에 우뚝 서 있는데, 옛날에는 부근 일대에 노송이 울창했다고 한다. 건물을 사허정四虛亭이라고 하는데 6백여 년이 지난 건축물로 절경 절벽 위에 세워져 일대 경관을 이룬다. 임진왜란 때에 적병이 갑옷을 벗고 소나무를 걸치고 위장해 일본군을 위협했다. 또한, 청일전쟁 때에 적장 마옥곤馬玉昆이 여기서 방어해 지금도 정자 기둥에 무수히 많은 탄흔이 보인다. 청일전쟁 때 일본의 삭녕朔寧과 원산元山지대支隊가 진입해 결국 이를 점령했다.

부벽루浮碧樓　모란대 아래 절벽 위에 부루浮樓가 있다. 이것을 부벽루浮碧樓라고 한다. 물이 흘러 부벽루 암각巖脚을 씻고, 누각은 표연히 물위에 떠 있는 듯하다. 수려한 능라도綾羅島가 눈 아래 펼쳐지고 운연모호雲煙模糊 사이에 상원봉, 중화봉 등이 보인다. 강을 사이에 두고 선교리船橋里 전적戰蹟이 보인다. 누각은 지금으로부터 천 년 전인 고려 초 영명사永明寺 남헌홍 화상南軒興和尙이 건립에 관여한 평양 굴지의 고건축물古建築物이다. 8백 십여 년 전, 고려 예종睿宗 서순西巡[11] 때에 이곳에 머무르셔 연회를 열고 호종扈從 이안李顔에게 명해 부벽루라고 칭하게 했다고 전한다.

영명사永明寺　영명사는 선사禪寺로 고구려 광개토왕 2년에 창설해 당시 평안도 절들의 대본산이었다. 옛날 도내道內의 말사末寺를 관리 통괄하고, 이에 대해 경찰 및 사법권을 주어 산내山內에 감금소監禁所를 두었다. 현존하는 당우堂宇 이외에도 가람 여덟 개와 전당이 진열해 찬연한 모습이었는데, 청일전쟁 때 이들 가람은 모두 불탔고, 지금은 불과 그 일부만 남아

11) 서순(西巡)은 국왕이 서쪽 지방을 순행하는 일.

있을 뿐이다. 이때 청군이 영명사에 침입해 승려들을 붙잡았는데 그 두로頭顱(두정골)가 내지인과 흡사하다며 바로 죽였다. 승려들은 난을 피해서 흩어져 아무도 살지 않아 심하게 황폐화되었다. 이후 여우와 너구리만 살고 있었는데 나중에 내지 승려가 최선을 다해 수리해 겨우 현재 상황을 유지하게 되었다.

현무문玄武門 모란대와 을밀대 중간에 있는 궁륭형穹隆形[12]의 작은 문이다. 일찍이 의주 및 원산 가도로부터 을밀대 및 부벽루에 들어오는 통문通門으로, 청일전쟁 때 청군은 모란대 위에 포열하고 그 주력을 이 문에 집중해 방어했다. 일본의 삭녕 지대朔寧支隊는 서쪽에서 진격해 모란대 성루를 탈취하고 현무문을 공략했지만 강하게 저항했다. 미무라 중위가 결사적으로 16명을 이끌고 성벽을 타고 올라갔지만, 을밀대의 적병들이 공격해 위험에 처했다. 이때 일등병 하라다 주키치原田重吉가 분연奮然히 내려가 문을 막고 소대원 전부를 성안으로 진입시켜서 결국 성을 점령했다. 청일전쟁까지는 문 위에 누각이 있었는데 그 후 황폐해졌고, 1920년 신축 공사를 시행해 현재는 옛 모습을 지니고 있다.

칠성문七星門 을밀대에서 정해문靜海門에 이르는 구성舊城 외벽 중에 만수대에 접한 평양 6문의 하나로 현재 건물은 그 규모와 구조가 예전 현무문과 다소 비슷하다. 현무문은 이미 누각이 폐멸廢滅되었지만, 칠성문은 아직도 여전히 남아 있다. 현재 건물은 언제 건물인지 문헌에 제시되지 않아서 명확하지 않다. 일설에는 대동문과 같은 시기 건물이라고 하며, 또는 근세 건물이라고도 하는데 그 구조가 견고하고 고색古色을 띠는 점에서 도저히 근세 건물이라고는 수긍하기 어렵다. 누문樓門에 올라 바라보면 강 색깔이 감벽紺碧으로 보이고, 평양평야가 멀리 펼쳐진다. 서쪽으로는 청일전쟁 때 유명한 구부지丘阜地 전쟁터가 있다.

보통문普通門 일명 우양관又陽關이라고 칭하며 평양 서문西門이다. 고려 성종 때 축성한 것으로, 지금으로부터 9백 십여 년 전 건축으로 기술이 교묘하고 구조가 정밀하다. 실로 조선에서 드물게 보이는 건축물이다. 옛날 보통문이 국빈을 배웅하는 중요한 문이었다는 사실은 평양의 유명한 기성팔경箕城八景의 '보통송객普通送客'을 통해서도 쉽게 납득할 수 있다.

12) 궁륭형(穹隆形)은 활등처럼 가운데(중앙)가 높고 그 주위가 차차 낮아지는 반달 모양을 말함.

임진왜란 때 고니시 유키나가小西行長가 평양을 점거하자 명장明將 이여송李如松이 대군을 이끌고 이 문으로 침입했다. 청일전쟁 때 노즈 중장野津中將[13]이 이끄는 제5사단 본대도 역시 이 문을 통해 진격해 평양을 점령했다.

기자릉箕子陵 을밀대 서쪽으로 수십 보步 내려가면, 칠성문 북쪽에 있는 토산兎山에 다다른다. 온 산에 노송이 울창하고 실로 유아幽雅한 선경仙境이다. 언덕 위에 오르면 단벽丹碧의 전당殿堂이 창연하게 노송 사이에서 나타난다. 이것이 은나라 태사太師 기자箕子의 묘廟라고 전해진다. 사전史傳에 따르면, 기자는 주紂[14]의 숙부였다. 주나라 무왕주武王紂가 죽자 기자는 조선으로 좌천되었다. 기자는 그 종자들을 이끌고 평양에 와서 민을 가르쳐 예의전잠禮儀田蠶의 도道로써 8조법을 시행해, 이래 41세 자손에 이르기까지 세습해 이 땅에 군림했다고 한다. 기자의 도래에 관해서 제설諸說이 분분허 현재도 명확한 설은 없지만, 현재 기자릉은 지금으로부터 8백 십여 년 전, 고려왕 숙종10년 기자릉을 찾아 여기에 제사 지냈다고 한다. 그 후 이조 성종 12년에 이르러 구사舊祠를 증수增修하고 그 덕을 알리는 비를 세워 신하 이량李良에게 쓰게 한 것이 바로 기자의 비문碑文이다. 청일전쟁 때 청군이 이곳을 점거했는데, 일본의 원산 지대元山支隊와 대치해 격렬하게 싸워 결국 함락했다. 게다가 전술한 을밀대와 마찬가지로, 위 적병들과 교전을 계속했기 때문에 지금도 같은 탄흔이 남아 있다.

만수대萬壽臺 칠성문 남쪽으로 내려오면 구릉丘陵이 하나 있는데, 이것은 높지 않지만 사방의 조망이 좋았는데, 청일전쟁 전까지는 온 산에 소나무가 울창해서 한낮에도 어두웠다고 한다. 청일전쟁 때 부근 일대의 고지高地는 적의 포병 진지가 되어 적군 사령관 좌보귀左寶貴가 이곳에 집중해 포열을 두고 전술한 선교리의 오시마大島 견제군牽制軍, 배후背後의 노즈野津 공위군攻圍軍과 대치해 격렬히 싸웠다고 한다. 산복山腹에 성장한 노송을 확인해 보면 지금도 무수히 많은 탄환 흔적이 보여서 당시 악전고투한 상황을 회상하게 된다. 또한, 눈을 서쪽으로 돌리면 큰 비석이 보이는데 이것은 한제韓帝 행차 기념비다. 그 오른쪽에 청일전쟁에서

13) 노즈 미치쓰라(野津道貫, 1841~1908)는 가고시마 출신의 육군 군인으로, 1888년 제5사단장이 되어 1894년 8월 청일전쟁에 참전하고 제1군 사령관을 역임.

14) 주(紂)는 주나라 마지막 왕, 폭군으로 알려짐.

명예롭게 전사한 일본 군인을 기념하는 충혼비가 있다.

관제묘關帝廟　현존하지 않는 장경문長慶門 안에 예전 진위대鎭衛隊의 후방 고지高地에 남쪽으로 세워진 단벽丹碧 찬연한 전당이 있다. 이를 관제묘(서묘西廟)라고 한다. 1880년경, 평안도 유지들이 창설한 것으로 매년 봄가을에 2회 제사 드린다.

연광정練光亭　대동문에 가까운 대동강변의 바위 위에 누각이 하나 있다. 누각은 지금으로부터 4백 십여 년 전, 감사監司 허굉許硡이 건립한 것으로 후명後明의 만력萬曆 정축년丁丑年, 도윤都尹 유사규柳思規가 개축하고, 그 후 수리를 거듭해 결국 오늘에 이르렀다. 일찍이 임진왜란 때 고니시 유키나가小西行長가 명나라 사신 심유경沈惟敬 등과 화친을 맺은 곳으로 알려져 있다.

대동문大同門　평양 동대문 강변에 위풍당당하게 세워진 3층 큰 누각이다. 평양 6문 중 하나다. 지금으로부터 5백 십여 년 전, 대종大宗[15] 6년에 건설한 것으로 중종中宗 신축년辛丑年에 병란으로 불타고 선조宣祖 10년에 개축해 지금에 이른다. 건축이 정교하고 아주 웅대하며, 실제로 건축학적으로 크게 참고가 될 뿐만 아니라, 반도 역사를 연구하는 좋은 재료다. 또한, 대동문은 일명 동문東門이라 불리며, 예전에는 경성으로 통하는 유일한 중요문이었다.

선교리船橋里　평양 세관 출장소 동쪽, 대동강 대안對岸에 위치하며, 비석동碑石洞 또는 장림리長林里라고 했다. 예전에는 평양 대동문으로 들어가는 요충지였다. 평양 점령 후 일본군이 선교리라고 명명하였다. 아마도 이 상류에 적敵의 선교船橋를 가설한 데서 기인한다고 보인다. 청일전쟁 때 오시마 소장少將이 혼성 제9여단을 이끌고 평양성을 정면 공격해 적을 견제하고 방어한 곳으로 현재 부근에 남은 오래된 나무에 탄환 흔적이 벌집처럼 보여 그때의 악전고투를 확인할 수 있다.

종각鐘閣　대동문 서쪽으로 1정町[16] 남짓에 가로街路가 있는데, 이를 종로鍾路라고 한다. 종로라고 명명한 것은 아마도 종각이 있기 때문으로 보이며, 종각은 지금으로부터 2백 5십여 년 전, 감사 윤헌주尹憲柱가 건설에 관여했고, 종은 처음에 대동문 누상樓上에 있던 것을 나중

15) 대종(大宗)은 조선 3대 태종(太宗)의 오기 또는 오식으로 보임.
16) 1정(町)은 1간(間)의 60배로 약 109m에 해당됨.

에 지금의 대동문과 연광정 사이에 옮긴 것이다. 실제로 종로에 가서 자세하게 그 종을 점검해 보니, 구조가 정교하고 형태가 웅대했다. 미술학적으로 참고가 되며 평양 역사를 연구하는 데 좋은 재료가 될 것이다. 옛날에는 이 종을 쳐서 평양 6문의 개폐開閉를 알렸다고 한다.

숭인전崇仁殿 명륜당明倫堂 동쪽 숭령전崇靈殿 부군에 당우堂宇가 있는데 이것을 숭인전이라고 한다. 은나라 태사太師 기자箕子의 위비位碑를 안치한 곳으로 지금으로부터 8백여 년 전 고려 숙종조에 건설되었고 그 후 조선 시조 이성계 사우祠宇의 개수改修를 명받아, 만력萬曆 41년 숭인전이라고 명명되어 지금에 이른다. 전당은 크다고는 할 수 없지만, 구조는 매우 견고하며 매년 봄가을에 2회 제사를 지낸다.

숭령전崇靈殿 명륜당 남쪽 약 4정丁에 위치한 고색창연한 전당이 있는데 단군을 모시는 곳으로 단군 사적에 관해서는 제설諸說이 분분한데 여기에 그 사실 여부를 상세하게 논하지는 않겠지만 역사에 전하는 바에 따르면, 태백산 단수 아래 강림해, 대성산大聖山(평양에서 동북쪽으로 약 20리 지점인 대동군 임원면林原面에 소재)에 살았다고 한다. 산 위에는 단군 성지城址라고 불리는 옛터가 있다.

숭령전은 지금으로부터 4백 십여 년 전, 세종왕이 창설한 것으로 정전正殿에는 '전조선왕 단군지위前朝鮮王 檀君之位' 및 '고구려 동명왕지위高句麗 東明王之位'라고 기술된 목비木碑가 있고, 매년 봄가을에 2회 제전祭典을 지낸다.

문묘文廟 숭인전崇仁殿 서쪽에 묘廟가 있는데 그 안에 찬연한 단벽丹碧 전당을 문묘라고 한다. 묘廟는 지금으로부터 6백 3십여 년 전 충렬왕이 건설한 것으로 오성십철상五聖十哲像이 안치된 곳이다. 그 후 평양의 큰 화재 때 모두 불타고 현재 건물은 백여 년 전 건물이다.

명륜당은 옛날 유생들을 가르친 곳으로 학성들은 각 군 유생 중에서 모집해, 면학 1개년 후에 과거에 급제한 자를 경성 성균관에서 전고詮考하게 한다. 합격한 자는 진사라는 칭호를 받게 된다. 경비는 입학한 유생 수에 따라 각 군이 배분해 내는 것이 관례다.

기자정箕子井 구비口碑로 전해지는 바에 따르면, 기자는 창광산蒼光山 남부 일대에 도성都城을 쌓았다고 하지만, 문헌에 보이지 않으므로 이를 믿기 어렵다. 현재 평양 시내에 기자정(평양정차장 앞 경의선 창설기념비 옆)이 있다. 또한 남부 유정柳町, 교구정橋ㄱ町에는 기자정전箕子井田(옛날 시가지 터로 보임)이라는 곳도 있고, 기타 기자정각箕子井閣 및 정자각丁子閣(3백 9십여 년 전 감사 허두許頭[17]가 기자 송덕頌德을 위해 건설한 것이라고 전해짐) 등의 고건축물이 있다. 기자정箕子井은 평양의 시조始祖인 기자가 축조에 관여했다고 하며, 후에 동명왕 시대에도 왕이 친히 이것을 음용飮用했다는 설이 있다. 그 지방 사람들이 이것을 영수靈水라고 전하여 평양 고적 중 하나가 되었다.

기자궁箕子宮　일명 구수단九疇壇이라고 하는데 기자정 북쪽에 있다. 고려 태조 대에 건축된 것으로 이후 폐멸廢滅되었지만 지금으로부터 2백 십여 년 전 감사 이건상이 재흥시켰다. 또한, 이조 개국 471년 및 1899년 두 번 개수되어 오늘에 이른다.

낙랑군 치지樂浪郡治址　대동강철교에서 약 5리 정도 하류下流 왼쪽 강가에 토성土城 낙랑군

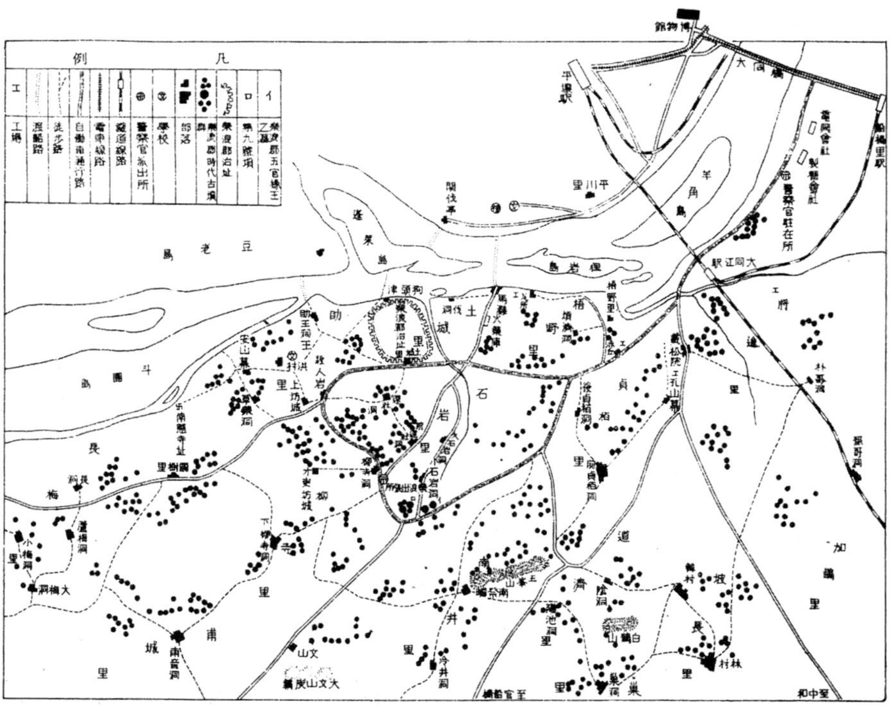

지도 낙랑고분군(樂浪古墳群)

17) 허두는 허굉(許硡)의 오식 또는 오기인가.

터가 보인다. 동서로 약 6정町[18] 반, 남북으로 약 5정 정도의 지역에 걸쳐 성벽이 있는데 거기에서 발견된 한漢나라 와당瓦當에 '낙랑예관樂浪禮官' '대진원강大晉元康' '천추만세千秋萬歲' '관官' 등의 문자가 있고, '낙랑태수장樂浪太守章'이타는 문자가 새겨진 봉니封泥[19]가 발견돼 한위漢魏 시대에 속하는 것이 다수 발견되었다.

토성리土城里 낙랑군 치지樂浪郡治址를 중심으로 한 부근 일대에는 고분들이 즐비해 있다. 대동강면, 용담면, 남관면南串面 3면 14리에 걸쳐서 1,130기基로 산정되는데 이들 고분에 매장된 부산품들은 실로 경탄할 만한 것으로, 당시 예술의 진보를 연구하는 좋은 자료로 국내외적으로 감흥을 주는 것이 많다. 이들 유물을 분류하면 등그릇, 도기陶器, 칠기漆器, 무기武器, 마구馬具, 포백布帛, 금속 복식품服飾品, 옥석기玉石器, 전錢 등에 이른다. 그리고 고분 양식에는 두 종이 있는데, 사방의 벽과 천정과 바닥을 두꺼운 판으로 상자모양으로 만든 목곽木槨, 또는 현실玄室 벽을 벽돌로 만든 전곽塼槨이다.

화석림化石林　평양 부근에는 규화목硅華木 또는 규화화석硅化化石, 석화목이라고 불리는 식물과 광물이 합쳐진 유사화석類似化石이 많은데 그 유명한 곳이 몇 군데 있다.

일. 평양중학교 교정

이. 평양형무소 안

삼. 모란대 오마키노차야茶屋 북측 및 채석장

사. 야마테山手 소학교 교정

기생학교　평양은 예부터 관기官妓의 산지로 유명한데 지금도 유명한 기생이 적지 않다. 모란대와 함께 기생의 본고장으로 그 명성이 내외에 알려져 있다. 기생 양성기관으로 기성권번箕城券番 경영에 관련된 속칭 기생학교도 설립돼 있는데, 이 학교에서는 주로 가요, 무용, 국어(일본어), 서화書畵 등을 가르치는데 그 실력이 뛰어나다. 지금은 평양 명물 중 하나로

---

18) 1정(町)은 1간(間)의 60배로 약 109m에 해당됨.

19) 옛날 중국에서 문서 등을 봉함하기 위해 묶은 노끈의 이음매에 붙이는 진흙 덩어리.

손꼽히며 유람 일정의 하나로 들어가게 되었다.

육군비행장 육군비행장 6연대는 평양역에서 동쪽으로 10리, 지금은 선교리에서 사동寺洞까지 철로가 생겨서 도중까지 전철로 갈 수 있다. 반도 유일의 군비軍備로 용맹스러운 프로펠러 소리가 하늘에 울려 퍼진다.

사동寺洞탄광 평양 탄광선 선교리 다음역이 사동寺洞이다. 평양 시내전철은 현재 여기까지 연장되었다. 해군연료창海軍燃料廠 평양광업부 소재지다. 우리 영토 내에서 가장 양질과 다량의 무연탄을 생산하는 곳으로 저명하다. 현재 6광구鑛口이며, 갱구坑口는 사동 고방산高坊山 율리에 8갱坑을 지니며, 잔주식殘柱式 채광방법으로 1년에 약 14만 8천 톤을 채광한다. 매광량은 무진장하다고 알려져 있다. 채광된 것은 대부분 철도를 통해 진남포에 반출되고, 이어서 덕산 해군연료창에 운송된다. 나머지 일부는 개인 연료로 소비된다. 사동 다음역인 미림美林에는 대안對岸의 고방高坊탄광에서 대동강으로 운반하는 복선식 가공삭도架空索道[20]가 있다.

골프장 사동 언덕을 골프장으로 만들어 평양 인사들이 와서 즐기는 이들이 아주 많으며, 장래 절호의 오락장이 될 것이다.

승호리勝湖里 미림역 다음 역이 승호리인데, 평양탄광선 종점으로, 오노다小野田시멘트 평양지사, 메이지明治광업회사, 다이세이大成탄광 등이 있다. 근년 장족의 발전을 이룬 지역으로, 현재 인구 만 3천 4백여 명, 주로 오노다시멘트 회사 종업원이 많다. 오노다小野田시멘트공장은 역 부근 백만평 토지에 무진장으로 있는 원석으로 시멘트와 석회를 제조하여 시멘트 생산량은 150만 톤, 석회는 다른 회사와 합해서 약 150만 톤에 달한다. 이들 제품 대부분은 조선은 물론이고 내지, 만주, 대만, 지나支那에 판매된다. 또한, 역에서 약 30리 남쪽에 가수동佳殊洞의 유명한 종유석 동굴이 있다.

강동江東 종유석鍾乳石 평양에서 평원가도를 약 백 리 가면 군청소재지 강동읍이 있다. 읍 부근 산중에 동굴이 있는데 입구는 다소 협소하지만, 동굴 안에 들어가면 폭 3간 내지 10간으

---

20) 주로 비탈이 심한 산악에서 운반을 위해 공중에 강철선을 설치해 운반차를 매달고 수송하는 장치.

로 길이 약 100간에 걸친 큰 종유굴이 있다. 입구 근처 암석은 황색인데 안에 들어감에 따라 순백색의 석회암으로 변하고, 또는 숲의 나무처럼, 병풍과 같이 펼쳐져 있고 불상의 형상도 있다. 마치 선녀가 나는 듯이 형상이 기괴하고 그 아름다움은 도저히 형언하기 어려울 정도다. 또한, 강동군에는 낙랑 시대의 고분총도 많다.

강서고분江西古墳 평양에서 진남포선을 타고 한 시간 남짓 가면 기양岐陽에 도착한다. 역에서 서북쪽 25리에 군청소재지인 강서읍 부근 현으리에 세 개의 큰 분총墳塚이 좌정해 있다. 이 고분은 낙랑 시대에 속하는 고분으로, 속칭 강서고분이라고 불린다. 분내 현실은 석곽이며, 벽면 및 천정에 그려진 사신도四神圖, 초화草花 모양 등은 현대식 표현으로 일종의 화풍을 지녔다. 동양 최고의 예술회화로 학계에 존중되고 있다. 이 지방은 2천 년 전 한민족漢民族이 번영한 토지로 상류 강동군에서 남봉산군南鳳山郡, 하류 용강군 일대에는 같은 종의 고분들을 산견散見할 수 있고, 규모가 최고로 큰 것은 강동군 한평동에 소재한 황제총의 것은 높이가 40척, 길이가 170척에 달한다.

02
생활

시가 · 호구

시가市街

시가지의 현황　현재 평양부는 신시가지新市街地와 구시가지舊市街地로 나눌 수 있는데, 신시가지는 본정本町, 대화정大和町 부근 일대, 즉 서기산瑞氣山 동쪽에서 대동강변에 이르는 구역, 및 서기산 남부 평양역 앞 일대의 평탄지平坦地에 이르는 이 지역은 내지인이 이주해서 발달시킨 곳으로 시가지가 대체로 정돈되어 있다.

구시가지는 수옥리 및 육로리 부근 일대에서 북쪽에 이르는 구역으로, 예부터 발달된 조선거리로 지나인들이 다수 구시가지에 거주한다. 큰길은 상점, 골목길은 주택으로 도로는 구부러져 있고 폭도 협소하다.

높은 지대인 경창리와 신양리에는 서양인 주택 및 학교, 교회, 병원 등이 운영 중인데, 지대가 높고 건조하다. 서양식 건물이 늘어서 있고 정원과 나무도 많아 별천지와 같다. 이곳 사람들은 이 일대를 양촌洋村이라고 부른다.

창광산 동쪽 자락에는 여단사령부 및 보병 제17연대 병영이 있고, 그 부근 서정西町, 동정東町에는 육군관사가 있다. 철도선로 남쪽에는 육군창고, 평양 병기兵器제조소, 연병장이 있다. 또한 모란대 건너편 강가에 있는 대동군 대동강면 오촌리鰲村里에는 평양비행대가 있다.

상수리 지방에서부터 남산정南山町 방면에 걸친 고지대는 학교지역이고, 남산정, 산수정山

手町 및 죽원정竹園町, 약송정若松町 방면에는 관사가 많다. 모란대 방면, 서기산, 대동강변에는 공원, 유원지, 산책지가 많으며 진정賑町 앵정櫻町 방면에는 화류가花柳街가 있다.

현재 평양 시가지를 상업지역, 공업지역, 주거지역으로 분류하면 대체로 평양우체국 부근을 중심으로 신창리에 이르는 철길에서 대동강 동쪽 강변까지를 포함한 일대와 주요 가로 양쪽은 모두 상업지역을 이루며, 특히 본정本町, 대화정大和町, 남문정, 아청리衙廳里, 죽전리 방면은 상업중심지라 할 수 있다. 기타 고지대와 평지는 주거지역으로 봐도 무방할 것이다.

평양부의 상공업 발전은 최근에 특히 현저하며 군지역과 타지방에서 매년 다수의 조선인 노동자가 들어와 그들 대부분은 직업상 월세와 기타 생활비가 싼 평양부 외각에 정착해 주거하고 있다. 그로 인해 최근 급격히 호구가 증가된 곳은

1. 신양리, 암정岩町, 서성리 철도선로 동쪽에 속하는 부분, 즉 평양부 서부 외곽에 위치하는 방면.
2. 유정柳町, 교구정橋口町에 속하는 평양부 남쪽 외곽에 위치하는 방면.
3. 선교리 지방, 즉 대동강가, 평양부 동쪽 외곽에 위치하는 방면이다.

기타 평양부 밖에서 갑자기 발전해 시가지를 형성하게 된 오노다시멘트공장이 소재한 승호리 방면, 해군연료창海軍燃料廠 평양광업부 소재지인 사동 방면 등이다.

장래의 도시계획　시가지가 번잡하게 팽창되는 것은 도시 발전과 시민의 행복을 저해하는 점이 적지 않으므로, 장래 발전을 예상해 일정한 도시계획을 수립해야 하는데, 당연히 그 안에 포함돼야 할 것은 평양부 일원 및 대동군 대동강면의 대부분, 그리고 서천면, 용산면, 고평면 각 일부로 그 총면적은 약 6,546만㎡에 달하며, 그중 산봉우리, 하천 지역, 홍수범람 지역을 제외해도 주거 가능한 지역은 약 5,035만㎡로, 장래 대평양大平壤 구역으로 편입될 지역이라 할 수 있는 현재 행정 구획 지역은 다음과 같다.

평양부 대동면　오촌리, 의암리, 신리, 율리, 불당리, 삼정리, 장진리, 정백리, 오야리
서천면　인흥리, 상흥리

고평면　평천리, 구정리, 내리

용산면　대치령리

도시 인구 증가는 그 도시의 성상性狀, 교통기관의 상태, 산업상 지위, 기타 여러 사정에 따라 동일하지 않다. 지금까지 통계에 기초해 그 인구 증가율에서 이상의 도시계획 구역내 평양부 인구증가를 추정하면 1929년을 기점으로 30년 후인 1959년에는 총수 약 4백만에 달할 것이고, 보안, 위생상 견지에서 이들 인구는 너무 과밀하지 않도록 분산이 필요하다. 게다가 도시계획 지역을 거주지역, 산업지역, 공업지역으로 나누는 것은 부민府民 거주 안정을 도모하고, 상공업의 능률 증진을 위해 특히 평양과 같은 상공업이 발전한 도시에서는 반드시 필요하다.

현재 평양부를 보면, 각종 건축물이 서로 착종돼 매우 잡다한데, 그래도 현재 시가지는 거의 상업지역, 공업지역, 주거지역을 형성하고 있기 때문에, 장래 지역 계획에서도 대체로 이상의 구분에 따라 평양역 앞 일대에서 신창리에 이르는 평탄지는 상업지역으로 발달시키고, 서기산에서 만수대에 이르는 고지대 및 그 서쪽 일대는 높고 아름다운 전망지역으로 자연 주거지역으로 선택받을 것이다. 단지 평양역 앞의 현재 공업지역을 형성하는 지구는 장래 평양부의 중심으로, 교통이 가장 편리한 지역으로 오히려 상업지역으로 보호받는 것이 적당하다고 판단되며, 기타 선교리 방면은 전흥電興회사, 제당회사, 콘스타치회사 등 대공업회사가 들어서 있다. 장래에도 공업지대로 적절하며, 그 남방 낙랑유적 정백리 부근의 고지대와 북방 사동寺洞가도 및 육군비행대 부근 일대 고지대는 주거지역으로 한다. 대동강을 중심으로 선교리역에 이르는 일대의 평지는 대안對岸의 상업중심지와 함께, 같은 상업지역으로 장래 평양부의 중심이 될 것이다. 또한, 경의선 철도 서쪽 편입지, 즉 평천리, 구정리 방면은 평탄지로 이미 육군병기제작소, 야마주山十제지공업製紙工業 등이 있다. 장래 운하 및 주거지역으로 적당할 것이다.

또한 장래 도시계획 수행에 중대한 관계를 지니는 것은 도로, 전철, 철도 등 교통기관의 정비, 공원, 상수, 하수, 방수 등 위생시설의 정비다.

현재 평양부는 이조 시대부터 발달된 시가지로 도로는 구부러져 있고 폭이 협소해서 통제가 어렵다. 단계적으로 개선해 왔는데 아직 완비되지 못했고, 1928년 말에 부내 도로 연장 및 면적은 연장 약 13만m, 면적 약 72만㎡로 부내 이용 토지 면적에 대한 도로 면적비율은 12.4%로 도시계획상 이상적이라고 하는 25%에서 30%에 비교하면 크게 낮다. 부내 인구의 현저한 증가와 이에 동반된 근교 건축물의 격증은 가로망 계획 결정을 필요하게 한다. 현재 평양부내 주요 도로는 시구市區 개정에 따라 대체로 통제되었지만, 가로망 계획도 대체로 이에 준거해 개량되어야 할 것이다. 부외 도로에 따라서는 지정된 지역제에 순응해 시가지 발달 경로 및 장래 시가지 형성 후의 필요를 추정해 교통기관의 배치 및 일대 지세를 고려하면서 토지 이용, 위생, 방화, 체제 등의 견지에서 시가지 분할, 채광採光, 풍향 등도 감안할 필요가 있다.

또한, 전철망 계획은 가로계획과 함께 중요한 사항으로 기왕의 추세, 선진도시 현상 등을 참고하여 인구, 면적, 운수능력, 이용 상황 등에 따라 장래 소요 연장을 고려해야 하며 대동강, 선교리, 서평양역, 평양역의 철도 시설도 장래적으로 충분히 화객 증가를 예상해 계획할 필요가 있다.

평양부에는 현재 모란대공원이 있지만, 기타 이렇다 할 공원이 없다. 시가지는 호수가 매우 과밀한 상태에 빠져 있다. 하수도 시설도 불완전하며 더러운 물이 정체되어 강우 시에 넘쳐난다. 한편, 상수도 시설은 최대 하루 2만㎥의 급수시설을 지녔지만, 더 확장할 필요가 있다. 급수 인구도 총인구의 8할에 못 미치고, 기타 여전히 오염된 우물, 강물을 사용해 위생상 문제가 많다. 그로 인한 사망률, 전염병 발생률도 매우 높다.

그래서 장래 공원 계획은 현재 모란대, 서기산, 대동강 세 공원 및 산책지로 삼각지, 운동장을 공설 운동장 이외에 평양부민의 보호, 휴양, 위안 및 비상시의 피난소로 장래에는 공원 42개소, 광장 9개소 합계 51개소, 면적 560만㎡로 확장할 필요가 있다.

수도는 현재 급수 인구 13만여 명에 대한 능력을 갖추어서 다소의 여유를 지니는데, 도시계획 진척에 따라 장래 다대한 확장이 필요하다. 즉 급수보급율은 장래의 증가인구 70%에 달해야 되는데, 재해와 기타 불시의 사태에 대해 급수의 안전을 기대하기 위해서는 급수구역을 둘로 나누고 수원水源을 평양구 및 대동구 두 곳에 두는 것이 득책이라는 것이 전문가의 의견이다.

하수는 장래 시가지 발전을 상정해 전구역에 대한 통제력 있는 계획을 세우는 것이 가장 긴요하며, 지세地勢, 기타 관계에 따라 부내를 몇 구로 나누어서 직접, 간접적으로 대동강, 보통강으로 방류해야 한다. 게다가 장래 인구가 포화될 때에는 하수처리장을 만들어 오수관에 따라 오수를 이끌고, 하수처리를 한 후 방류해야 할 것이다.

대동강과 그 지류인 보통강, 무진천은 우기雨期에는 범람해 부내 평탄지는 침수해 버린다. 따라서 하천 방수시설의 완비는 가장 급무다. 현재 공사 중인 대동강 개수공사 완료 때에는 대동강 우안右岸 현재 시가지 및 평양정차장 후방 지대 일부는 안전하지만, 장래 도시계획에서는 다음과 같은 여러 시설이 필요하다.

대동강 우안右岸 제방 - 평천리 병기제작소에서 보통강 입구에 이르기까지.

대동강 좌안左岸 제방 - 의암리 산록에서 무진천 하류점에 이르기까지.

무진천 개수계획 - 제방 축조 및 낮은 수로 폭 확장하고 깊이 파헤침.

보통강 개수계획 - 폭 확장, 낮은 수로 확장하고 개척.

유수지遊水池, 선류船溜, 운하 - 홍수 시 내수內水 범람을 막기 위해, 유수지, 운하를 만들어 보통강을 이용해 그 말미에 선류船溜를 두어, 공업 발전에 공헌한다.

이상은 평양부 장래의 도시계획 골자에 대해 언급한 데 불과하다. 게다가 시민의 이익을 증진하기 위해서 대동강, 보통강을 깊이 파헤쳐 큰 배의 출입을 원활히 하고, 대동강의 적당한 지점에 항구를 만들어 대안對岸의 공업지대에 운하를 만들어 교통망을 한층 완비해 대동교 상류에 입도교入道橋를 가설하거나, 동력용 전기 요금을 인하해 연료 공영 또는 조합이 염가로 제공하는 등 시민생활상 필요한 연료 문제를 해결하고, 교외에 큰 주택단지를 만드는 등 여러 대규모 시설을 시행한다면, 그 경제적 지위와 지세상地勢上으로 평양 시가지 팽창발전에 크게 공헌할 것이라 믿는다.

호구戶口

대동강 유역의 인구밀도　하천유역은 연해沿海지방과 함께 가장 일찍부터 문화가 발전하고 산업이 발전해 인구가 높은 것이 보통인데, 조선의 대하천 유역의 인구상태에 대해 졸저拙著『조선의 인구현황』에 게재한 바에 따르면 다음 표와 같다. 인구 밀도가 가장 높은 곳은 평야가 많고 농촌이 발달한 금강 유역이 제1위이고, 대도시 경성을 포함한 한강 유역이 제2위를 점하며, 다수의 소시가지를 지닌 낙동강 유역이 제4위,[21] 대동강 유역의 인구 밀도는 제5위[22]다.

십대(十大) 하천 유역 인구조사(1925년 10월 1일 현재)

하천별		포함 부면(府面) 수	인구수	면적(방리(方里))	10방리당 인구
압록강 유역		55	438,516	640.3	648
두만강 유역		25	111,117	415.5	267
낙동강 유역		98	786,556	314.7	2,499
한강 유역		93	1,018,998	426.9	2,791
대동강유역	본류(本流)	47	542,412	196.6	2,301
	불류강	3	25,326	23.5	-
	남강	10	62,410	63.3	-
	합계	60	540,148	283.5	1,905
금강 유역		34	292,676	90.1	3,247
임진강[23] 유역		26	147,102	93.1	1,579
섬진강 유역(본류)		9	69,692	38.9	1,788
청천강 유역(본류)		21	189,218	166.0	1,139
예성강 유역(본류)		11	68,138	44.3	1,535

※비고 : 1. 본류 및 지류 중, 주벌(舟筏)을 통한 지점 이하의 연하면(沿河面) 조사.
2. 국경에 접한 하천인 압록강과 두만강 유역에는 외국의 면적, 인구를 포함함.

21) 제3위의 오기 또는 오식.
22) 제4위의 오기 또는 오식.
23) 원문에는 임진강(臨津江)을 임포강(臨浦江)이라고 잘못 표기하였다.

도시 인구증가는 이것을 자연증가와 이주증가로 나누어 관찰할 필요가 있는데, 자연증가 즉 사망자 수 대비 출생자 수의 증가는 주민의 다소, 기후 풍토 관계, 지세 지형의 차이, 국민문화의 정도, 의료 위생시설, 생활상태의 여하 등에 따라 높고 낮음이 생긴다. 또한, 이주 증가는 면적 및 문화교통의 영향, 정치경제의 성쇠消長에 따라 세력이 증감하는데, 조선 주요 도시의 최근 5개년간의 인구증가 조사는 다음과 같다.

1926~1930년 5개년 간 인구증가 조사

시가지명	자연증가	이주 증가	총 증가
경성부	12,387	40,128	52,715
인천부	310	10,375	10,065
개성부	3,820	109	3,929
군산부	1,487	3,447	4,934
목포부	832	5,223	6,055
대구부	4,329	24,622	28,951
부산부	6,469	60,724	67,193
마산부	1,382	7,280	8,662
평양부	5,473	22,169	27,642
진남포부	832	9,208	10,040
신의주부	333	30,928	21,261
원산부	649	8,873	9,522
함흥부	1,651	7,621	9,272
청진부	70	13,072	13,142

즉 이상 14부府에 대해 평양의 인구증가 상황을 보면, 최근 5개년 동안에 자연증가 수는 제3위, 이주 증가 수는 제4위, 총증가 수는 4위이다.

호구戶口의 변천　옛날 평양 시가지의 호구 수는 신뢰할 만한 문헌이 없기 때문에 추정하기 어렵지만, 이조 호구 기록으로 가장 오래된 『세종실록世宗實錄』 지리지에는 평양부 호수 8,125, 남정男丁 14,440이라고 하며, 이후 훨씬 뒤에 편찬된 『평양지平壤志』에도 실호實戶

8,265, 잡항雜項 3,116, 도합 11,311, 관노官奴 121, 관비官婢 59라고 적혀 있다. 이조 시대를 통해 가장 세밀하게 호구조사를 했다고 보이는 정조 13년(서력 1789년 광격光格천황 관정寬政 원년) 기록에는 호수 31,566, 인구 남자 58,397, 여자 49,195 합계 107,592라고 한다. 응당 이상의 숫자는 평양 시가지만의 호구 수가 아니라 평양부 관할 호수를 포함한 것인데, 당시 호수는 한성 5부 43,929, 전주부 20,947, 의주부 19,995, 상주부 18,667, 경주부 18,151, 충주부 17,809, 공주부 16,402, 해주부 15,127, 진주부 15,028, 대구부 13,4[illegible]3, 개성부 11,525이고, 이것과 대비해 보면 평양부 및 그 관하의 호수는 다른 지역에 비해 현저히 우위에 있음을 확인할 수 있다.

평양 시가지의 이조 말엽 호구 수는 이를 추측하기 어렵지만, 한국병합이 행해진 1910년에 호수 10,210, 인구 38,624로 이후 호구가 격증했음을 최근의 호구 수를 보면 일목요연하다.

평양부 호구조사(1910년 말)

종별	호수	인구수
내지인	1,977	6,443
조선인	8,095	31,627
지나인	121	468
기타 외국인	17	86
합계	10,210	38,624

최근 호구戶口　평양부 호구는 근년에 급격히 증가해 1914년 4월 부제府制가 시행된 당시에 인구가 불과 4만 5천에 머물렀던 것이 1923년에는 일약 8만 6천 명으로 급증했고, 이어서 1929년 4월에 부근 촌락을 합병해 부 행정구획을 확장하면서 그 인가 수는 15만을 넘어섰다. 실로 경성에 이어서 조선 제2의 대도시가 된 것이다. 기왕의 증가 추세를 보면 지난 11년 사이에 1개년 평균 증가 수는 호수 약 천 5백 호, 인구 약 6천 명에 달한다. 앞으로 진전도 알 수 있으며 조선 유일의 상공도시로 평양의 장래는 크게 기대할 만하다.

내선(內鮮) 외국인별 호구 수

연별	호수					인구				
	내지인	조선인	지나인	기타 외국인	합계	내지인	조선인	지나인	기타 외국인	합계
1925년 말	6,557	19,872	225	40	26,700	22,527	85,898	739	121	109,285
1926년 말	7,202	20,706	225	41	28,174	23,545	89,973	728	126	114,372
1927년 말	7,316	22,155	227	42	29,740	24,426	94,439	732	132	119,729
1928년 말	7,645	23,529	405	47	31,626	25,559	100,618	768	148	127,093
1929년 말	8,120	28,393	502	100	37,115	27,438	127,402	1,321	281	156,442

직업별 호구 수(1929년 말 현재)

	내지인		조선인		지나인		기타 외국인		합계	
	호수	인구	호수	인구	호수	인구	호수	인구	호수	인구
농림업 및 목축업	71	306	3,443	20,060	58	449	-	-	3,572	20,817
어업 및 제염업	9	53	64	263	-	-	-	-	73	316
공업	801	3,736	3,130	15,535	59	148	-	-	3,990	19,419
상업 및 교통업	2,968	9,649	6,594	35,999	345	609	1	1	9,908	46,258
공무 및 자유업	1,596	5,186	2,860	10,829	14	46	88	217	4,558	16,278
기타 직업	2,315	7,240	10,104	36,350	24	64	11	63	12,454	43,717
무직 및 무신고자	360	1,284	2,198	8,366	2	5	-	-	2,560	9,655
합계	8,120	27,456	28,393	127,402	502	1,321	100	281	37,115	156,460

출산 수(1929년)

구별		출생자 월별												
		1월	2월	3월	4월	5월	6월	7월	8월	9월	10월	11월	12월	합계
내지인	남	30	18	13	22	13	22	21	11	24	14	20	15	223
	녀	31	16	22	20	28	17	17	16	16	21	23	14	241

조선인	남	151	137	148	172	169	91	136	133	119	113	145	128	1,642
	녀	169	138	139	158	172	121	97	90	121	150	141	129	1,625
총계	남	181	155	161	194	182	113	157	144	143	127	165	143	1,865
	녀	200	154	161	178	201	138	114	106	137	171	164	143	1,867

사망 수

구별		출생자 월별												
		1월	2월	3월	4월	5월	6월	7월	8월	9월	10월	11월	12월	합계
내지인	남	13	10	14	12	8	14	15	14	9	11	12	5	137
	녀	4	13	9	9	10	11	16	10	12	8	5	10	117
조선인	남	81	106	147	120	107	93	91	69	68	66	50	50	1,048
	녀	53	101	121	108	109	85	79	64	83	48	36	42	930
총계	남	94	116	162	132	115	107	106	83	77	77	62	55	1,186
	녀	57	114	131	117	119	95	95	74	95	56	41	52	1,047

현 주거자 사망 병류별(病類別) 표(1929년)

내지인

		1년 미만	1년 이상	2년 이상	5년 이상	10년 이상	15년 이상	20년 이상	25년 이상	30년 이상	35년 이상	40년 이상	50년 이상	60년 이상	70년 이상	80년 이상	연령 미상	합계
전신병	남	1	-	-	-	-	-	-	-	-	-	-	-	-	-	-	-	1
	녀	-	-	-	-	-	-	-	-	-	-	1	-	1	-	-	-	2
정신병	남	-	-	-	-	-	-	-	-	-	-	-	-	-	-	-	-	-
	녀	-	-	-	-	-	-	-	-	-	-	-	-	-	-	-	-	-
신경계병	남	2	1	3	-	1	1	1	-	-	-	3	2	5	-	-	-	19
	녀	2	2	6	5	3	1	-	1	-	1	1	3	-	2	-	-	27
순환기병	남	-	-	-	-	-	-	-	-	2	-	2	2	1	1	-	-	9[24]
	녀	1	-	-	1	-	-	-	1	-	1	1	1	-	1	1	-	8

24) 8이 정확하지만 그대로 표기함.

눈 관련병	남	-	-	-	-	-	-	-	-	-	-	-	-	-	-	-	-	-
	녀	-	-	-	-	-	-	-	-	-	-	-	-	-	-	-	-	-
귓병	남	-	1	-	-	-	-	-	-	-	-	-	-	-	-	-	-	1
	녀	-	-	-	-	-	-	-	-	-	-	-	-	-	-	-	-	-
비인후병	남	-	-	-	-	-	-	-	-	-	1	-	-	-	-	-	-	1
	녀	-	-	-	-	-	-	-	-	-	-	-	-	-	-	-	-	-
호흡기병	남	4	9	4	2	1	1	5	-	2	1	4	3	4	-	-	-	40
	녀	5	5	1	3	3	2	2	-	3	-	1	-	-	-	-	-	25
소화기병	남	7	6	2	2	2	-	3	1	1	-	4	6	2	2	-	-	38
	녀	6	7	9	1	-	1	-	-	-	2	4	1	1	1	1	-	33[25]
치아병	남	-	-	-	-	-	-	-	-	-	-	-	-	-	-	-	-	-
	녀	-	-	-	-	-	-	-	-	-	-	-	-	-	-	-	-	-
운동기병	남	-	-	-	-	1	-	1	-	-	-	-	-	-	-	-	-	2
	녀	-	-	-	-	-	-	-	-	-	-	-	-	-	-	-	-	-
피부 관련병	남	-	-	-	-	-	-	-	-	-	-	-	-	-	-	-	-	-
	녀	1	-	-	-	-	-	-	-	-	-	-	-	-	-	-	-	1
비뇨생식기병	남	-	-	1	-	-	2	-	-	-	-	2	3	-	-	-	-	8
	녀	-	-	-	-	-	-	-	1	-	1	1	-	1	2	-	-	6
외상	남	-	-	-	-	-	-	-	-	-	-	-	2	1	-	-	-	3
	녀	-	-	-	-	-	-	-	-	-	-	-	-	-	-	-	-	-
익사(溺死)	남	-	-	-	-	-	-	-	-	-	-	1	-	-	-	-	-	1
	녀	-	-	-	-	-	-	-	-	-	-	-	-	-	-	-	-	-
기형	남	1	-	-	-	-	-	-	-	-	-	-	-	-	-	-	-	1
	녀	3	-	-	-	-	-	-	-	-	-	-	-	-	-	-	-	3
노쇠	남	-	-	-	-	-	-	-	-	-	-	-	-	-	-	-	-	-
	녀	-	-	-	-	-	-	-	-	-	-	-	-	-	2	-	-	2
임신	남	-	-	-	-	-	-	-	-	-	-	-	-	-	-	-	-	-
	녀	-	-	-	-	-	-	-	-	1	-	-	-	-	-	-	-	1
중독	남	1	1	-	1	-	-	-	-	-	-	-	1	1	-	-	-	5
	녀	1	-	-	-	-	-	-	-	-	-	-	-	1	-	-	-	2
신생물[26]	남	-	-	-	-	-	-	-	-	-	-	1	1	1	-	-	-	3
	녀	-	-	-	-	-	-	-	-	-	-	-	-	-	-	-	-	-

25) 34가 정확하지만 그대로 표기함.

26) 신생물(新生物, neoplasm)은 조직의 비정상적이고 과도한 성장의 한 유형.

기생충병	남	-	-	-	-	-	-	-	-	-	-	-	-	-	-	-	-	-
	녀	-	-	-	-	-	-	-	-	-	-	-	-	-	-	-	-	-
각기병	남	1	-	1	-	-	-	1	-	-	-	-	-	-	-	-	-	3
	녀	-	1	-	-	-	-	-	-	-	-	-	-	-	-	-	-	1
감기	남	2	-	-	-	-	-	-	-	-	-	-	-	-	-	1	-	3
	녀	1	-	1	-	-	-	-	-	-	-	-	-	-	-	-	-	2
전염병	남	3	4	5	2	1	3	8	5	6	5	3	5	1	1	-	-	51
	녀	3	6	6	5	2	3	5	4	3	1	4	2	-	-	-	-	44
불명	남	-	-	-	-	-	-	-	-	-	-	-	-	-	-	-	-	-
	녀	-	-	-	-	-	-	-	-	-	-	-	-	-	-	-	-	-
총계	남	22	23	16	7	6	7	19	6	11	7	19	24	15	4	1	-	187
	녀	23	21	23	15	8	6	7	7	7	6	14	8	5	8	2	-	160
합계		45	44	39	22	14	13	26	13	18	13	33	32	20	12	3	-	347

조선인

		1년 미만	1년 이상	2년 이상	5년 이상	10년 이상	15년 이상	20년 이상	25년 이상	30년 이상	35년 이상	40년 이상	50년 이상	60년 이상	70년 이상	80년 이상	연령 미상	합계
전신병	남	14	-	-	-	-	1	-	-	1	-	2	-	-	-	-	-	18
	녀	12	1	1	-	-	-	-	-	-	-	-	-	2	-	-	-	17
정신병	남	-	-	1	-	-	-	-	1	-	-	-	-	-	-	-	-	2
	녀	-	-	-	-	-	-	-	-	-	-	-	-	-	-	-	-	-
신경계병	남	125	22	22	16	13	4	5	4	4	5	9	9	7	3	3	-	251
	녀	102	14	23	18	5	2	1	2	1	1	4	1	4	7	3	-	188
순환기병	남	1	1	-	1	-	-	-	-	1	-	1	4	6	1	1	-	17
	녀	5	1	1	-	-	-	3	1	1	1	1	-	1	1	-	-	16
호흡기병	남	118	46	82	13	4	-	7	8	14	7	12	18	18	7	3	-	357
	녀	104	50	64	15	3	6	5	5	4	3	12	9	9	9	1	-	299
소화기병	남	61	27	18	5	2	2	4	3	6	8	14	16	14	9	-	-	189
	녀	60	19	24	18	3	4	2	1	4	5	5	4	10	7	4	-	170
운동기병	남	-	1	1	-	-	1	-	1	-	-	1	-	-	-	-	-	5
	녀	-	-	-	1	-	1	1	-	-	-	1	-	-	-	1	-	5

피부 관련병	남	1	-	1	-	1	-	-	-	1	-	-	3	-	-	-	-	7
	녀	3	1	-	-	1	-	-	-	1	-	-	-	1	-	-	-	7
비뇨생식기병	남	-	-	5	2	-	4	1	-	4	1	1	5	4	3	1	-	31
	녀	1	-	-	-	2	2	2	1	1	1	3	3	5	2	1	-	24
외상	남	-	1	-	-	-	2	2	2	2	2	4	1	-	1	-	-	17
	녀	-	-	1	1	-	-	1	1	-	-	1	-	-	-	-	-	5
익사(溺死)	남	-	-	1	2	1	-	3	2	-	1	1	1	-	-	-	-	12
	녀	-	-	-	-	-	-	-	2	-	-	1	-	1	-	-	-	4
기형	남	1	-	-	-	-	-	-	-	-	-	-	-	-	-	-	-	1
	녀	-	-	-	-	-	-	-	-	-	-	-	-	-	-	-	-	-
노쇠	남	-	-	-	-	-	-	-	-	-	-	-	-	5	10	4	-	19
	녀	-	-	-	-	-	-	-	-	-	-	-	1	3	8	8	-	20
임신	남	-	-	-	-	-	-	-	-	-	-	-	-	-	-	-	-	-
	녀	-	-	-	-	-	-	-	1	-	1	-	-	-	-	-	-	2
중독	남	1	-	-	-	-	-	1	2	-	-	1	-	1	-	-	-	6
	녀	1	-	-	-	-	-	1	2	-	2	1	1	-	1	-	-	9
신생물	남	-	-	-	-	-	1	-	-	-	-	2	-	3	-	-	-	6
	녀	-	-	-	-	-	1	-	-	-	1	-	-	1	-	-	-	3
각기병	남	-	-	-	-	-	-	-	-	-	-	-	-	-	-	-	-	-
	녀	-	-	-	-	-	-	-	-	-	-	-	-	-	1	-	-	1
전염병	남	65	30	42	11	3	2	6	5	11	2	12	2	4	2	1	-	198
	녀	52	22	56	14	3	4	5	2	6	2	2	2	6	1	1	-	178
불명	남	2	-	-	-	-	-	-	-	-	-	-	-	-	-	-	-	2
	녀	1	-	-	-	-	-	-	-	-	-	-	-	-	1	-	-	2
총계	남	389	128	173	50	24	17	29	28	44	26	60	59	62	37	13	-	1,139
	녀	341	108	171	67	17	20	21	18	18	17	31	21	43	37	19	-	949
합계		730	236	344	117	41	37	50	46	62	43	91	80	105	74	32	-	2,088

외국인

		1년 미만	1년 이상	2년 이상	5년 이상	10년 이상	15년 이상	20년 이상	25년 이상	30년 이상	35년 이상	40년 이상	50년 이상	60년 이상	70년 이상	80년 이상	연령 미상	합계
전신병	남	-	-	-	-	-	-	-	-	-	-	-	-	-	-	-	-	-
	녀	-	-	1	-	-	-	-	-	-	-	-	-	-	-	-	-	1
정신병	남	-	-	-	-	-	-	-	-	-	-	-	-	-	-	-	-	-
	녀	-	-	-	-	-	-	-	-	-	-	-	-	-	-	-	-	-
신경계병	남	3	-	-	-	1	-	-	-	1	-	1	-	-	-	-	-	6
	녀	-	-	-	-	-	-	-	-	-	1	-	-	-	-	-	-	1
순환기병	남	-	1	-	-	-	-	-	-	-	-	-	1	-	-	-	-	2
	녀	1	-	-	-	-	-	-	-	-	-	-	1	-	1	-	-	3
호흡기병	남	-	1	1	-	-	-	-	-	1	-	2	1	1	-	-	-	7
	녀	1	4	1	1	-	-	-	-	-	-	1	-	-	-	-	-	8
소화기병	남	2	-	-	-	1	-	1	1	-	2	-	-	1	-	-	-	8
	녀	1	4	-	1	-	-	-	-	-	-	-	-	1	-	-	-	7
운동기병	남	-	-	-	-	-	-	-	-	-	-	-	-	-	-	-	-	-
	녀	1	-	-	-	-	-	-	-	-	-	-	-	-	-	-	-	1
피부 관련병	남	-	-	-	-	-	-	-	-	-	-	1	-	-	-	-	-	1
	녀	-	-	-	-	-	-	-	-	-	-	-	-	-	-	-	-	-
외상	남	-	-	-	-	-	-	-	-	-	-	-	-	-	-	-	-	-
	녀	-	-	-	-	-	-	-	-	-	-	-	-	-	-	-	-	1
익사 (溺死)	남	-	-	-	-	-	-	-	-	1	-	-	-	-	-	-	-	1
	녀	-	-	-	-	-	-	-	1	-	-	-	-	-	-	-	-	1
중독	남	-	-	-	-	-	-	-	-	-	-	-	1	-	-	-	-	1
	녀	1	-	-	-	-	-	-	-	-	-	-	-	1	-	-	-	-
감기	남	1	-	-	-	1	-	-	-	-	-	-	-	-	-	-	-	2
	녀	-	-	-	-	-	1	-	-	-	-	-	-	-	-	-	-	1
전염병	남	-	-	-	1	-	-	-	-	2	-	-	-	-	-	-	-	3
	녀	-	-	-	-	-	-	1	-	-	-	-	-	-	-	-	-	1

총계	남	6	2	1	1	3	-	1	1	5	2	4	3	2	-	-	-	31
	녀	4	8	2	3	-	1	1	1	-	1	1	1	1	1	-	-	25
합계		10	10	3	4	3	1	2	2	5	3	5	4	3	1-	-	-	56

결혼 · 이혼 수

	결혼				이혼				연말 현재 배우자 수			
	내지인	조선인	외국인	합계	내지인	조선인	외국인	합계	내지인	조선인	외국인	합계
1927년	89	635	-	724	6	122	-	128	2,287	9,986	44	12,317
1928년	90	729	-	819	9	86	-	95	2,376	10,629	59	13,005
1929년	83	809	-	892	19	126	-	145	4,060	19,875	150	23,935

내지인 본적지별(1928년 말)

부현명	인구	부현명	인구	부현명	인구	부현명	인구
東京府	766	廣島縣	1,403	奈良縣	179	島根縣	681
京都府	375	山口縣	2,328	三重縣	306	岡山縣	398
大阪府	509	和歌山縣	248	山形縣	333	鹿兒島縣	951
神奈川縣	135	德島縣	326	秋田縣	158	沖縄縣	2
兵庫縣	442	岩手縣	122	福井縣	479	宮城縣	363
長崎縣	1,145	青森縣	144	石川縣	406	福島縣	337
山梨縣	177	大分縣	1,136	愛知縣	447	熊本縣	1,079
滋賀縣	373	佐賀縣	813	靜岡縣	302	宮崎縣	83
岐阜縣	346	群馬縣	165	香川縣	340	富山縣	203
長野縣	439	千葉縣	186	愛媛縣	607	鳥取縣	180
新潟縣	249	茨城縣	246	高知縣	199	北海道	171
埼玉縣	161	栃木縣	92	福岡縣	2,097	합계	22,527

정리별(町里別) 호구(1929년 말)

정리별	내지인		조선인		지나인		기타 외국인		합계	
	호수	인구	호수	인구	호수	인구	호수	인구	호수	인구
기림리	19	69	1,701	8,505	31	92	-	-	1,751	8,666
경상리	97	364	406	2,022	5	13	-	-	508	2,399
창전리	5	16	1,402	6,993	11	32	2	6	1,420	7,047
경제리	26	100	863	4,308	-	-	-	-	889	4,408
신창리	5	17	381	1,887	7	21	-	-	393	1,925
설암리	-	-	513	259[27)]	3	8	-	-	516	267[28)]
상수리	15	55	966	4,828	1	3	-	-	982	4,886
상수구리	-	-	391	1,948	4	11	1	4	396	1,963
하수구리	5	17	578	2,880	4	11	-	-	587	2,908
계리	7	24	198	989	5	16	-	-	210	1,029
관후리	19	76	436	2,169	5	13	2	4	462	2,262
장별리	-	-	448	2,217	3	8	-	-	451	2,225
대찰리	2	7	317	1,579	5	13	-	-	324	1,599
순영리	-	-	148	741	9	27	1	6	158	774
수옥리	102	389	305	1,520	7	21	2	7	416	1,937
채관리	4	13	279	1,386	4	13	-	-	287	1,412
염점리	39	142	302	1,509	-	-	-	-	341	1,651
죽전리	8	27	228	1,138	20	88	-	-	256	1,253
이문리	46	170	144	714	5	13	-	-	195	897
이향리	-	-	112	550	26	69	-	-	138	619
진향리	3	9	262	1,304	2	5	-	-	267	1,318
아청리	5	16	177	877	7	21	-	-	189	914
전구리	15	51	316	1,577	2	5	-	-	333	1,633

27) 2,259의 오기 또는 오식으로 보이지만 원문 그대로 표기함.
28) 이하, 오기 또는 오식으로 보이는 부분도 원문 그대로 표기함.

육로리	16	55	403	2,012	2	5	-	-	421	2,072
경창리	-	-	311	1,565	16	60	62	167	389	1,792
신양리	28	101	2,354	12,568	9	83	20	83	2,411	12,835
남문정	82	304	133	662	5	13	1	4	221	983
수정(壽町)	348	1,235	222	1,099	18	43	-	-	588	2,377
항정(港町)	89	347	171	839	1	3	-	-	261	1,189
대화정(大和町)	218	820	6	30	1	3	-	-	225	853
빈정(濱町)	157	608	105	521	1	2	-	-	263	1,131
욱정(旭町)	312	1,198	25	124	4	10	-	-	341	1,332
남산정	358	1,386	65	323	-	-	-	-	423	1709
산수정(山手町)	278	1,075	12	57	-	-	-	-	290	1,132
천정(泉町)	505	1,937	15	80	8	20	-	-	528	2,037
행정(幸町)	409	1,513	162	304	4	8	-	-	575	2,325
암정(巖町)	90	351	590	2,940	-	-	-	-	680	3,291
앵정(櫻町)	722	2,130	434	2,126	4	10	-	-	1,160	4,266
본정(本町)	170	661	224	1,105	5	12	-	-	399	1,778
유정(柳町)	60	239	1,317	1,579	10	25	-	-	1,387	6,843
황금정	257	996	325	1,618	23	61	-	-	605	2,675
진정(賑町)	68	256	51	252	-	-	-	-	119	508
교구정(橋口町)	89	330	1,223	6,981	1	2	-	-	1,313	2,313
팔천대정(八千代町)	509	1,832	456	2,270	4	8	-	-	969	4,110
남정(南町)	229	886	286	1,417	2	5	-	-	517	2,303
동정(東町)	343	940	113	566	2	5	-	-	458	1,511
죽원정(竹園町)	474	1,718	10	51	1	2	-	-	485	1,771
홍매정	73	270	3	13	1	2	-	-	77	285

약송정(若松町)	499	1,748	61	304	7	17	-	-	567	2,069
서정(西町)	138	533	-	-	-	-	-	-	138	533
선교리	389	1,375	1,228	7,015	28	67	-	-	1,645	8,457
신리	38	147	394	1,966	27	70	-	-	459	2,183
동대원리	15	56	278	1,384	8	20	-	-	301	1,460
인흥리	5	16	180	898	10	26	-	-	195	940
당상리	-	-	178	892	-	-	-	-	178	892
능라리	9	30	71	353	-	-	-	-	80	383
양각리	5	16	67	332	-	-	-	-	72	348
평천리	172	640	834	4,173	3	8	-	-	1,009	4,821
서성리	32	129	2,394	16,583	81	228	-	-	2,487	11,938
합계	7,608	27,438	25,554	127,402	452	1,321	91	281	33,705	156,442

대동군의 호구　대동군은 대동강 유역이 대평야에 위치하며, 평양부를 껴안고 있기에, 평양부 경제세력의 연장으로 봐야 할 부분이 매우 많다. 따라서 평양부 호구 성쇠消長의 영향을 크게 받기 때문에 대동군의 호구 상태를 참고로 제시하고자 한다.

대동군내 내선(內鮮) 외국인별 누년(累年) 호구 표

종별	1925년		1926년		1927년		1928년		1929년	
	호수	인구	호수	인구	호수	인구	호수	인구	호수	인구
내지인	763	2,655	794	3,194	793	2,847	811	3,049	471	1,851
조선인	29,677	162,639	29,619	155,455	29,703	155,948	30,272	163,361	26,629	141,370
외국인	266	1,072	221	864	245	956	300	1,222	107	448
총계	30,706	166,366	30,634	159,513	30,742	159,751	31,383	167,532	27,207	143,669

※비고 : 외국인은 모두 지나인임.
1929년에 호구가 감소한 것은 행정구역 변경에 따른 것이다.

대동군 현재 호구 직업별 표(1929년 말)

	내지인		조선인		외국인		합계	
	호수	인구	호수	인구	호수	인구	호수	인구
농림 및 목축업	6	30	22,390	123,203	72	306	22,468	123,539
어업 및 제염업	-	-	69	462	-	-	69	462
공업	65	359	608	3,452	6	30	679	3,841
상업 및 교통업	46	227	1,356	7,291	14	53	1,416	7,571
공무 및 자유업	304	1,129	573	2,824	2	7	879	3,960
기타 직업	15	106	854	3,364	8	52	877	3,522
무직 및 무신고자	-	-	163	774	-	-	163	774
합계	436	1,851	26,013	141,370	102	448	26,551	143,669

대동군 누년(累年) 남녀별 출산자 수 표

남녀별	1925년	1926년	1927년	1928년	1929년	합계
남	3,525	3,509	3,700	3,543	3,767	18,044
녀	3,258	3,234	3,333	3,396	3,539	16,760
총계	6,783	6,743	7,033	6,939	7,306	34,804

대동군 누년(累年) 남녀별 사망자 수 표

남녀별	1925년	1926년	1927년	1928년	1929년	합계
남	1,625	2,551	2,442	2,590	2,472	11,680
녀	1,552	2,211	2,135	2,339	2,330	10,567
총계	3,177	4,762	4,577	4,929	4,802	22,247

현 주거자 사망 병류별(病類別) 표(1929년)

	1년 미만	1년 이상	2년 이상	5년 이상	10년 이상	15년 이상	20년 이상	25년 이상	30년 이상	35년 이상	40년 이상	50년 이상	60년 이상	70년 이상	80년 이상	연령 미상	합계
전신병	-	-	3	1	2	1	-	2	3	2	1	4	2	-	-	-	21
정신병	-	-	-	1	1	4	4	7	6	4	6	10	13	26	23	2	107

신경계병	22	31	29	37	38	34	27	29	21	17	28	29	17	16	12	-	387
순환기병	17	34	48	37	21	28	19	24	16	11	17	22	19	8	5	-	326
눈 관련병	-	1	-	1	-	-	1	2	1	-	1	2	-	-	-	-	9
귓병	1	4	3	1	-	-	-	-	-	-	-	-	-	-	-	-	9
비인후병	5	15	15	13	4	1	2	-	1	-	3	2	3	-	-	-	64
호흡기병	103	118	134	81	80	42	42	46	66	45	57	64	80	70	19	-	1,048
소화기병	75	92	129	88	63	54	53	30	36	22	39	51	56	29	12	-	828
치아병	-	-	-	-	1	-	-	-	-	-	1	2	-	-	-	-	4
운동기병	-	14	18	8	4	5	3	4	2	5	2	3	7	5	-	-	80
피부 관련병	11	24	35	31	5	1	4	2	3	2	5	4	7	6	4	-	145
비뇨 생식기병	-	3	8	6	4	6	9	17	12	13	7	8	11	5	3	-	117
외상	-	-	-	1	1	-	2	1	1	5	2	1	1	1	-	1	17
익사(溺死)	-	-	-	1	2	1	1	1	1	-	2	2	1	2	-	4	18
기형	10	4	-	-	-	-	-	-	-	-	-	-	-	-	-	-	14
노쇠	-	-	-	-	-	-	-	-	-	-	-	-	126	167	124	3	420
임신	-	-	-	-	-	3	13	10	8	5	5	-	-	-	-	-	44
중독	-	-	-	5	4	2	5	5	5	4	4	5	3	1	-	1	44
신생물	-	-	-	-	-	1	-	-	-	2	1	-	-	-	-	-	4
기생충병	-	-	-	3	3	1	-	-	-	-	-	-	-	-	-	-	7
각기병	-	-	-	-	-	2	1	1	1	-	-	-	-	-	-	-	5
감기	69	90	68	67	44	32	23	19	13	19	29	21	28	30	34	-	586
전염병	134	106	102	72	10	9	9	9	10	12	5	4	-	-	-	-	482
불명	2	1	1	-	-	-	-	-	-	-	-	1	3	3	3	1	15
합계	450	537	593	455	287	227	218	209	206	174	213	235	377	369	239	12	4,801

또한 대동군 대동강면은 직공 노동자가 많이 거주하며, 선교리 지방을 비롯해 평양부 공장 발달의 영향을 받아 항상 호구의 전출과 전입이 급격히 발생하므로, 참고로 최근 3개년의 호구 이동조사를 제시하였다.

대동군 대동강면 호수 인구 이동(전입 전출) 조사

(기일(其一))

1927년 말

종별	내지인				조선인				외국인			
이용	전입		전출		전입		전출		전입		전출	
호구(리)	호수	인구	호수	인구	호수	인구	호수	인구	호수	인구	호수	인구
현교	-	-	-	-	2	9	1	3	-	-	-	-
원북	-	-	-	-	1	2	-	-	-	-	-	-
소신	-	-	-	-	18	55	3	14	-	-	-	-
칠산	-	-	-	-	4	11	5	28	-	-	-	-
불당	-	-	-	-	18	58	8	40	-	-	-	-
삼정	-	-	-	-	7	32	4	16	-	-	-	-
장진	-	-	-	-	21	88	19	66	-	-	-	-
오야	1	2	1	3	8	30	7	34	-	-	-	-
정백	6	24	7	28	11	45	9	39	-	-	-	-
석암	1	2	1	3	7	30	5	24	-	-	-	-
토성	-	-	-	-	5	15	6	29	-	-	-	-
조왕	-	-	-	-	5	17	4	19	-	-	-	-
두단	-	-	-	-	2	8	4	17	-	-	-	-
양각	-	-	-	-	2	7	1	2	-	-	-	-
선교	15	55	11	43	151	575	168	610	3	11	2	4
율	2	8	2	8	35	123	25	120	5	18	7	21
신	-	-	-	-	65	245	77	298	1	2	1	2
동대원	3	13	2	7	65	350	60	245	5	21	4	17
오촌	-	-	-	-	15	48	11	51	-	-	-	-
능라	1	1	-	-	2	9	1	1	-	-	-	-
의암	2	8	1	1	12	46	12	49	-	-	-	-
합계	31	113	25	92	456	1,903	429	1,706	14	52	14	44

1928년 말

종별	내지인				조선인				외국인			
이용	전입		전출		전입		전출		전입		전출	
호구	호수	인구	호수	인구	호수	인구	호수	인구	호수	인구	호수	인구
현교	-	-	-	-	2	8	3	11	-	-	-	-
원북	-	-	-	-	1	3	-	-	-	-	-	-
소신	-	-	-	-	7	32	4	21	-	-	-	-
칠산	-	-	-	-	5	25	3	12	-	-	-	-
불당	-	-	-	-	18	58	8	40	-	-	-	-
삼정	-	-	-	-	7	32	4	16	-	-	-	-
장진	-	-	-	-	21	88	19	66	-	-	-	-
오야	-	-	-	-	8	30	7	34	-	-	-	-
정백	1	2	1	4	11	45	9	39	-	-	-	-
석암	1	3	1	2	7	30	5	24	-	-	-	-
토성	-	-	-	-	5	15	6	29	-	-	-	-
조왕	-	-	-	-	5	17	4	19	-	-	-	-
두단	-	-	-	-	2	8	4	17	-	-	-	-
양각	-	-	-	-	2	7	1	2	-	-	-	-
선교	19	86	15	52	110	450	120	489	2	8	1	2
율	2	9	2	8	41	171	39	131	8	35	7	31
신	-	-	-	-	87	351	97	360	-	-	-	-
동대원	1	2	1	3	55	245	61	251	2	9	2	8
오촌	-	-	-	-	12	43	12	46	-	-	-	-
능라	-	-	-	-	3	13	2	8	-	-	-	-
의암	1	2	1	1	11	45	12	51	-	-	-	-
합계	25	104	20	69	408	1,715	411	1,629	2	52	10	41

(기이(其二))

1929년 말

종별	내지인				조선인				외국인				3개년 분 합계			
이용	전입		전출		전입		전출		전입		전출		전입		전출	
호구	호	구	호	구	호	구	호	구	호	구	호	구	호	구	호	구
현교	-	-	-	-	1	3	4	15	-	-	-	-	5	20	8	29
원북	-	-	-	-	-	-	-	-	-	-	-	-	2	5	2	9
소신	-	-	-	-	12	49	2	9	-	-	-	-	37	136	9	44
칠산	-	-	-	-	8	38	5	24	-	-	-	-	17	74	13	64
불당	-	-	-	-	15	72	8	30	-	-	-	-	54	331	26	111
삼정	-	-	-	-	2	8	3	7	-	-	-	-	12	55	9	32
장진	-	-	-	-	42	167	49	178	-	-	-	-	85	350	88	331
오야	1	2	1	3	6	30	4	15	-	-	-	-	25	102	19	84
정백	-	-	-	-	9	35	5	20	-	-	-	-	32	130	28	116
석암	-	-	-	-	5	25	4	17	-	-	-	-	18	77	13	54
토성	1	1	-	-	3	11	4	14	-	-	-	-	11	34	13	60
조왕	-	-	-	-	4	17	4	14	-	-	-	-	12	45	11	47
두단	-	-	-	-	5	22	6	22	-	-	-	-	11	45	15	62
양각	-	-	-	-	1	3	2	8	-	-	-	-	4	11	3	10
선교	14	49	15	59	101	438	96	380	2	5	3	12	417	1,677	433	1,650
율	2	9	1	4	37	132	39	167	4	8	5	17	136	513	127	507
신	-	-	-	-	52	250	42	180	-	-	-	-	205	848	217	840
동대원	1	2	1	5	49	169	52	250	2	5	1	3	183	816	183	789
오촌	-	-	-	-	18	65	19	68	1	4	-	-	46	163	42	165
능라	-	-	-	-	1	3	1	4	-	-	-	-	7	26	4	14
의암	-	-	-	-	20	82	20	82	-	-	-	-	46	183	44	183
합계	19	63	18	71	391	1,619	371	1,508	9	22	9	32	1,365	5,634	1,307	5,201

생활양식

평양부 및 그 근교에는 내지인, 지나인 및 서양인이 다수 생활하는데, 그들의 생활양식은 다른 지방과도 같아서 특별히 언급할 정도는 아니므로, 의식주, 관혼상제 등에 대해서는 주로 조선인에 관해서 언급하기로 한다. 도회지에다가 문화가 진보한 이 지방에서는 조선 고유의 생활양식에 점차 일본식, 서양식을 가미 절충하고, 특히 생활상 필요한 가구, 집기什器 등에 내지內地 제품을 사용하는 일이 점점 많아지고 있다.

주거住居

민가民家

건축양식　평양 지방에서 조선 고유의 건축양식은 대체로 다음과 같은 방식이 기본이며, 빈부의 차이와 지형에 따라서 조합해서 예를 들면 〓 형形, ㅋ형, 『형, ⊔형, ㄷ형, ㅁ형과 같이 다양한 양식이 있다. 이 지방에서는 제4도圖와 같이, 중류 주택에도 대청이 없는 것이 많고, 경기 지역에서는 대청이 집 중앙에 있는데 반해, 이 지방에서는 제3도, 제5도처럼 가장자리 쪽에 붙어있다.

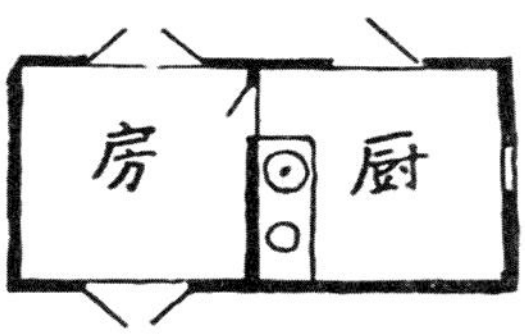

제1도

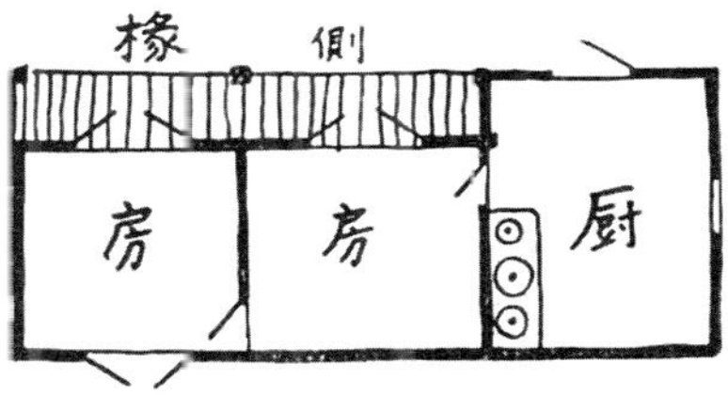

제2도

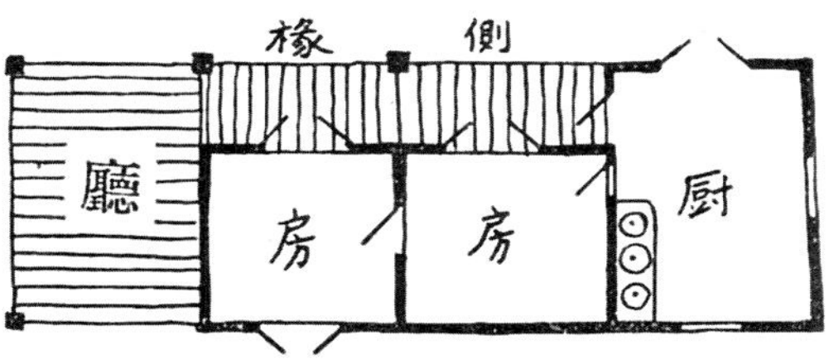

제3도

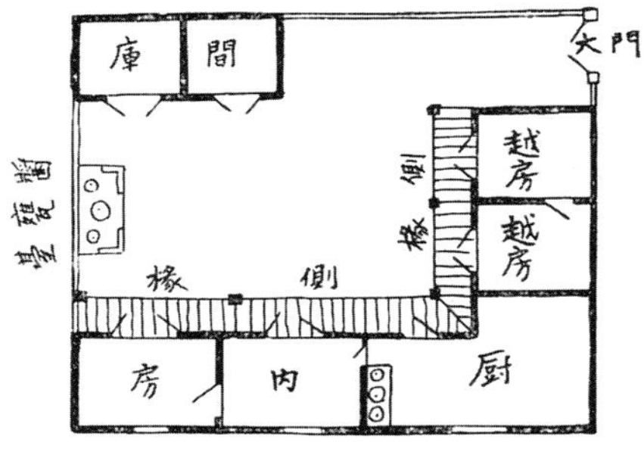

제4도

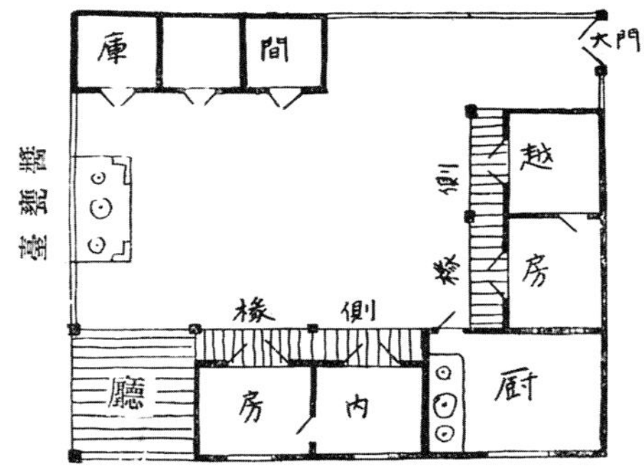

제5도

그리고 가옥 건축 상 지붕, 벽, 창, 굴뚝, 울타리, 아궁이焚口 등에 대해 보통의 형태를 제시해 보겠다. 대체로 시가지라는 관계상 촌락보다도 가옥은 정리돼 있는데, 양반계급이 적은 탓인지 일반적으로 가옥 구조는 소박하고 간단하다.

지붕 - 기와지붕, 돌 지붕, 초가지붕, 함석지붕 4종.

벽 - 석회 또는 시멘트로 위를 바름.

창 - 대청은 유리창, 방은 유리 위에 종이를 바름.

굴뚝 - 함석 또는 벽돌.

울타리 - 판장板塀

아궁이 - 공통으로 아래 그림과 같다.

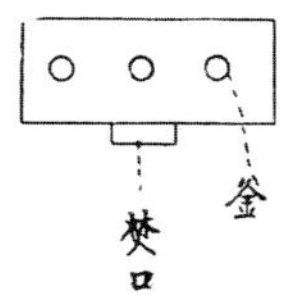

공사비용 - 1간 50원에서 150원까지를 보통으로 함.

가옥 수선 - 매년 한 번 수리한다.

정원 - 정원을 지닌 가옥은 매우 적은데, 예부터 화분을 분재盆栽로 하여 다음과 같은 것을 애호한다.
장미, 석류, 파초, 국화, 유선화柳仙花(협죽도).

가옥의 신축 또한 최근 3개년 사이에 평양부내 신축가옥 조사 내용을 보면 다음과 같다.

시가지의 발전이 매년 현저하며 대평양의 팽창 상황을 명확히 보여준다.

평양부내 신축가옥 조사(단위 : 호(戶))

연별	민가	공장	합계
1928년	368	39	407
1929년	966	35	991
1930년	888	26	914

여인숙　평양부내의 여인숙은 서양식, 내지식, 조선식이 있다. 주요한 것은 평양호텔, 미쓰네三根여관, 사쿠라야櫻屋여관, 아사히朝日여관, 대동관, 청청관青青館, 이즈미야泉屋여관, 쓰바메야여관, 대동관지점, 박양관博養館, 기쿠스이菊水, 우메야梅屋, 다무라田村여관, 서선西鮮여관, 경흥慶興여관, 종로여관, 동양東陽여관, 재일在日여관, 평양여관, 문무文武여관 등이 있다.

평양부내 여관 실수(室數) 조사

등급별	경영자별	여관 수	실수(室數)
1등 여관	내지인	2	34
	조선인	20	108
2등 여관	내지인	8	102
	조선인	82	342
3등 여관	내지인	10	104
	조선인	55	172
4등 여관	내지인	3	21
	조선인	-	-

요금(내지인 여관, 단위 : 원)

구분	1박 2식				1박 1식				중식			
등급	1	2	3	4	1	2	3	4	1	2	3	4
1등 여관	8.00	6.00	4.00	4.40	7.00	5.00	4.00	3.00	2.50	1.50	1.40	1.10
2등 여관	5.00	4.00	3.00	2.70	4.00	3.50	2.50	2.00	2.00	1.20	1.20	0.90
3등 여관	4.00	3.00	2.70	2.30	3.00	2.50	2.20	1.80	1.50	1.00	1.00	0.70
4등 여관	2.70	2.20	1.70	-	2.20	1.70	1.20	-	1.20	1.00	0.80	-

요금(조선인 여관, 단위 : 원)

구분	1박 2식			1박 1식			중식		
등급	1	2	3	1	2	3	1	2	3
1등 여관	2.20	1.80	1.35	1.80	1.35	1.00	0.90	0.70	0.50
2등 여관	1.80	1.35	1.00	1.35	1.00	0.70	0.70	0.50	0.30
3등 여관	0.70	0.60	0.50	0.50	0.40	0.30	0.20	0.20	0.10

셋집　1931년 7월 현재 평양부내의 셋집 중, 내지식 건물 572호, 조선식 건물 145호를 조사한 바에 따르면, 간수間數, 구조, 설비, 셋집은 다음 표와 같다. 내지식 셋집은 월세 40원 이상의 것이 불과 3호에 머물고, 조선식 셋집은 간수 5간 이상, 월세 15원 이상의 것은 1호도 없다. 보증금은 필요 없는 경우가 보통이며, 대체로 월세는 1개월 전 또는 월초에 지불한다.

평양부내 셋집 조사(1931년 7월)
간수(間數)

내지식 건물		조선식 건물(온돌)	
다다미[29] 7조 미만	42	1간	47
7조~12조 미만	208	2간	84
12조~20조 미만	200	3간	9

29) 일본식 다다미 1조(첩(畳), 182cm×91cm)는 1.82405㎡.

20조~30조 미만	95	4간	2
30조 이상	27	5간 이상	3
합계	572	계	145

구조

구조별		내지식 건물	조선식 건물
단독 건물별	단독 건물	171	83
	칸막이(長屋) 건물	401	62
단층, 다층별	1층 건물	553	144
	2층 및 3층 건물	19	1
지붕별	기와 및 슬레이트	524	135
	함석	-	8
	초가	48	2
	기타	-	-

설비

	내지식 건물	조선식 건물
문 또는 벽 설비	197	39
욕실 설비	117	2
수도 또는 우물 설비	245	57
가스 설비	14	10
창고 설비	242	39
기타	-	-

월세

내지식 건물

	호수	5원 미만	5~10원 미만	10~15	15~20	20~30	30~40	40원 이상
7첩 미만	42	-	7	25	8	2	-	-

7~12첩 미만	208	2	30	111	52	12	1	-
12~20	200	-	4	52	124	17	3	-
20~30	95	-	-	2-	7	69	16	1
30첩 이상	27	-	-	1	1	22	1	2

조선식 건물

	호수	5원 미만	5~10원 미만	10~15	15~20	20~30	30~40	40원 이상
1간	28	27	1	-	-	-	-	-
2간	35	10	24	1	-	-	-	-
3간	25	2	17	5	-	-	-	-
4간	6	-	5	1	-	-	-	-
5간 이상	-	-	-	-	-	-	-	-

복장服裝

평양 지방에서 조선인이 입어온 재래在來 복장에 대해서 다음처럼 간단히 설명해 보겠다. 대체로 이 지방은 예부터 양반계급에 속하는 자가 거의 없었던 관계상, 복장은 일반적으로 소박하게 보인다. 최근에 젊은이들 사이에서 양복 착용이 증가하고, 색복色服착용운동이 활성화된 것은 바람직한 경향이다.

남자 복장

(1) 겹옷

저고리, 바지, 두루마기, 조끼, 버선襪, 대님, 요대腰帶

속적삼赤衫은 메리야스로, 내고의內袴衣는 팬츠로, 버선은 양말로 변했다.

재료 비단류 - 명주, 항라亢羅, 생주生紬 등

목면류木綿類 - 옥양목玉洋木, 양목洋木, 광목廣木, 당목唐木, 백목白木, 한양목漢陽木, 일목와사단日木瓦斯緞 등

모물류毛物類 - 세루(소모사梳毛絲로 잔 모직물 , 모사毛絲 등

(2) 홑옷

적삼, 바지, 두루마기, 조끼, 버선, 대님, 요대

재료 흰모시(백저白苧), 생저生苧, 춘사春紗, 조포粗布 북포北布, 안동포, 맹산포, 해동저, 기타 지나포支那布 등

(3) 면의綿衣

저고리, 바지, 두루마기, 조끼, 버선, 대님, 요대, 마고자, 토시吐手

토시는 장갑으로, 마고자는 스웨터로 대체되었고, 노인들 이외에 사용하는 이가 없다.

재료 비단류 - 명주, 숙수熟繡, 모본단毛本緞, 법단法緞 등

목면류木綿類 - 겹옷 재료와 같음

모물류毛物類 - 세루

여자 복장

1. 춘추복

손수건(겹옷에) (수건은 여자의 관冠과 같은 것으로, 평안남북도 특유의 풍습)

저고리(겹옷에)

바지(겹옷에)

치마(홑옷에)

속치마(홑옷에)

속바지(홑옷에)

버선(면 사용)

재료 갑사甲紗, 숙고사, 항라, 생명주生明紬, 진주사, 극사菊紗, 모시, 춘포, 모사, 목모사, 옥양목, 주양사紬洋紗, 인조견, 일목, 당목, 백목. 광목, 옥광목玉廣木, 크레이프, 메린스(모슬린)

2. 여름 옷

손수건(홑옷에)

적삼(홑옷에)

저고리(겹옷에)

치마(홑옷에)

바지(홑옷에)

속치마(홑옷에)

속바지(홑옷에)

버선(겹옷에)

재료 빙사氷紗, 생고사, 왜사倭紗, 모시, 진주사, 춘사, 광생초廣生綃, 생모시, 숙주포瀟州布, 갑사, 아사亞紗, 반모시, 수아사, 보일, 도리사, 크레이프, 세양사細洋紗, 광포, 옥광목, 당목

3. 겨울 옷

(평안남북도 특유의 의복이다.)

손수건(면 사용)

덧옷(배자背子, 모피)

윗저고리(모피)

저고리(면 사용)

바지(면 사용)

치마(홑옷 또는 겹옷에)

속치마(홑옷에)

속바지(홑옷에)

버선(면 사용)

재료 숙수熟繡, 갑증甲繒, 우이중羽二重(하부타에, 순백색 비단), 노방주老紡紬, 명주, 당모피, 양피羊皮, 수달피水獺皮, 황모피, 모본단, 법단, 서피鼠皮, 부사견富士絹(후지기누, 고치실로 짠 안감용用 평직), 합사견, 반주半紬, 와사단瓦斯緞, 나단羅緞, 세루, 인조견,

옥양목, 백목, 광목, 당목, 일목, 옥광목

침구

1. 봄가을용 - 겹금袷衿(겹옷깃), 누비금縷緋衿(포백布帛을 바느질해서 만든 옷깃)
2. 여름용 - 겹금袷衿, 단금單衿(홑옷깃)
3. 겨울용 - 면금綿衿(솜옷깃), 橫褡(작은 포단蒲團)

요褥는 사계절을 막론하고 솜綿을 넣는다.

재료 숙고사, 숙수熟繡, 토주土紬, 명주, 생고사, 갑사, 모시, 안동포, 춘포, 기타 포, 모본단毛本緞, 법단, 수단水緞, 광목廣木, 당목, 옥광목

색 보라색, 남색, 은행색銀杏色, 분홍색, 금향색錦香色, 홍색, 양색兩色

베개 구봉침九鳳枕, 학침鶴枕, 호침虎枕, 모란침, 연화침, 수복침壽福枕. 퇴침(목침) 유아용으로는 '누비포대기'(포백布帛을 바느질해서 만든 유아용 침구)가 있다.

관물冠物(쓸것) 종래의 삿갓이나 망건은 점점 중절모나 조타모鳥打帽 등의 모자로 대체되었다. 또한, 종래의 방한용 남바위나 볼끼 등은 목도리로, 장의長衣 쓸치마 등은 양산으로 대체되었다. 특히 이 지방에서는 갓 밑에 쓰는 탕건宕巾만을 쓰는 사람도 많다.

신발(신을 것) 종래의 가죽신, 마혜麻鞋, 나막신 등은 점차로 양화(구두), 고무신, 기타 새로 만든 신발로 대체되고 있다.

부속물 종래의 주머니(건착巾着)는 조끼 포켓 속에 쌈지, 담뱃대는 권연초卷煙草로 바뀌었고, 안경주머니를 차고 다니는 이는 노인 이외에는 찾아볼 수 없게 되었다.

결발結髮 이 지방의 젊은 부인들은 머리를 처녀처럼 따서 머리 위에 올려 묶어서 속발束髮하는 풍습이 있다.

장신구裝身具 상용하는 물건은 금반지, 혼례 때에는 신혼용 금제, 은제 패물佩物을 한다.

세탁洗濯 종래의 회즙灰汁(잿물)을 사용하지 않고, 사봉(비누)을 사용해 빨래를 한다. 대동강 청류를 이용해 빨래하는 경우가 특히 많다.

목욕沐浴 가정용 목욕탕을 지닌 집은 거의 없지만 시가지인 관계상, 공동목욕탕에서 목욕한

다. 촌락에 가보면, 목욕탕이 없어서 때때로 물 또는 따뜻한 물로 몸을 깨끗이 하거나 수류水流에서 때를 민다.

음식물食物

평양 지방에서 조선인들이 먹는 음식물에 대해서 말하자면, 보통 주식主食, 부식副食, 구황음식, 요리 종류, 식기食器, 반상(식선食膳) 양식 일반은 다음과 같다.

주식主食　조粟, 쌀, 메밀蕎麥, 보리(대맥大麥), 맥분麥粉, 피稗, 호밀(당맥唐麥), 기장, 옥수수, 고구마, 팥(적두赤豆), 콩, 기타 콩류

부식副食

(1) 육고기류 - 소, 돼지

(2) 새 종류 - 닭, 오리, 꿩

(3) 알 종류 - 계란, 오리알, 메추리알

(4) 어패류 - (생선, 소금 절임, 건어물)

조기石魚, 숭어, 참조기鮸, 농어鱸, 잉어鯉, 붕어鮒, 메기, 장어, 갈치大刀魚, 상어沙魚, 도미鯛, 쏘가리鱖, 명태, 고등어, 병어鯧, 뱅어白魚, 전어, 정어리鰮, 오징어鰞, 쌀새우(백하白蝦), 대하大蝦, 대합, 바지락(소합小蛤), 둑중개, 게, 해삼, 전복, 문어, 황상어黃顙魚, 기타 대동강산 물고기, 명란, 기타 어란魚卵

(5) 젓 종류 - 조기젓, 쌀새우젓, 대합젓, 명란젓, 게젓, 기타 알젓

(6) 해조류 - 미역, 다시마, 김

(7) 소채류蔬菜類 - 배추, 양배추(감람甘藍), 무, 순무, 쑥갓, 시금치, 파, 마늘, 미나리, 풋고추靑苦草, 호박(남과南瓜), 오이(호과胡瓜), 가지, 감자, 말린 박(간호干瓠), 도라지, 고사리蕨, 물쑥水艾, 상추(와거萵苣), 녹두묵, 녹두나물綠豆菜, 두부, 콩나물, 균류菌類, 기타 산채류

(8) 조미료류 - 청장, 토장, 참깨胡麻, 참기름, 초醋, 고추, 후추, 생강, 은행, 배, 밤, 잣, 대추, 호도, 마늘, 파, 감, 꿀, 설탕, 계피, 겨자, 자소紫蘇

구황음식　상수리(역실櫟實), 물구지, 둥굴레, 소나무 껍질

요리 종류

밥 종류	보통반(普通飯) - 백미 적반(赤飯) - 멥쌀, 팥, 밤, 대추, 소금 찰진 밥(점반(粘飯)) - 찹쌀, 팥, 밤, 대추, 소금
죽 종류	백미죽(흰죽) - 백미, 참기름, 물, 간장 미음 - 백미, 조, 소금, 물 팥죽(녹두죽) - 팥, 백미, 멥쌀가루, 소금, 설탕 또는 꿀
음료류	복숭아, 앵두, 딸기 - 설탕, 잣, 얼음, 물 식초 - 백미, 맥아 가루, 설탕, 잣, 여름밀감 수정과 - 말린 소금, 설탕, 생강, 잣, 배, 후추(胡椒)
떡 종류	경단 - 멥쌀, 참깨가루, 콩가루, 팥, 설탕, 소금 계피 가루 떡과자 - 멥쌀, 밤, 참깨, 참기름, 계피 가루, 석이(石茸) 송편 - 백미, 참깨, 팥, 설탕, 계피 가루, 참기름, 소금, 솔잎 백설기 - 백미, 설탕, 밤, 대추, 석이, 잣, 소금, 참기름, 갱지(반지半紙)
김치류	열무김치 - 열무, 고추, 파, 마늘, 소금, 간장, 생강 오이김치 - 오이, 고추, 파, 마늘, 소금, 간장, 생강 나박김치 - 무, 미나리, 파, 생강, 갓, 소금, 고추, 잣 장김치 - 배추, 무, 배, 밤, 간장, 미나리, 파, 잣, 고추, 생강, 갓 배추통김치 - 배추, 무, 고추, 파, 생강, 미나리 갓, 석수어 젓갈, 배, 밤, 잣, 굴(蠣), 소금, 마늘 깍두기 - 무, 배추, 고추, 파, 생강, 굴, 새우, 젓갈, 소금, 미나리, 마늘
고기국	갈비국 - 소 늑골, 소 위(양), 무, 당면, 파, 마늘, 후춧가루, 간장, 잣 육개장 - 소고기, 소 위, 힘줄, 곱창, 당면, 계란, 간장, 파, 후추, 마늘, 잣
생선국	생선국 - 잉어, 소고기, 계란, 파, 미나리, 참기름, 후춧가루, 간장
만두국	만두국 - 밀가루, 배추김치, 소고기, 돼지고기, 두부, 연두나물, 파, 마늘, 후추, 간장, 참기름, 잣, 당면, 흰떡
야채국	가지국 - 가지, 소고기, 밀가루, 계란, 파, 마늘 간장, 후추 참기름 오이국 - 오이, 소고기, 밀가루, 계란, 파, 마늘 간장, 후추 참기름
회(膾) 종류	대합회 - 대합, 녹말가루, 석이, 계란, 고추, 파 초, 간장 생선회 - 잉어, 무, 배추, 배, 돼지고기, 파, 생강, 참기름, 고추, 간장, 초, 소고기찜, 겨자 소고기회 - 신선한 소고기, 무, 배추, 배, 돼지고기, 파, 생강, 참기름, 고추, 간장, 초, 소고기찜, 겨자
자반 종류	명태자반(간장으로 볶은 것) - 명태, 간장, 참기름, 설탕, 고춧가루, 소금, 참깨 김자반 - 김, 간장, 참기름, 설탕, 고춧가루, 소금, 참깨 대하자반 - 대하(大蝦), 간장, 참기름, 설탕, 고춧가루, 소금, 참깨
찌개류	명태찌개(찌개 : 도기(陶器)에 담아 익힌 국) - 명태, 소고기, 파, 간장, 참기름, 후춧가루, 고추

장아찌류	오이장아찌(장아찌 : 간장에 절인 것) - 오이, 소고기, 설탕, 간장, 마늘, 참기름, 고추, 파, 참깨, 소금 미나리장아찌 - 미나리, 소고기, 설탕, 간장, 마늘, 깨소금, 고추, 파, 참기름 열무장아찌 - 열무, 소고기, 간장, 소금, 참기름, 파, 고추, 깨소금 무장아찌 - 무, 소고기, 간장, 소금, 참기름, 파, 고추, 깨소금
소채류(蔬菜類)	오이나물 - 오이, 소고기, 파, 마늘, 고추, 간장, 참기름, 소금, 참깨 녹두나물 - 녹두, 소고기, 파, 마늘, 고추, 간장, 참기름, 소금, 참깨 가지나물 - 가지, 소고기, 파, 마늘, 고추, 간장, 참기름, 소금, 참깨 미나리나물 - 미나리, 소고기, 파, 마늘, 고추, 간장, 참기름, 소금, 참깨 무나물 - 무, 소고기, 파, 마늘, 참기름, 고추, 간장, 소금, 참깨 도라지나물 - 도라지, 소고기, 파, 마늘, 참기름, 고추, 간장, 소금, 참깨 박나물 - 말린 박, 소고기, 파, 마늘, 참기름, 고추, 간장, 소금, 참깨 고사리 나물 - 고사리, 소고기, 파, 마늘, 고추, 간장, 참기름, 소금, 참깨
육어전(肉魚煎) 종류	돼지고기 제육 전 - 돼지고기, 밀가루, 소금, 참기름, 초, 간장 당추(고추)전 - 고추, 밀가루, 소금, 참기름, 초, 간장 게 전유어(煎油魚) - 게, 밀가루, 계란, 소금, 참기름, 초, 간장 호박 전 - 호박, 밀가루, 계란, 소금, 참기름, 초, 간장 전유어(煎油魚 : 생선전) - 잉어(또는 숭어), 밀가루, 계란, 소금, 참기름, 간장, 초
어묵류	고기 섭산적 - 소고기, 돼지고기, 파, 간장, 참기름, 마늘, 깨소금, 설탕, 후추, 초 떡산적 - 흰떡, 소고기, 돼지고기, 파, 간장, 참기름, 마늘, 깨소금, 설탕, 후추, 초
찜류	닭찜(닭고기를 찐 것) - 닭고기, 녹말가루, 계란, 파, 간장, 후추, 참기름, 마늘, 석이, 목이, 잣 갈비찜(소고기 늑골을 찐 것) - 소고기 늑골, 밤, 대추, 후추, 파, 마늘, 참기름, 잣, 설탕, 간장
수란류	수란(계란 익힘) - 계란, 참기름, 초, 간장
비빔류	비빔밥 - 백미, 닭고기, 돼지고기, 계란, 간장, 후추, 참기름, 고사리, 도라지, 오이, 미나리, 마늘, 고춧가루, 깨소금, 잣, 석이, 김 국수비빔 - 건면(메밀), 닭고기, 소고기, 돼지고기, 미나리, 파, 간장, 참기름, 오이, 고추, 석이, 잣
볶이류	떡볶이(떡 볶음) - 흰떡, 소고기, 돼지고기, 파, 미나리, 목이, 계란, 석이, 잣, 참기름, 간장
탕류	환자탕(丸子湯) - 소고기, 두부, 돼지고기, 파, 마늘, 간장, 녹말가루, 계란, 잣, 후추 중탕(中湯) - 소고기, 두부, 돼지고기, 파, 마늘, 간장, 녹말가루, 잣, 후추
장류	간장 - 콩, 소금, 물 고추장(당추장) - 콩, 고추, 멥쌀, 소금, 간장
장포, 천리찬	장포(醬脯),[30] 천리찬(千里饌)[31] - 간장, 소고기, 설탕, 참기름, 후추, 파, 잣

30) 장포는 진장으로 간을 맞춰 소고기에 양념장을 발라 주물러 말린 포육(脯肉).

31) 천리찬은 다진 고기를 양념하여 바짝 볶아서 만든 조림 요리.

식기食器

(1) 칠첩七楪

식기食器1, 용기1, 놋대접(시접匙楪)1, 쟁반1, 김치 용기1, 찌개 용기2, 접시7, 종지(종자鍾子)3, 수저匙箸(은, 백동, 황동 3종)

(2) 오첩五楪

식기食器1, 용기1, 놋대접(시접匙楪)1, 쟁반1, 김치 용기1, 찌개 용기1, 접시5, 종지2, 수저匙箸

(3) 삼첩三楪

식기食器1, 용기1, 놋대접(시접匙楪)1, 쟁반1, 김치 용기1, 찌개 용기1, 접시3, 종지1, 수저匙箸

겨울에는 은, 백동, 황동제黃銅製를 사용하며, 여름에는 도자기제陶磁器製를 사용한다.

(4) 부속기附屬器 종류

황동쟁반, 양푼, 반병두리(평평한 놋그릇), 합盒(대, 중, 소), 양치기養齒器, 국자, 박죽, 황동상, 놋쇠옹(놋솥)

은잔, 은주전자, 사기 잔, 사기 주전자

반상(식선食膳) 양식

오첩 반상

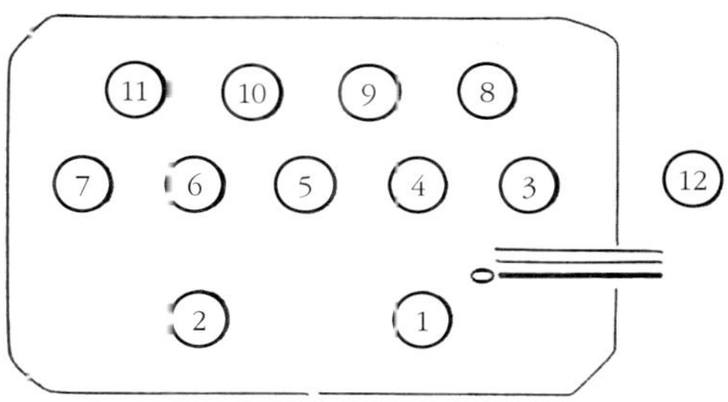

1. 탕
2. 밥
3. 전유어煎油魚
4. 조치(찜)
5. 초장
6. 간장
7. 자반, 장조림
8. 구이(적炙)

9. 김치
10. 채소
11. 소금, 젓(백하白蝦, 대합)
12. 숙랭熟冷

삼첩 반상

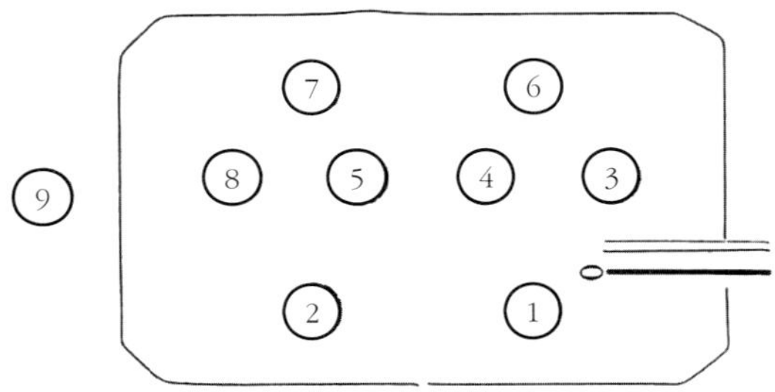

1. 탕
2. 밥
3. 구이(적炙)
4. 초장
5. 간장
6. 찌개
7. 김치
8. 채소
9. 숙랭熟冷

칠첩 반상

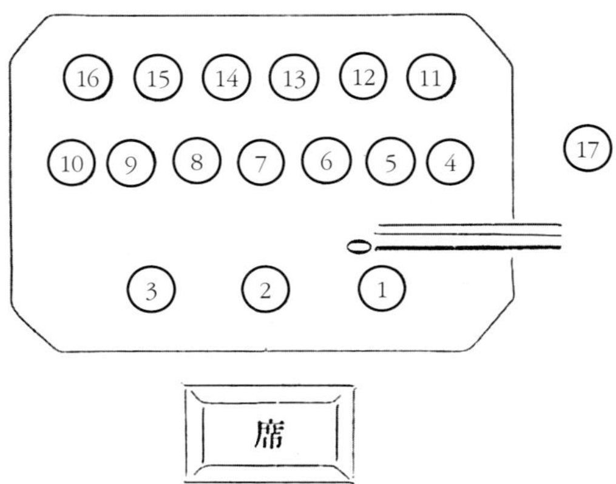

1. 탕
2. 밥
3. 찜
4. 편육
5. 조치(생선찜)
6. 소고기 조치
7. 초장
8. 구이(적炙)
9. 겨자

10. 장산적, 고추장볶이, 천리찬
11. 전유어煎油魚(생선)
12. 소고기 구이
13. 김치
14. 깍두기
15. 채소
16. 김, 초, 백하, 대합
17. 숙랭熟冷
18. 전골냄비(스키야키)

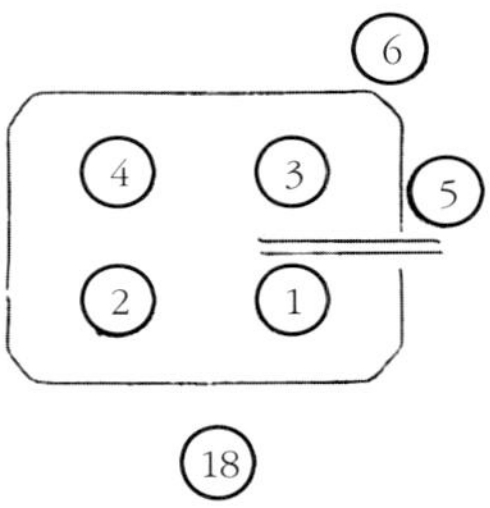

1. 술
2. 잔
3. 전골
4. 장국
5. 젓가락
6. 술상

혼례상

1. 밤
2. 대추
3. 배
4. 사과
5. 귤
6. 곶감
7. 약과
8. 유밀과(빙사과氷沙菓)

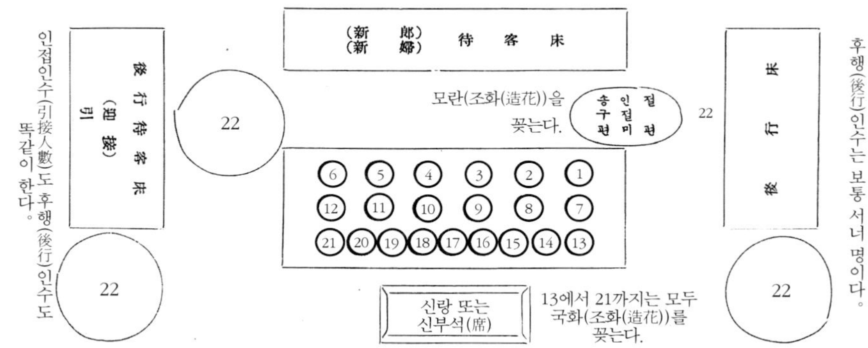

9. 다식
10. 산자散子
11. 과자
12. 포脯
13. 육산적
14. 어적魚積
15. 계적鷄炙
16. 삶은 계란
17. 전유어
18. 두부적
19. 족적足炙
20. 행적
21. 지짐
22. 떡

교자상交子床(6인분)

1. 육회
2. 여러 색깔의 전유어

3. 신선로

4. 어회

5. 편포片脯, 실백實栢, 건효乾肴

6. 생선찜

7. 초장

8. 청장

9. 게모장

10. 설탕

11. 닭찜

12. 잡채

13. 편육

14. 김치

15. 식초

16. 여러 색깔의 떡

17. 과실(배, 사과, 곶감)

18. 작은 접시

19. 잔

20. 술병

21. 소도小刀

22. 탕湯(환자탕 또는 만두탕)

23. 숟가락

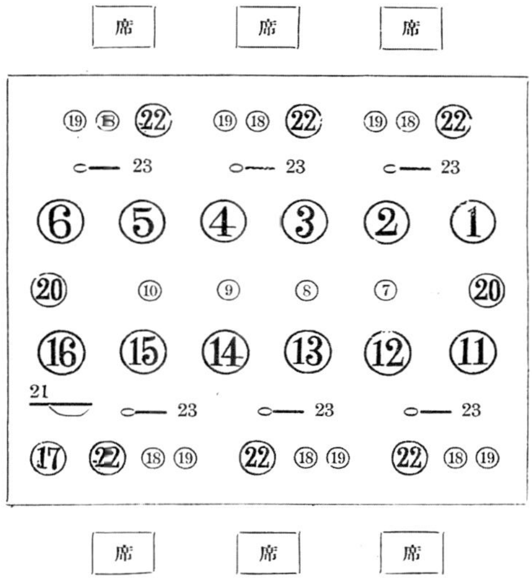

보통 술안상(6인분)

1. 육회

2. 소 염통구이

3. 과실

4. 초장
5. 청장
6. 편포
7. 김치
8. 닭찜
9. 술병
10. 잔
11. 젓가락箸
12. 작은 접시

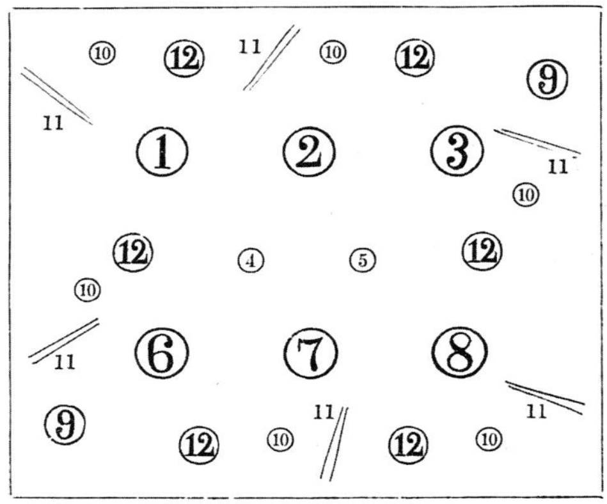

환갑상(수연壽宴)

1. 배
2. 대추
3. 은행
4. 호두
5. 실백實栢
6. 귤
7. 감
8. 밤
9. 사과
10. 약과
11. 산자
12. 유밀과(빙사과氷沙菓)
13. 색설탕
14. 과자
15. 다식

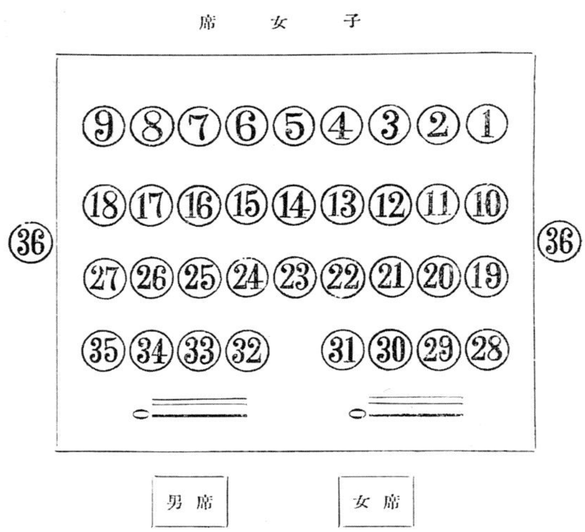

16. 정과正果

17. 과자

18. 포

19. 어적

20. 계적

21. 어전魚煎

22. 삶은 계란

23. 편육

24. 육전肉煎

25. 족편足片

26. 산적

27. 행적

28. 잡과병雜果餠

29. 약밥

30. 떡볶이

31. 신선로

32. 자라찜

33. 생선찜

34. 어회

35. 가리찜(갈비찜)

36. 수하련壽賀蓮

본상本床 이외에, 칠첩상을 드리고 축배를 올린다.

재료는 때에 따라 다양하게 대용하거나 가감加減한다.

자손 중에 과부나 홀아비가 있을 경우에는 축하말은 생략한다.

춘추 유산遊山 음식

1. 비빔밥
2. 여러 색깔의 전유어
3. 여러 색깔의 떡
4. 여러 색깔의 소채
5. 닭찜(닭고기를 찐 것)
6. 떡산적(떡과 소고기를 장방형으로 잘라서 양념한 것, 어묵의 일종)
7. 녹두묵(묵 : 녹두를 맷돌에 갈아 포대에 가라앉힌 앙금을 익혀서 그것을 냉각시킨 식품)
8. 김치
9. 장포醬脯
10. 명태자반
11. 소고기 구이
12. 어죽魚粥(여름 뱃놀이 또는 천렵 때)
13. 술
14. 과일
15. 초장
16. 간장
17. 설탕

관혼상제冠婚葬祭

평양 지방은 일찍부터 시가지로 개척되어, 내지인과 외국인이 다수 거주해왔다. 신문명, 신제도가 들어온 관계상, 재래의 풍습 · 관습은 점차 없어지거나 개량되어, 모든 것에 신식新式이 가미되어 왔다. 따라서 관혼상제에 관해서도 순조선적인 것은 극히 적으며 혼례나 장례 및 피로연 방법에도 서양식, 내지식이 수용되었다.

특히 조선의 내지인 · 서양인 · 지나인은 각각의 신앙 · 습관에 따라 혼례 · 장례를 치르는데, 젊은 사람들 사이에서는 기독교식에 따라 교회에서 혼례 · 장례식을 치르는 일이 증가되었다. 참고로 여기에서는 조선인 측의 관혼상제冠婚葬祭에 대해 그 일반一斑을 제시하고자 한다.

관례冠禮

최근에는 시중에서 관례를 행하는 일은 없어졌다.

혼례婚禮

A 결혼 관습　(1) 중매인이 혼담을 시작한다. (2) 간선看善 (3) 청혼 (4) 허혼 (5) 납래納來 (6) 결혼식 순서로 행해진다.

B 조혼 상황狀況　교육이 진전된 결과, 근래 조혼하는 폐단은 개선되어 시가지에서 법정 연령 이하의 결혼자는 거의 없는 모양이다.

C 결혼 비용　신분의 상하에 따라 일정하지 않지만, 백 원에서 천 원 이내가 보통이다.

D 특수한 결혼　시외의 촌락에서는 노역혼勞役婚이나 양부養婦 등의 풍습이 가끔 있는 모양이다.

E 미망인의 재혼　종래에는 연담緣談, 간선看善, 납폐納幣, 조연粗宴, 등거라는 순서로 극히 내밀하게 행해졌지만, 근래에는 당당하게 식을 치르게 되었다.

장의葬儀

A 장례식 관습　개인의 신교信敎에 따라 기독교 신자는 기독교식으로, 불교 신자는 불교식으로, 유자儒者는 종래의 의식에 따라 상례喪禮를 행한다.

B 장례식 비용　상중하 일정하지 않지만, 오십 원 이상에서 천 원 이내가 보통이다.

C 분묘 상태　묘지 규칙에 따라 토장을 한다.

조상 제사祭祀

조상부모 제사는 조선인 일반에게 중요한 것이며, 부모 사망 시는 3년 상중에는 반드시 상례에 따라 제사를 지낸다. 기제忌祭는 제례에 따라 4대째 선조까지 드리며, 묘제墓祭는 봄가을 2회 조상 묘에서 보통의 제례에 따라 드린다. 차례茶禮는 정월 1일, 3월 한식, 5월 단오, 8월 추석 네 절기 등에 보통 제례에 따라 드리는데, 근래는 유자儒者 가정에서도 경제 관계상 생략하며, 이 지역은 기독교 신자가 많아서인지 조상숭배 관념이 점차로 약화되는 듯이 보인다.

평양부내 조선인 결혼 연령별 표(1929년)

처 연령	남편 연령									
	17세 미만	17~20	20~25	25~30	30~35	35~40	40~50	50~60	60세 이상	합계
15세 미만	60	-	-	-	-	-	-	-	-	60
15~20	27	555	290	84	24	-	1	-	-	981
20~25	33	216	281	79	28	6	1	1	-	645
25~30	-	20	51	60	18	4	2	1	-	156
30~35	-	-	16	25	11	-	2	1	-	55
35~40	-	-	-	25	4	6	1	1	-	14
40~50	-	-	-	2	2	-	2	1	-	5
50~60	-	-	-	-	-	-	-	2	-	2
60세 이상	-	-	-	-	-	-	-	1	2	3
총계	120	791	638	250	87	16	9	8	2	1,921

빈부貧富

빈부의 정도

평양은 상공업이 성행하는 시가지로 상공업자 중에는 자력資力이 있는 자가 적지 않다. 특히 조선의 평양상인은 개성상인과 함께, 확고한 상업세력을 지녔고, 대체로 많은 부를 축적

하였다. 단지 직공이나 노동자 등은 빈곤한 생활을 영위하는 자가 상당수 있고, 특히 최근 인구의 도시집중이 더욱 심해지며 불경기와 함께 많은 실업자를 발생시켜, 노동력 저하를 초래해 궁민 수가 더 증가되고 있다.

평양부민 빈곤 조사

종별	인원	종별	인원	종별	인원
1만 원 이상	592	4만 원 이상	40	영세민	551
2만 원 이상	257	5만 원 이상	38	궁민	177
3만 원 이상	132	10만 원 이상	35	거지(걸인)	200

이상은 평양만의 빈부 조사 결과를 제시한 것이지만, 평양부와 인접한 대동군은 평양부내에 직업을 가진 자가 많이 생활하므로 공장, 탄광, 영농, 운수 등은 모두 평양부의 연장이라고 봐야 될 부분도 많다. 이에 각 면별로 빈부 조사 결과를 제시하고자 한다.

대동군내 빈부 조사

	부자						빈자		
	1만원 이상	2만원 이상	3만원 이상	4만원 이상	5만원 0 상	10만원 이상	경세민	궁민	거지
대동강면	8	-	1	1	-	-	1,530	62	12
추을미면	13	5	8	1	-	-	136	31	-
청룡면	2	3	-	-	-	-	337	332	30
율리면	7	-	2	1	1	2	1,350	295	4
용담면	6	1	-	-	-	-	433	591	10
남관면	17	2	-	-	2	-	2,296	57	6
고평면	28	8	1	-	2	-	592	425	37
대보면	3	3	2	-	-	-	450	120	4
남형제산면	5	2	1	-	1	-	859	40	5
용산면	20	5	-	-	-	-	1,470	165	17
김제면	26	3	-	-	-	-	474	104	5

재경리면	8	4	1	-	1	1	416	53	2
서천면	6	1	-	-	-	-	433	250	2
부산면	5	-	-	-	-	-	841	619	3
용악면	3	-	-	-	-	-	342	95	-
시족면	20	10	3	-	1	2	1,444	20	1
임원면	6	4	5	-	-	1	930	115	13
합계	183	51	24	2	7	6	14,333	3,374	151

연 소득액年所得額

더불어 평양부민의 호별 납세자에 대하여 내선인內鮮人별로 그 1개년 간 소득액을 보면, 각 계급별 인원수는 다음과 같다. 그리고 다음 표에서 과세 면제자에 속하는 빈민 수가 다수를 점하는 것은 빈곤 방지 등의 사회시설을 수행하는 데 반드시 주목할 점이다.

평양부민 소득 조사

연 소득액	내지인	조선인	합계
2만 원 이상	2	1	3
1만 원 이상	3	21	24
7천 원 이상	17	22	39
4천 원 이상	114	67	181
3천 원 이상	116	94	210
2천 원 이상	339	225	564
1천 5백 원 이상	486	283	769
1천 원 이상	939	367	1,206
6백 원 이상	1,534	1,776	3,310
6백 원 이하	591	6,825	7,416
합계	4,148	9,681	13,829

실업노동자

최근에 불경기가 심각해지면서 평양부 및 그 인접지의 실업노동자 수는 차츰 증가하는 경향에 있다. 1930년 6월 말 현재, 평양경찰서 관내 실업노동자 수는 다음과 같다.

실업노동자 조사 표(1930년 6월 말)

직업별	남녀별	내지인	조선인	지나인	계
고무공(호모공(護謨工))	남	-	424	-	1,088
	녀	-	664	-	
철공	남	1	60	1	72
	녀	-	-	1	
목공	남	3	15	-	18
	녀	-	-	-	
미장이	남	-	2	-	2
	녀	-	-	-	
선부(船夫)	남	-	13	-	13
	녀	-	-	-	
차부(車夫)	남	-	5	-	5
	녀	-	-	-	
인쇄공	남	-	3	-	3
	녀	-	-	-	
양복공	남	-	9	-	9
	녀	-	-	-	
점원	남	1	8	-	9
	녀	-	-	-	
양말(洋襪)	남	-	82	-	91
	녀	-	9	-	
정미	남	-	33	-	76
	녀	-	43	-	

연탄	남	-	30	-	30
	녀	-	-	-	
주조(酒造)	남	-	33	-	33
	녀	-	-	-	
구두공	남	-	4	-	4
	녀	-	-	-	
가발공	남	-	3	-	6
	녀	-	3	-	
토공	남	-	29	-	29
	녀	-	-	-	
일용직	남	9	490	-	526
	녀	-	67	-	
합계	남	14	1,203	1	2,014
	녀	-	786	1	

오락유흥娛樂遊興

오락기관娛樂機關

평양부내의 오락기관으로는 불과 극장으로는 긴치요좌金千代座, 요세寄席[32]로는 평양좌平壤座, 활동사진 상설관으로는 평양관 · 해락관偕樂館 · 제일관뿐이다. 대도시라는 점에서 시민들의 위안 오락기관은 다소 부족한 감이 있다.

32) 요세(寄席)는 일본식 대중 연예장으로, 사람을 모아 돈을 받고 재담, 만담, 라쿠고 등을 들려주는 시설.

여러 흥행 조사(1930년 10월분)

구별	명칭	정원	흥행 일수	입장 인원	금액	경영자
극장	긴치요좌	739	13	5,730	3,103,850	내지인
요세(寄席)	평양좌	449	19	4,578	1,453,900	내지인
활동사진	평양관	538	31	10, 234	3,122,600	내지인
활동사진	해락관	676	31	4,888	1,182,150	내지인
활동사진	제일관	560	31	11,817	3,306,450	조선인
가설장※	-	-	28	8,205	813,400	-

※가설장은 세 곳에서 흥행되고 있는데 흥행 일수는 이를 합한 것임.

유흥기관遊興機關

평양부내의 화류가花柳街는 진정賑町(니기와이초), 앵정櫻町(사쿠라초) 일대에 있다. 주위에는 큰 요정料亭과 대기루大妓樓집이 있으며, 항상 현가絃歌가 울리며 불야성不夜城을 보인다. 군대, 회사, 공장 등이 많은 관계로, 유흥자가 비교적 많다. 부내의 저명한 요릿집, 음식점, 예기 거처집, 유곽33)은 다음과 같다.

요릿집 - 희락, 옥야玉屋지점, 대취정大翠亭, 아카카베赤かべ, 가선歌仙, 칠성관, 동화원東華園, 대성관大成館, 장춘관長春館, 등승루東昇樓, 홍승루鴻昇樓, 무사시노武蔵野, 야치요八千代, 고토부키壽, 어만魚満, 아케보노曙, 태원루, 금천대헌金千代軒, 오마키노차야お牧の茶屋, 야요이弥生 해흥루海興樓, 기후야岐阜屋, 대안大安식당

음식점 - 임태화林泰華, 덕흥유德興裕, 협성면옥, 신영우申永禹, 사라시나更科, 임창순, 임면옥林麺屋, 동청루東清樓, 박내현, 김완수, 최면옥崔麵屋, 홍치우, 미키야三木屋, 안진정安鎭亭, 다나카 코이치田中孝一, 김봉화, 김창하, 주훈경

예기藝妓 거처집 - 아즈마야あつま屋, 신희락新喜樂, 국화菊花, 기미노야君の屋, 쓰루가메

33) 유곽(일반 유곽과 함께 장소만 빌려주는 집도 존재함)에서는 필요시 예기 거처집에 연락해 예기를 불러 접대한다.

鶴龜, 쓰타야津多屋, 매화梅花

유곽 - 미인루, 나가사키루長崎樓, 문명루文明樓, 마쓰노야松の屋, 정루靜樓, 시키시마야敷島屋, 용루勇樓, 만복루, 후지노야藤の屋, 와카마쓰루若松樓, 대선루大船樓, 송산루松山樓, 대관루大觀樓, 상봉루相逢樓, 대범루大帆樓, 영락루永樂樓, 황해루, 영평루永平樓, 명월루, 광월루, 취송루翠松樓

1929년 12월 말 현재, 평양경찰서 관내 요릿집, 음식점, 유곽업 영업 조사를 보면, 요릿집 30호戶, 음식점 567호, 유곽 53호에 달하며, 그 1개년의 영업 수입은 2백 5만 3천여 원에 이른다.

평양경찰서 관내 요릿집, 음식점, 유곽 영업 조사(1929년 말 현재)

종별	경영자별	영업자 수	1개년 영업수입액
요릿집	내지인	17	286,399
	조선인	4	37,860
	외국인	9	79,092
	합	30	403,351
음식점	내지인	49	301,530
	조선인	512	979,920
	외국인	15	55,587
	합	576	1,337,037
유곽	내지인	16	241,971
	조선인	37	70,894
	외국인	0	0
	합	53	312,865
	합계		2,053,253

또한, 대동경찰서 관내 요리점은 13호, 음식점은 127호이며, 그 1개년의 수입은 6만 7천여 원에 달한다.

대동경찰서 관내 요릿집, 음식점 영업 조사

종별	영업자별			1개년의 수입액		
	내지인	조선인	합	내지인	조선인	합
요릿집	-	13	13	-	11,603	11,603
음식점	-	127	127	-	58,300	58,300
합계	-	140	140	-	67,903	67,903

더불어 예기, 창기, 사창 수數 및 그 매출액을 보면 다음과 같다.

평양경찰서 관내 예기, 창기 및 사창 인수 조사(1929년 말 현재)

종별	종별	인원
예기(藝妓)	내지인	55
	조선인	164
	합계	219
창기(娼妓)	내지인	125
	조선인	148
	합계	273
사창(私娼)	내지인	79
	조선인	99
	합계	178

평양경찰서 관내 예기 창기 1개년 1인 평균 매출액(단위 : 원)

내지인 예기(藝妓)	2,599
조선인 예기(藝妓)	813
내지인 창기(娼妓)	1,052
조선인 창기(娼妓)	361

또한, 대동경찰서 관내 작부 수酌婦數는 조선인 33인이고, 그 1인당 매출액은 최고 6백 원, 최저 2백 원 정도다.

기생妓生 양성養成

조선인 예기藝妓를 기생妓生이라고 칭하는데, 예부터 평양은 기생의 본향으로, 역사적으로 수많은 유명 기생들을 배출하였다. 경성 기생 중에서도 평양 출신자가 매우 많고, 평양은 기생의 산지로 선전된다. 현재 평양의 기생에는 기성권번箕城券番 · 대동권번大同券番이 있는데, 내지의 예기처럼 포주에게 자유를 속박당하지 않는다. 대부분이 스스로 각자 권번 조합원이 되며 임원 선거, 기타 발언권을 지닌다. 자택에서 생활하는 것은 대개 중류 이상으로 당당한 점이 있다. 일반적으로 평양 기생은 용모와 자태, 기예, 접객 등에서 탁월하며, 이는 기생의 양성 방법이 조직적으로 행해지는 것도 크게 관련된다고 생각한다. 참고로 기성 기생양성소의 규정 요령을 제시해 보겠다.

평양 기성 기생양성소 규정 요강

1. 본 양성소는 기성권번에 부속되어 기생을 양성함을 목적으로 한다.
2. 이곳 명칭은 기성 기생양성소라고 칭한다.
3. 이곳 위치는 기성권번 내에 둔다(평양부 채관리 50번지).
4. 이곳에 다음과 같은 직원을 둔다.

   학감學監 1명

   가무歌舞 교사 약간 명

   잡가雜歌 교사 1명

   음악 교사 1명

   서화書畫 교사 1명

   일본노래 교사 1명

   사무원 약간 명
5. 교사는 학감의 지시로 해당 과목의 교무校務를 관장한다.
6. 본 양성소에 입학하려는 자는 보통학교[34] 4년 수업修業 또는 동등한 학력 이상을 지니며, 신체 발육 완전한 자에 한한다.

   단지, 상급학생으로 입학하려는 자는 그에 상당한 기예 시험을 치른 후에 학감이 가

부를 결정한다.

7. 본 양성소에 입학하려는 자는 원서에 따라 학부형 또는 보호자의 보증이 필요하다(입학 연령은 12, 3세부터).

8. 본 양성소 수업연한修業年限은 만 3년으로 매년 다음과 같이 3학기로 나눈다.

   제1학기 4월 1일부터 7월 31일까지

   제2학기 8월 1일부터 12월 31일까지

   제3학기 1월 1일부터 3월 31일까지

   단지, 기예 실력이 출중하고 그 성적이 우수한 자에 한해서는 특히 그 기간을 단축할 수 있다.

9. 교양과목은 다음과 같다.

   제1학년 가곡(우조羽調, 계면界面), 국어(일본어), 조선어, 산술, 서화書畵

   제2학년 우조, 평시조, 편編, 권주가, 국어, 조선어, 산술, 서화, 음악

   제3학년 가사歌詞, 시조, 무용, 잡가, 일본노래, 국어, 조선어, 산술, 음악, 서화, 수신修身

10. 매년 3월 학기 말에 수업과목에 대해 시험을 치르고 합격한 자에게는 수업증서 또는 졸업증서를 부여한다.

11. 수업료

    입학금　금1원 50전

    제1학년 1개월 당　금 1원 50전

    제2학년 1개월 당　금 2원

    제3학년 1개월 당　금 2원

    단지, 동일 보증자로부터 2명 이상 통학할 때는 상급생 1명은 전액을, 다른 학생은

34) 보통학교(普通學校)는 1906년 보통학교령에 의해 설치된 조선인용 초등교육기관. 1920년대 6년제가 되었지만, 지방에서는 여전히 4년제 보통학교도 다수 존재했고, 1930년대에는 2년제 간이학교(일본어 교육 중심)가 급증하였다. 기성 기생양성소의 경우, 4년제 이상의 보통학교 졸업자를 입학 대상으로 하였다. 한편, 재조 일본인은 보통학교가 아니라 소학교(심상소학교)를 다녔다.

반액으로 한다. 학생 중 품행이 방정하고 학업에 열중해 성적이 우수한 자에 대해 상장과 상품을 수여한다.

12. 소행이 불량하고 성적이 저조하다고 인정되는 자는 퇴소를 명한다.
13. 본 양성소 경비는 수업료로 충당한다.
14. 지방에서 전입해 기생 영업을 하려는 자는 기예技藝심사위원회에서 심사하여, 양성 졸업자와 동등한 기예가 있는 자를 추천한다.

이조 시대에 기생이 가장 많이 모여 있던 곳은 경성이었다. 현재도 기생 수는 경성이 가장 많고 그 다음이 평양인데, 예부터 기생 배출지로 유명한 곳은 평양, 성천, 해주, 강계, 진주, 경주 등이다. 이들 지방에서는 여러 기생이 나왔는데 특히 평양의 계월향桂月香, 진주의 논개論介, 가산嘉山의 홍련紅蓮은 의기義妓로 인구에 회자되고 있다. 평양이 지금도 기생 출신지로 세력을 지닌 것은 물론 전통의 힘도 있겠지만 물 좋은 대동강변이 조선의 미인계美人系에 속하며, 게다가 전술한 바와 같이 기생양성법이 완비되어 있기 때문일 것이다.

03
행정

행정行政

평양부의 행정

한국 말엽 광무光武 3년(1899)에는 일본 특명전권공사 밑에 대리영사를 평양에 주재시켰지만, 당시 평양부의 행정구역은 현재 평양부 및 대동군 일원을 포괄하며, 행정관청으로는 관찰부觀察府, 군청, 면소面所 세 기관이 행정·사법·세무를 통괄하고 별도로 개시관리관開市管理官을 두어 외무사무를 담당시켰다. 한편, 당시 평양의 내지인들은 민선民選으로 총대總代를 두고 민간 사무를 처리하였다.

1905년 9월, 조선에 통감부統監府[35]가 설치됨과 동시에, 거류민단이 설치되었다. 이 거류민단에 의해 내지인에 대한 자치 행정사무가 행해졌다. 1910년 8월, 한국병합과 함께 조선총독부가 설치되었고, 당시 평양에는 관청인 부청府廳이 있었지만, 내지인은 여전히 거류민단이라고 칭하는 특별한 자치단체를 두었다. 조선인은 부府 밑에 면面을 두어 부윤府尹의 감독을 받았다. 1914년 3월, 부 행정구획 변경으로 새롭게 대동군이 생겼고, 대체로 종래의 거류지

35) 1905년 9월 통감부 설치는 잘못이다. 1905년 11월 9일 방한한 특명전권대사 이토 히로부미는 한국 각료들을 협박해 1905년 11월 17일 을사늑약(乙巳勒約, 제2차 한일협약)을 맺었고, 통감부는 이듬해 2월부터 한국병탄으로 조선총독부가 세워질 때까지 유지되었다.

구역에 부府를 두었다. 또한, 1929년 3월, 일부 구역을 확장해 지금에 이르렀다. 1914년 4월, 부제府制를 실시함으로써 부府가 행정구역이 되어 내지인도 기존의 거류민단을 폐지했고, 그 후 1930년 12월 1일 제령制令 제11호로 개정돼 1931년 4월 1일부터 시행되었다. 따라서 1920년부터 내지인 교육도 학교조합, 조선인 교육과 별도로 학교비가 설치돼 각각 교육 사무를 관장해 왔는데, 1930년 12월의 개정으로 이를 통일해 부府의 특별경제에 포함되었다.

행정조직

평양부는 공공법인으로 관의 감독을 받아 그 경제 발전을 계획하여 주민의 복리 증진에 필요한 시설 경영을 수행하며, 법령에 따라 평양부에 속한 사무를 처리한다. 그 구역은 정부 행정구획인 평양부의 구역에 따라 정부 관리인 부윤府尹이 정부 사무를 관장하고, 더불어 평양부를 대표하여 통괄함과 동시에 부회府會 및 교육부회教育部會가 결정한 의사에 기초하여 이를 집행한다.

평양부의 특별경제

평양부의 경제는 일단 일반경제와 특별경제로 구분되며, 특별경제는 제1부 특별경제(종래 학교조합에 속한 것, 즉 주로 내지인 교육을 목적으로 하는 것)와 제2부 특별경제(종래 학교비에 속한 것, 즉 주로 조선인 교육을 목적으로 한 것)로 구분된다. 즉 1931년부터 평양부 학교조합 및 평양부 학교비를 폐지하고 이를 통일시켰는데, 아직 그 교육기관을 완전히 단일화하지 못해 각 경제를 일반경제에서 분리하여 특별경제에 넣어 경제마다 그 재산에서 생기는 수입 · 사용료 · 수수료 · 기타 수입을 여기에 충당하고 부족 시에는 세금을 징수하게 되었다.

부회府會 및 교육부회教育部會

부府 의사기관意思機關으로 부회와 교육부회가 있다. 교육부회는 제1교육부회(내지인 교육을 목적으로 하는 제1부 특별경제에 관한 사무를 의결)와 제2교육부회(조선인 교육을 목적으로 하는 제2부 특별경제에 관한 사무를 의결)로 나뉜다. 부회府會 이외에 교육부회教育部會를 따로 설치한 이유는 교육에 관한 특별경제로 한 이상, 이에 관한 사건의 의결을 부회에서 하는 것은 적당하지 않기 때문이다. 부회는 의장(부윤이 담당), 부의장(부회府會에서 부회의원府會議員 중에서 선거로 선출) 및 부회의원으로 조직하며, 부에 관한 중요한 사건의 의결, 부의장 및 검사위원의 선거, 공익에 관한 의견서의 제출, 회의 규정의 설정, 관청의 자문에 대한 답신 및 부府의 사무에 관한 서류 및 계산서의 검열, 사무관리 의결의 집행 및 출납의 검사를 하는 권한을 가진다. 부회의원의 임기는 4년, 정수定數는 최소 24인 이상으로 부府의 인구에 따라 증가하는데, 현재 정수는 33인으로 줄었다. 제1교육부회는 의장(부윤) 및 내지인 부회의원으로 하고, 제2교육부회는 의장(부윤) 및 조선인 부회의원으로 조직된다. 교육부회教育部會는 부회府會의 사례에 따라서 부의장 또는 검사위원의 선거, 사무검사, 의견서의 제출 및 관청의 자문에 대한 답신을 하는 등 부회와 거의 같은 권한을 지닌다. 이렇게 부회 및 제1, 제2교육부회가 개별적으로 존재해 각각 직무 권한을 지닌 관계상, 부회의원은 부회를 조직하고, 별도로 반드시 교육부회를 조직해야 하는데, 가령 극단적인 사례를 상상하면 내선인 중 만일 당선자가 없거나 매우 적을 경우에는 교육부회 구성이 곤란에 처할 우려가 있다. 이를 막기 위한 방법으로 내선인 어느 쪽도 의원 정수가 4분의 1 이상이 되도록 규정했고, 그 결과 부회의원 중 결원이 생길 경우의 대처에 대해서도 특별한 규정이 담겼다. 현재 제1교육부회에 속한 의원은 18인, 제2교육부회에 속한 의원은 15인이다.

감독사항

부府는 1차적으로 도지사, 2차적으로 조선총독이 감독한다. 부府의 중요사건은 부회府會 또는 교육부회教育部會의 의결을 거쳐야 한다는 것은 전술한 바와 같은데, 그 의결이 권한을 넘어서 법령 또는 회의규칙會議規則에 반하거나, 명확하게 공익을 저해하고 부府의 수지收支에 관해 부당하다고 인정되는 경우에 부윤의 이견 또는 도지사의 지휘에 따라 재의결하거나 의결을 취소할 수 있다. 또한, 도지사는 부회府會 및 교육부회教育部會의 정회停會를 명령하고, 조선총독은 부회 해산을 명령할 수 있는 규정이 있고, 부府 법령 또는 해당 관청의 직권으로 명령하는 비용을 예산에 넣지 않으면, 도지사는 이를 예산에 넣을 수 있다.

부제府制

제1조 부府는 법인으로 하는 관官의 감독을 받고, 법령의 범위 내에서 그 공공사무 및 법령에 따라 부에 속하는 사무를 처리한다.

제2조 부의 폐치廢置, 명칭, 구역은 조선총독이 이를 정한다.

제3조 부의 폐치 또는 구역변경 시에 처분을 필요로 하는 재산이 있을 경우, 그 처분은 관계하는 부회府會, 교육부회教育部會, 읍회, 면협의회, 학교평의회 및 학교조합회學校組合會의 의견을 듣고, 조선총독의 인가를 받아서 도지사가 이를 정한다.

제4조 부의 폐치 또는 구역 변경 시에 부의 사무에 필요한 사항은 본령本令에 규정하지만, 그 외에는 조선총독이 이를 정한다.

제5조 부내에 주소를 지닌 자는 부 주민으로 한다.

부 주민은 본령本令에 의해 부府의 영조물營造物을 공용共用할 권리를 지니며, 부府의 부담을 분담할 의무를 지닌다.

제6조 부府는 부 주민의 권리 의무 또는 부 사무에 관해 부조례府條例를 제정할 수 있다.

부조례府條例는 일정한 공고식公告式에 따라 이를 고시해야 한다.

제7조 부에 부회府會를 두고, 의장 및 부회의원府會議員을 조직한다.

제8조 부회의원府會議員은 선거로 정한다.

의원 정수는 다음과 같다.

일. 인구 3만 미만의 부, 24인

이. 인구 3만 이상 5만 미만의 부, 27인

삼. 인구 5만 이상 10만 미만의 부, 30인

사. 인구 10만 이상의 부, 33인

인구 10만을 넘는 부에서는 인구 5만을 넘을 때마다 의원 3명을 증원한다.

앞항의 인구는 조선총독이 정하는 바에 따른다.

의원의 정수는 총선거를 실시하는 경우가 아니면 증감하지 않는다. 단지 현저히 인구의 증감이 발생했을 경우에 조선총독이 필요하다고 인정할 때 가능하다.

내지인 의원 및 조선인 의원 수는 모두 의원 정수의 4분의 1 이하여서는 안 된다. 단지,

결원이 생길 경우에는 다음 보궐선거를 할 때까지는 인정한다.

제9조 제국신민 연령 25세 이상의 남자로 독립 생계를 이루고, 1년 이래 부 주민이 된 자, 또한 1년 이래 조선총독이 지정한 부세府稅를 연액 5원 이상 납세한 자는 그 부에서 부회의원 선거권을 지닌다. 단지 다음에 해당하는 자는 인정하지 않는다.

일. 금치산자禁治産者[36] 및 준금치산자準禁治産者

이. 파산자로 복권되지 않은 자

삼. 6년의 징역 또는 금고 이상의 형을 받은 자

사. 6년 미만의 징역형 또는 금고형을 받아 그 집행이 끝나거나, 집행을 받지 않게 된 자

오. 육해군 군인으로 현역 중인 자(아직 입영하지 않은 자 및 귀휴 하사관歸休下士官은 제외), 또는 전시사변戰時事變으로 소집 중인 자, 지원으로 국민군에 편입된 자, 선거권을 지녔지만 부세府稅 납부 처분 중인 자는 선거권을 행사할 수 없다.

제1항에 규정된 1년이라는 기간 동안에 부읍면府邑面의 폐치廢置 또는 구역변경 때문에 중단되었을 경우, 새로운 부 구역이 된 지역에서 부담하는 읍면제府邑制 제9조 제1항에 규정하는 읍면세 및 학교비 부과금 또는 학교조합비를 부세府稅로 인정한다.

제10조 부회의원府會議員 선거권을 지닌 자는 피선거권을 지닌다. 단지 다음에 해당하는 자, 앞 조 제2항에 규정된 자는 이를 인정하지 않는다.

일. 소속 도道 및 해당 부府의 관리 및 유급有給자

이. 판사, 검사 및 경찰관리

삼. 소학교 및 보통학교 교원

제11조 부회의원府會議員은 명예직으로 한다.

의원 임기는 4년으로 하며 총 선거일부터 기산起算한다.

의원 정수에 이동이 생겨서 해임이 필요할 경우에는 조선총독이 정한 대로 이를 정

36) 여러 가지 이유로 심신 미약 상태로 인정돼 본인 재산의 관리·처분 금지를 선고 받은 사람.

한다.

의원 정수에 이동이 생겨서 중간에 당선된 의원은 총선거로 인한 임기 종료일까지만 재임한다.

第12조 부회의원府會議員 중 결원이 생길 경우에는 다음 각 호 중 하나에 해당 시 보궐선거를 해야 한다.

일. 결원 수가 정수定數의 6분의 1을 넘었을 때

이. 내지인 의원 또는 조선인 의원의 수가 제8조 제6항에 규정한 최소 의원 수 6분의 5에 미달했을 때

삼. 부윤府尹이 필요하다고 인정할 때

의원 정수에 이동이 생겨 선거할 경우, 의원 중 결원이 있을 때 병행해서 보궐선거를 시행해야 한다.

보궐된 의원은 전임자의 잔임 기간만 재임한다.

第13조 부회府會는 법령으로 그 권한에 속하는 사건 이외에, 다음과 같은 부 관련 사건을 의결한다. 단지, 특별경제에 관한 사건은 예외로 한다.

일. 부조례府條例를 제정하거나 개폐改廢하는 일

이. 세입, 세출 예산을 정하는 일

삼. 결산보고에 관한 것

사. 법령에 규정하는 것을 제외한 기타 부세府稅, 부역현품夫役現品,[37] 사용료 또는 수수료 부과징수에 관한 것

오. 부府 채권을 조달하거나, 기채起債 방법, 이자의 정율定率 및 상환 방법을 정하거나, 이를 변경하는 것. 단지 제49조 제2항의 차입금借入金을 제외한다.

육. 기본 재산 및 적립금의 설치, 관리 처분에 관한 것

칠. 부동산 관리 및 처분에 관한 것

37) 부역현품(夫役現品 또는 賦役現品)이란 특정한 공익사업의 수요를 채우기 위해 국가에 부담해야 할 공무상 의무를 금전, 노역(부역(夫役)), 물품(현품) 등으로 대체하는 선택 책무.

팔. 계속비를 정하거나 변경하는 것

구. 특별회계를 제정하는 것

십. 세입, 세출 예산으로 정하는 것을 제외한 기타, 새로운 의무 부담 또는 권리에 관한 것

십일. 소송 및 화해에 관한 것

부윤府尹이 필요하다고 인정할 때에는 앞 항 각호에 해당하는 사건 이외에도, 부에 관한 사건을 부회에 의결할 수 있다.

第14조 부회府會는 법령에 의거해 그 권한에 속하는 선거를 해야 한다.

第15조 부회府會는 부 사무에 관한 서류 및 계산서를 검열해 사무의 관리, 의결의 집행 및 출납을 검사할 수 있다. 단지, 특별경제에 관한 것은 예외로 한다.

부회는 의원 중에서 위원을 선출해 앞항에서 규정하는 부회의 권한에 속하는 사건을 수행할 수 있다.

第16조 부회府會는 부府의 공익에 관한 사건에 대해 의견서를 부윤, 기타 관계관청에 제출할 수 있다.

第17조 부회府會는 관청의 자문이 있을 때는 의견을 답신해야 한다.

부회府會의 의견을 들어 처분해야 할 경우에는 부회府會가 성립되지 않는다. 그러나 소집에 응하지 않고 의견을 답신하지 않거나, 부회府會를 소집할 수 없을 때는 해당 관청이 그 의견을 물어 즉시 처분할 수 있다.

第18조 부회府會는 의원議員 중에서 부의장 1인을 선출해야 한다.

부의장의 임기는 의원 임기에 한한다.

第19조 의장이 부재 시에 부의장이 이를 대신하며, 의장과 부의장이 부재 시에 임시로 의원 중에서 임시의장을 선출할 수 있다.

앞항의 임시의장 선출에 대해서는 연장 의원이 의장의 직무를 대리하며, 연령이 같을 때는 추첨으로 이를 정한다.

第20조 부회는 부회 규칙을 제정한다.

第21조 본령本令에 규정하는 것 이외에, 부회와 부회의원 및 부회의원의 선거, 그 취체取

締(단속)에 관해 필요한 사항은 조선총독이 이를 정한다.

제22조 부윤은 부를 총괄하고 부를 대표한다.

부윤은 부회府會 또는 교육부회教育部會의 의결을 거쳐야 할 사건에 대해 그 의결을 집행하고, 기타 부府 사무를 담당한다.

제23조 부윤府尹은 이원吏員을 지휘 관리하고 이에 대해 징계를 내릴 수 있다. 그 징계처분은 견책譴責, 25원 이하의 과태료 또는 해직시킨다.

제24조 부회府會 또는 교육부회教育部會의 의결 또는 선거 그 권한을 넘어서거나, 법령 혹은 회의규칙에 반한다고 인정될 때, 부윤의 의견 또는 도지사의 지휘로 이유를 제시하고 이를 재의결하거나 재선거를 해야 한다. 단지 특별한 사유가 있다고 인정될 때, 부윤은 도지사의 지휘를 받아 바로 그 의결 또는 선거를 취소할 수 있다.

앞항의 규정으로 행해진 부회 또는 교육부회의 의결 또는 선거, 그 권한을 넘어서거나 법령 혹은 회의규칙에 반한다고 인정될 때, 부윤은 도지사의 지휘를 받아 바로 그 의결을 취소할 수 있다.

제25조 부회 또는 교육부회의 의결이 명백히 공익을 해치거나 부府의 수지收支에 관해 부당하다고 인정될 때, 부윤의 의견과 도지사의 지휘로 이유를 제시하고, 이를 재의결에 부칠 수 있다. 단지 특별한 사유가 있다고 인정될 때, 부윤은 도지사의 지휘를 받아 바로 그 의결을 취소할 수 있다.

앞항의 규정으로 행해진 부회 또는 교육부회의 의결이 명백하게 공익을 해치거나 부府의 수지收支에 관해 부당하다고 인정될 때, 부윤은 도지사의 지휘를 받아 그 의결을 취소할 수 있다. 단지, 앞항의 규정으로 다시 의결하는 것을 방해하지 않는다.

제26조 부회 또는 교육부회가 성립되지 않을 때, 소집에 응하지 않을 때, 회의를 열 수 없을 때, 의결해야 할 사건을 의결하지 않을 때 부윤은 도지사의 지휘를 받아, 그 의결해야 할 사건을 처분할 수 있다. 앞 2조의 규정에 따라 부회 또는 교육부회의 의결을 취소할 때와 마찬가지다.

제27조 부회 또는 교육부회에서 의결해야 할 사건에 관해 시급한 처리를 요할 경우에 부회 혹은 교육부회가 성립되지 않을 때, 부윤이 이를 소집할 수밖에 없다고 인정될

때, 부윤은 이를 전결專決 처분할 수 있다.

제28조 앞 2조의 규정에 따른 처분에 대하여 다음 회의에서 이것을 부회 또는 교육부회에 보고해야 한다.

제29조 부회 또는 교육부회의 권한에 속하는 사건의 일부는 그 의결에 따라 부윤이 이를 전결專決 처분할 수 있다.

제30조 부府에 이원吏員을 둘 수 있다.

이원은 유급有給으로 한다. 단지 부조례府條例가 정하는 바에 따라서 명예직으로 할 수 있다.

이원은 부윤이 이를 임면任免한다.

이원은 부윤의 지시를 받아 사무에 종사한다.

제31조 부府에 출납직원을 두고, 관리 또는 이원吏員 중에서 부윤이 지시한다. 출납직원은 출납 사무를 관장한다.

제32조 부 행정에 관한 관리의 직무 관계는 본령本令 중 별도로 정하는 경우를 제외하고, 외국의 행정에 관한 그 직무 관계에 따른다.

제33조 이원吏員의 복무 기율 및 출납직원의 배상책임, 신원보증 및 사무인계에 관해서 필요한 사항은 조선총독이 이를 정한다

제34조 부회府會직원 및 명예직 이원吏員은 직무를 위해 필요한 비용의 변상을 받을 수 있다.

명예직 이원에게는 비용 변상 이외에, 근무에 상당하는 보수를 지급할 수 있다.

비용 변상액 및 그 지급방법은 부조례에 이를 정해야 한다.

제35조 유급 이원吏員의 급료액給料額, 여비액旅費額 및 그 지급방법은 부조례에 이를 정해야 한다.

유급 이원吏員에게는 부조례가 정하는 바에 따라 은퇴료, 퇴직급여금, 사망급여금 또는 유족 부조료를 지급할 수 있다.

제36조 수익을 위해 부 재산은 기본재산으로 하고 이를 유지해야 한다.

부는 특정한 목적을 위해 특별 기본재산 또는 적립금 등을 만들 수 있다.

제37조 부府는 영조물營造物의 사용에 대해 사용료를 징수할 수 있다.

제부는 특히 개인을 위한 사무에 대해 수수료를 징수할 수 있다.

제38조 부는 그 공익상 필요가 있는 경우에 기부 또는 보조를 받을 수 있다.

제39조 부는 그 필요한 비용 및 법령에 따라 부의 부담에 속하는 비용을 지불(지변支辨) 할 의무를 지닌다.

부는 그 재산에서 생기는 수입, 사용료, 수수료, 기타 부에 속하는 수입을 앞항의 지출에 충당하거나, 부족 시에 부세府稅 및 부역현품夫役現品을 과금징수할 수 있다.

제40조 부세府稅로 부과할 수 있는 것은 다음과 같다.

일. 국세國稅 및 도세道稅의 부가세

이. 특별세

제41조 3개월 이상 부내에 체재하는 자는 수세를 납입할 의무를 진다.

제42조 부내에 주소가 없거나 3개월 이상 체재하지 않더라도 부내에서 토지 가옥 건물을 소유해 사용하거나 점유해, 부내에 영업소를 두고 영업을 하거나 부내에서 특정한 행위를 한 자는 그 토지 가옥 건물 영업, 그 수입에 대해 부세를 부과할 수 있다.

제43조 납세자가 부외府外에서 소유해 사용하고 점유하는 토지 가옥 건물, 그 수입 또는 부외에서 영업소를 지닌 영업, 그 수입에 대해서는 부세를 부과할 수 없다.

부 내외에서 영업소를 두고 영업하고, 그 영업 수입에 대한 본세本稅를 나눠서 납부하지 않는 자에 대해 부과세를 부과할 경우, 체재하는 주소가 내외에 걸친 자의 수입은 토지 가옥 건물 영업소를 둔 영업에서 생긴 수입이 아닌 것에 대해 부세를 부과하는 경우에 대해서는 조선총독이 이를 정한다.

제44조 합병 후 존속하는 법인 또는 합병으로 설립한 법인은 합병으로 소멸한 법인에 대해, 그 합병 전의 사실에 대해 납세할 의무를 진다.

상속인 또는 상속재단은 조선총독이 정한 바에 따라 피상속인에 대해 그 상속 개시 전의 사실에 대해 납세할 의무를 진다.

제45조 부세 부과에 관해 필요가 있을 경우에 해당 관리 또는 이원吏員은 가택 혹은 영업소를 임검臨檢하거나 장부를 검사할 수 있다.

앞항의 경우에는 해당 관리 또는 이원吏員은 그 신분을 증명해야 할 증표를 휴대해야 한다.

제46조 부세, 기타 부에 속하는 징수금은 도道징수금 다음으로 선취先取 특권을 지닌다. 그 추징 및 환부에 대해서는 국세에 따른다.

제47조 부세, 사용료, 수수료 및 영조물營造物의 사용방법에 관한 사항에 따라 법령에 규정이 있는 것을 제외하고, 그 이외에는 부조례로 이를 정해야 한다. 그 부조례 중에 80원 이하의 과태료를 부과하는 규정을 정할 수 있다.

제48조 본령本令에 규정하는 것 이외에 부세府稅, 부역현품夫役現品, 사용료, 수수료, 기타 본령에 따른 징수금 및 그 부과징수에 관해 필요한 사항은 조선총독이 이를 정한다.

제49조 부는 그 부채를 상환하기 위해 부府의 영구적 이익을 시행해야 한다. 자연사태의 경우 필요시에 부채를 발행할 수 있다.

부는 예산 내의 지출을 위해 일시적으로 차입금을 쓸 수 있다.

앞항의 차입금은 그 회계 연도 내의 수입으로 이를 상환해야 한다.

제50조 부는 회계 연도마다 세입, 세출 예산을 정해야 한다.

부府의 회계 연도는 정부의 회계 연도에 따른다.

제51조 부비府費로 지불(지변支辨)하는 사건에 대해 수년마다 그 비용을 지출해야 되는데, 그 해 각 연도의 지출액을 정해 계속비로 정할 수 있다.

제52조 부는 특별회계를 제정할 수 있다.

제53조 부의 수입금 및 지급금에 관한 시효時效에 대해, 정부의 수입금 및 지불금에 따른다.

제54조 본령에 규정한 것 이외에, 부의 재산에 관해 필요한 사항은 조선총독이 이를 정한다.

제55조 부의 경제 중 내지인 교육 및 조선인 교육을 목적으로 하는 것은 각각 이것을 특별경제로 해 일반경제에서 분별한다.

특별경제 비용은 그 특별경제에 속하는 재산에서 생긴 수입, 사용료, 수수료, 기타 수입으로 충당하고 부족할 때는 부세府稅 및 부역현품夫役現品을 부과 징수할 수 있다.

특별경제에 속하는 비용 중 특히 필요가 있는 것은 조선총독이 정하는 바에 따라, 일반경제에서 이를 지불할 수 있다.

제56조 앞 조 제2항의 부세府稅 및 부역현품夫役現品은 내지인 교육을 목적으로 하는 특별경제에서는 이를 내지인에게, 조선인 교육을 목적으로 하는 특별경제에서는 이를 조선인에게 부과한다.

제57조 특별경제에 관한 사건을 의결하기 위해 제1교육부회 및 제2교육부회를 두어, 제1교육부회는 의장 및 내지인 부회의원을, 제2교육부회는 의장 및 조선인 부회의원으로 이를 조직한다.

제1교육부회 및 제2교육부회의 의장은 부윤이 맡는다.

제1교육부회는 내지인 교육을 목적으로 하는 특별경제에 관한 사무를, 제2교육부회는 조선인 교육을 목적으로 하는 특별경제에 관한 사건을 의결한다.

제58조 제13조 내지 제20조의 규정은 교육부회에 이를 준용準用한다.

제59조 본령에 규정하는 것 이외에, 특별경제 및 교육부회에 관해 필요한 사항은 조선총독이 이를 정한다.

제60조 부는 1차적으로 도지사, 2차적으로 조선총독이 이를 감독한다.

감독관청은 부의 감독상 필요한 명령을 내리거나 처분할 수 있다.

제61조 부에서 법령에 따라 부담하거나 해당 관청의 직권으로 명하는 비용을 예산으로 올릴 수 없을 때, 도지사는 이유를 제시하고 그 비용을 추가할 수 있다.

도지사는 부府의 예산 중 부당하다고 인정되는 것이 있을 때, 조선총독의 지휘를 받아 이를 삭감할 수 있다.

제62조 조선총독은 부회府會의 해산을 내릴 수 있다.

부회를 해산할 경우 3개월 이내에 의원 선거를 해야 한다. 단지 특별한 사유가 있을 때, 조선총독은 그 기간에 대해 특례를 정할 수 있다.

제63조 도지사는 기일期日을 정해서 부회 또는 교육부회의 정회停會를 지시할 수 있다.

제64조 본령本令에 규정하는 것 이외에, 부府 감독에 관해 필요한 사항은 조선총독이 이를 정한다.

제65조 본령本令 중 관리에 관한 규정은 대우待遇관리에게 이를 적용한다.

본령本令은 1931년 4월 1일부터 이를 시행한다.

현행 도제道制를 시행하는 날까지는 제40조 중 도세道稅란 지방세, 제46조 중 징수금 이란 도지방비의 징수금을 말한다.

본령 시행 시에 필요한 규정은 조선총독이 이를 정한다.

부府의 사무 분담

부의 사무를 집행하기 위해 평양부에는 부윤府尹 밑에 이사관理事官, 산업주사産業主事, 토목기사, 시학視學, 속屬, 기수技手, 세무리稅務吏, 삼림주사, 산업기수産業技手, 도지방비 이원吏員인 지방서기, 이원吏員, 전기기사, 위생기사, 서기, 서기보, 건축기수, 수도기수, 위생기수, 토목기수, 토목기수보土木技手補, 전기기수, 전기기수보, 부립도서관 및 박물관에 주사, 서기, 직업소개소에 서기, 공익公益전당포에 서기, 촉탁囑託 등을 두고, 부府의 사무 분담을 다음처럼 정한다.

평양부 처무處務 규정

제1장 부 사무분담

제1조 평양부청에 서무계, 내무과, 토목과, 전기과, 재무과, 도서관 및 박물관을 둔다.

제2조 서무계에서는 아래의 사무를 관장한다.

일. 어진영御眞影 봉호奉護에 관한 사항

이. 기밀機密에 관한 사항

삼. 직무의 진퇴 신분에 관한 사항

사. 포상 의식에 관한 사항

오. 사급思給 은퇴료 급여금에 관한 사항

육. 관인官印 · 공인公印의 관수管守에 관한 사항

칠. 문서의 수수발송授受發送 및 보관에 관한 사항

팔. 도서 보관에 관한 사항

구. 간행물에 관한 사항

십. 공고식公告式에 관한 사항

십일. 숙직宿直 및 부청府廳 취체取締(단속)에 관한 사항

십이. 국비, 지방비, 부비, 학교조합비, 학교비 및 향교鄕校 재산의 회계에 관한 사항

십삼. 현금 유상증권 예금증서 및 물품의 출납보관에 관한 사항

십사. 재산 관리 및 처분에 관한 사항

십오. 통계에 관한 사항

십육. 병사兵事에 관한 사항

십칠. 영선營繕[38]에 관한 사항

십팔. 타과他課의 주관主管에 속하지 않는 사항

제3조 내무과에서는 아래의 사무를 관장한다.

일. 부府 · 학교조합 · 학교비 및 향토재산에 관한 사항

이. 학교직원의 진퇴進退 신분에 관한 사항

삼. 교육 학예에 관한 사항

사. 구휼 자선에 관한 사항

오. 사사社寺(신사, 절) 종교 및 형사亨祀에 관한 사항

육. 사회사업에 관한 사항

칠. 지방개량에 관한 사항

팔. 공설운동장에 관한 사항

구. 도축장에 관한 사항

십. 공회당에 관한 사항

십일. 경비에 관한 사항

십이. 위생에 관한 사항

십삼. 호적 및 주거에 관한 사항

십사. 인감 및 신분 증명에 관한 사항

38) 건축물 등을 새로 짓거나 수선(修繕)하는 일.

십오. 상공업, 삼림森林, 수산 및 광업, 기타 산업에 관한 사항

십육. 군수공업 동원動員에 관한 사항

십칠. 도량형에 관한 사항

제3조 2 토목과에서는 아래의 사무를 관장한다.

일. 도시계획에 관한 사항

이. 시구市區 정리에 관한 사항

삼. 공원에 관한 사항

사. 도로, 하천, 제방 및 하수下水에 관한 사항

오. 나룻배에 관한 사항

육. 교통에 관한 사항

칠. 토지 수용收用에 관한 사항

팔. 상수도에 관한 사항

제4조 전기과에서는 아래의 사무를 관장한다.

일. 전기 공급에 관한 사항

이. 전차 궤도軌道에 관한 사항

제5조 재무과에서는 아래의 사무를 관장한다.

일. 국세, 지방세, 부세, 학교조합비 및 학교비의 부과 징수에 관한 사항

이. 사용료, 수수료, 기타 세금 외 여러 수입의 조사 및 수납에 관한 사항

삼. 세법 위반자의 처분에 관한 사항

사. 토지대장 및 지적도地籍圖에 관한 사항

오. 임야대장 및 임야도林野圖에 관한 사항

육. 자원 조사에 관한 사항

칠. 세무에 관한 면허증, 허가장 및 감찰鑑札 교부에 관한 사항

팔. 세무통계에 관한 사항

구. 금융기관에 관한 사항

십. 지방경제에 관한 사항

제5조 2 도서관에서는 도서의 소장, 위탁 및 열람에 관한 사항을 관장한다.

제5조 3 박물관에서는 박물의 소장, 위탁 및 관람에 관한 사항을 관장한다.

제6조 분담 사하에 관하여 의의擬議가 있을 때에는 부윤이 이를 결정한다.

제7조 ○○계에 계주임係主任, ○○과에 과장課長, ○○관에 관장을 둔다.

계주임, 과장 및 관장(이하에서는 계 · 과 · 관을 과로 통괄하며, 계주임 · 과장 · 관장을 과장으로 통칭)은 부윤의 지시를 받아 소관 사무를 관장하며, 계 · 과 및 관원은 상사의 지시를 받아 서무 또는 기술에 종사한다.

정리町里조합

면의 구장區長처럼 공인된 직분은 아니기 때문에 부제府制에는 아무런 규정이 없지만, 평양부에는 정리町里조합이 있다. 정리조합은 사실상, 부제府制의 보조 기관으로 부府의 행정 시행상 다대한 편익을 제공하고 있다. 그리고 부府에서는 정리조합에 대해서 다음과 같은 준칙적 규약을 정했는데, 각 정리町里에서 각각 그 정리町里의 사정을 감안해서 별도로 규약을 정했다.

정리町里조합

제1조 평양부 각 정리町里에 조합을 만들어, 조합장 1명, 부조합장 약간 명을 둔다. 부조합장의 인수는 부윤이 이를 지정한다. 정리町里의 대소大小, 호수의 다과多寡에 따라 정리町里를 분합해서 조합장 및 부조합장을 두는데, 부조합장을 두지 않는 것도 가능하다. 이 경우에는 이를 지정한다.

제2조 조합은 부의 행정을 보조한다. 조합사무의 개목概目은 다음과 같다.

일. 법령, 기타 일반에게 주지周知를 필요로 하는 사항을 정리町里 안의 각호各戶에 전달하는 일

이. 정리町里 거주자들의 융지친목融知親睦을 도모하고, 정리町里의 평화를 유지하는 일

삼. 공중위생을 유지하는 것

사. 전염병을 예방하는 것

오. 도로구거道路溝渠를 청결하게 하는 것

육. 가로街路, 기타 필요한 곳의 식수植樹를 장려하고, 이를 보호하는 것

칠. 항상 화재 및 도난을 예방 주의할 것

제3조 조합은 조합 사무를 총리總理하며, 외부에 조합을 대표하는 자로 한다.

제4조 부조합장은 조합장을 보좌하며, 조합장의 사고 시에 이를 대리한다.

한 정리町里에 2명 이상의 부조합장이 있을 때는 각 담당구역을 정할 수 있다.

제5조 조합장 및 부조합장은 정리에서 이를 선정한다.

조합장 및 부조합장은 질병, 기타 어쩔 수 없는 경우를 제외하고는 사직할 수 없다.

제6조 조합장 및 부조합장 각각 명예직으로 한다.

제7조 조합장 및 부조합장의 임기는 2개년으로 한다.

관공서官公署

평양에서 중요한 관공서로는 평안남도, 평양부, 대동군, 평양경찰서, 대동경찰서, 평양토목출장소, 평양우체국, 평양운수사무소, 평양전매지국, 평양세관지서, 평양복심覆審법원, 평양지방법원, 평양복심법원 검사국, 평양지방법원 검사국, 평양공탁국, 평양형무소, 보병 제39여단, 보병 제17연대, 평양비행 제6연대, 평양헌병대, 평양위수衛戍병원, 평양병기兵器제조소, 해군연료창海軍燃料廠 평양광업부 등이 있다.

교육기관으로는 평양사범학교, 평양의학醫學강습소, 중학교, 고등보통학교, 고등여학교, 여자고등보통학교,[39] 상업학교, 농업학교, 공업보습학교, 소학교, 보통학교, 여자보통학교, 그리고 각종 사립학교가 있다. 권업勸業기관으로는 관립에 평양남도물산진열소, 평안남도 종묘장, 평안남도잠업취체소蠶業取締所, 잠업전습소蠶業傳習所, 평안남도원잠종原蠶種제조

39) 보통학교 및 고등보통학교는 각각 조선인용 초등 및 중등교육기관이며, 소학교는 일본인용 초등교육기관, 중학교는 일본인 남성용 중등교육기관, 고등여학교는 일본인 여성용 중등교육기관이다. 참고로 대만과 달리 식민지 조선에는 고등학교에 해당하는 교육기관이 없었기에 경성제국대학을 만들 때 이 문제를 해결하기 위해 1924년 경성제국대학 예과(豫科, 2년제)를 만들어야만 했다.

소, 평안남도농회農會 등이 있으며, 사설私設 상공단체로는 평양상공회의소를 비롯해, 여러 중요물산 조합 등이 있다. 그 외에 은행, 회사, 상점, 시장, 공장, 병원, 사사社寺(신사, 절), 교회, 신문사 등 도시의 각종 기관이 정비돼 있고, 시가지에는 수도水道, 와사瓦斯(가스), 전등, 전화, 승합자동차, 공중空中여객기 등의 설비가 있다.

재정財政

역사가 오래된 구시가지舊市街地와 마찬가지로 산업 · 교육 · 군사상, 중요한 신흥도시로 매년 성장하고 있는 평양부의 재정은 그 지방의 급속한 진전으로 자연히 팽창할 수밖에 없다. 교육 · 위생 · 토목 · 산업 · 사회사업 등 인구의 증가, 시가지의 발달에 동반해, 앞으로 운영해야 할 시설이 많아질 것이다. 특히 제반 도시시설, 내지인 교육기관(원래 학교조합비, 즉 지금의 부 특별경제 제1부) 및 조선인 교육기관(원래 학교비, 즉 지금의 부 특별경제 제2부)같이 매년 막대한 팽창이 필요하며, 부府 당국에서는 재정 개선에 예의銳意 주시하고 있다. 그리고 평양부에서는 지난해에 솔선하여 전기사업의 부영府營을 단행한 결과, 부민은 이익을 얻게 되었다. 한편으로 부府는 거액의 채권을 발행해 1930년에는 220만 3,399원의 전기 전차 및 승합자동차 사업 부채府債를 지녔고, 이외에도 토목비 부채府債 20만 1,780원, 상수도비 부채府債 5만 7,821원, 합계 부채府債 총액 246만 3천원에 달한다. 현재 다음처럼 평양부의 재정상황을 제시하여, 세입 · 세출 · 조세공과租稅公課 각 항목의 통계를 제시하고자 한다.

세입

국고 세입(國庫歲入 : 1929년도)(단위 : 원)

과목	조정제액(調定濟額)	수입제액(收入濟額)	미납 결손액	수입 미제액(未濟額)
지세(地勢)	27,942	27,942	-	-
소득세	9,365	9,365	-	-

영업세	64,888	64,811	77	-
광세(鑛稅)	1,751	1,751	-	-
연초(煙草)경작세	4	4	-	-
주세(酒稅)	1,119,994	1,119,994	-	-
설탕소비세	1,835,636	1,835,636	-	-
조세(租稅) 합계	3,059,581	3,059,504	77	-
인지수입	45	45	-	-
관유물(官有物) 불하대(拂下代)	3	3	-	-
징벌 및 몰수금	868	868	-	-
잡입(雜入)	51	49	2	-
잡수입 합계	967	965	2	-
합계	3,060,548	3,060,469	79	-
임시부(臨時部) 토지 불하대	105	105	-	-
총계	3,060,653	3,060,574	79	-

지방비 세입(1929년도)(단위 : 원)

과목	조정제액(調定濟額)	수입제액(收入濟額)	미납 결손객	수입 미제액(未濟額)
지방부가세	19,503	19,503	-	-
가옥세	53,628	52,891	136	551
소득세 부가세	2,435	2,435	-	-
특별소득세	192	192	-	-
도축세	21,873	21,873	-	-
부동산취득세	22,462	21,520	86	856
차량세	20,854	19,270	713	871
지방세 합계	140,947	137,684	985	2,278
사용료 수수료	1,260	1,114	60	86
물품매각대(자동차 표시판)	1,032	1,032	-	-
잡수입	2,292	2,146	60	86

임시부 과년도(過年度) 수입(과년도 지방세)	1,437	1,149	288	-
동(同)(과년도 제(諸)수입)	50	39	11	-
임시부 합계	1,487	1,188	299	-
총계	144,726	141,018	1,344	2,364

부(府) 세입(1929년도)
경상부(經常部)(단위 : 원.전)

종별	세부 종별	결산액	예산액
부세(府稅)	지방부가세	16,626.95	16,903
	소득세 부과세	2,259.53	880
	영업세 부과세	64,310.57	52,837
	가옥세 부가세	52,753.55	52,000
	차량세 부가세	18,693.42	19,148
	특별소득세 부가세	79.48	34
	특별영업세	11,327.46	10,655
	잡종세	11,381.40	12,693
	호별(戶別)세	44,707.60	41,593
	합계	222,139.96	206,743
사용료 및 수수료	격리병사(病舍) 수입	104.00	10
	공회당 수입	1,134.20	965
	물산장 사용료	4,282.32	4,385
	시장 사용료	3,943.50	3,650
	도로 사용료	1,379.78	1,860
	공원 사용료	207.14	218
	운동장 사용료	591.23	816
	도서관 사용료	633.41	325
	박물관 사용료	335.34	424
	수도 사용료	214,232.13	226,245

	급수 설비료	45,495.51	29,428
	독촉수수료	1,855.35	1,544
	합계	274,191.91	269,670
교부금	국세 교부금	12,267.53	10,488
	지방세 교부금	2,902.22	2,606
	학교비 교부금	1,213.73	1,205
	합계	16,383.48	14,299
재산수입	경사기념 적립금 수입	40.10	39
	대전(大典)기념 부청사 건설 준비 적립금 수입	1,176.82	1,160
	구조비 적립금 수입	66.39	65
	충혼비 적립금 수입	44.06	44
	기본재산 수입	1,547.75	2,204
	공설주택 건설비 적립금 수입	50.97	50
	은퇴료 유족 부조료 기본금 적립금 수입	52.14	51
	전기사업 개량확장 공채 상환준비 적립금 수입	162.76	160
	합계	3,140.99	3,773
수입증지(證紙) 수입		35,758.15	35,532
전기 수입	사용료 및 수수료	555,411.82	554,541
	매품(賣品) 및 매절(賣切) 공사수입	43,351.85	35,996
	잡수입	8,429.08	2,809
	합계	607,192.75	593,346
전차수입	승객 수입	223,078.19	212,280
	화물 수입	1,015.45	2,250
	광고료 수입	710.00	700
	잡수입	9,233.64	6,300
	합계	234,037.28	221,530
공익전당포 수입		5.58	2,000
위탁사업 수입		1,568.80	1,580

잡수입	물품 매각대	39,740.37	61,760
	변상금	-	50
	운용금 이자	4,824.01	7,300
	잡수입	3,754.28	3,590
	합계	48,318.66	73,700
경상부 합계		1,442,737.56	1,421,173

임시부(臨時部)

종별	세부 종별	결산액	예산액
이월금		127,436.54	83,500
보조금	국고 보조금	51,250.00	52,719
	지방비 보조금	30,548.13	30,831
	합계	81,798.13	83,550
기부금		14,366.45	15,060
과년도 수입	부세(府稅)	8,227.13	6,572
	잡수입	9,757.99	1,914
	합계	17,985.12	8,486
재산 매각대		14,527.35	34,357
기채(起債)		1,013,000.00	1,033,000
임시부 합계		1,269,113.59	1,257,953
세입 합계		2,711,851.15	2,679,126

세출

부(府) 세출(1929년도)

경상부(經常部)(단위 : 원.전)

종별	결산액	예산액
사무비	117,577.54	121,548

토목비	32,253.97	35,526
전염병 예방비	9,995.98	10,030
검징비(檢徵費)	1,000.00	1,000
격리병사비	3,423.52	2,824
오물 청소비	75,828.42	79,421
살수비(撒水費)	7,841.37	8,340
수도비	116,778.55	113,451
도축장비	7,402.56	8,205
묘지 및 화장비	1,666.39	2,579
공원비	3,738.02	4,013
공회당비	1,666.17	2,475
사회사업비	34,431.50	36,925
경비비	29,717,09	31,213
재산관리비	5,658.04	5,691
식수비(植樹費)	50.00	110
권업비(勸業費)	5,544.14	8,882
전기비	311,380.69	310,106
전철비	132,069.69	132,177
도서관 및 박물관비	16,450.55	17,028
잡지출	11,527.43	9,693
예비비	-	44,480
경상부 합계	926,011.55	985,717

임시부(臨時部)

종별	결산액	예산액
토목비	33,271.33	38,964
오물 청소비	1,004.65	1,650
수도비	2,225.07	2,191

도축장비	1,799.48	1,800
묘지비	62.90	15,000
공원비	13,937.07	13,597
사회사업비	36,053.86	36,380
경비비	7,362.50	7,363
전기비	58,007.50	59,255
전차비	8,996.13	8,336
박물관비	400.00	1,420
적립금	61,749.18	61,730
기부 및 보조	8,150.00	9,500
부채비(府債費)	1,106,195.98	1,115,908
제2기 시구(市區)개정비, 본년도 지출액	120,487.00	120,000 15,008.46(이월액 사용)
시가지 건설비, 본년도 지출액	129,273.77	180,000
하천개수비 분담액	13,000.00	10,000
선거비	1,453.70	2,000
구역확장 기념비	5,756.75	5,500
위생비	337.00	338
토지매수비	2,476.80	2,477
임시부 합계	1,611,800.32	1,693,409
세출 총계	2,537,811.87	2,697,126

학교조합 세입(단위 : 원)

(1929년도, 학교조합비는 주로 내지인 교육을 목적으로 한 것으로, 현재는 부 특별경제 제1부에 속한다).

과목	조정제액(調定濟額)	수입제액(收入濟額)	미납 결손액	수입 미제액(未濟額)
호별 할당(戶別割)	97,273	93,501	283	3,489
조합비	97,273	93,501	283	3,489
학교수업료	31,980	31,705	-	185
여러 수수료	862	698	16	148

기숙사 사용료	3,036	3,036	-	-
사용료 및 수수료	35,788	35,439	16	333
기본재산 수입	7,472	5,956	-	1,517
고등여학교 체육 장려비 적립금 수입	3	3	-	-
재산 수입 합계	7,476	5,959	-	1,517
토지대여료	6,232	4,835	-	1,397
물품매각대	10	10	-	-
잡입(雜入)	776	776	-	-
잡수입 합계	7,018	5,621	-	1,397
총계	147,555	140,520	299	6,736

학교비 세입(단위 : 원)

(1929년도, 학교비는 주로 조선인 교육을 목적으로 한 것으로, 현재는 브 특별경제 제2부에 속한다).

과목	조정제액(調定濟額)	수입제액(收入濟額)	미납 결손액	수입 미제액(未濟額)
가옥세 부과금	18,477	18,236	78	163
호별 할당(戶別割)	43,252	40,132	1,626	1,494
부과금액	61,729	58,368	1,704	1,657
수업료	58,858	58.742	-	116
독촉 수수료	1,290	909	263	118
사용료 및 수수료	60,148	59,651	263	234
기본재산 수입	580	435	-	154
재산수입 합계	580	435	-	154
총계	122,457	118,454	1,967	2,036

조세공과租稅公課

직접세 부담액(1929년도)

종별			3내지인	조선인	외국인	합계
호수			8,120	28,393	602	37,115
인구			27,438	127,402	1,602	156,442
부담액	국세		68,303	31,103	4,299	103,705
	지방세		49,254	66,239	4,032	119,525
	부세		126,805	100,369	9,117	236,291
	학교조합비		97,481	-	-	97,481
	학교비		-	61,947	-	61,947
	합계		341,843	259,658	17,448	618,949
평균 부담액	국세	1호당	8.410	1.095	7.141	2.605
		1인당	2.489	0.244	2.683	0.662
	지방세	1호당	6.065	2.332	6.698	3.220
		1인당	1.795	0.519	2.517	0.764
	부세	1호당	15.616	3.534	15.145	6.366
		1인당	4.621	0.787	5.691	1.510
	학교조합비	1호당	12.005	-	-	12.005
		1인당	3.552	-	-	3.552
	학교비	1호당	-	2.181	-	2.181
		1인당	-	0.486	-	0.486
	합계	1호당	42.099	9.145	2.8985	16.676
		1인당	12.459	2.038	1.0892	3.956

지세地稅

민유(民有 : 사유) 과세지(課稅地)(1930년 4월 1일 현재)

지목(地目)	지적(地積 : 평)	지가(地價 : 원)	세액(원	지번수(地番數)	납세 인원
논	1,981,608	135,960 △130,310	2,311 △ 2,215	1,405	-
밭	37,483	2,796 △ 2,796	47 △ 47	21	-
대(垈)	838,251	1,712,416 △1,596,150	29,111 △27,134	8,075	-
지소(池沼)	-	-	-	-	-
잡종지	25,898	11,817 △ 9,399	200 △ 159	42	-
합계	2,883,240	1,862,989 △1,738,655	31,670 △ 29,557	9,543	4,901

△표시는 과세표준지가(地價) 및 이에 대한 세액임.

기타 토지(1930년 4월 1일 현재)

지목(地目)	면세지(免稅地)		민유(民有) 비과세지		국유지		합계	
	지적(地積)	지번수	지적	지번수	지적	지번수	지적	지번수
논	78,852	25	-	-	269,720	106	348,572	131
밭	-	-	-	-	-	-	-	-
대(垈)	166,207	117	-	-	529,727	182	695,934	299
지소(池沼)	-	-	-	-	-	-	-	-
잡종지	11,508	11	-	-	173,563	24	185,071	35
임야	-	-	46,952	24	129,285	24	176,237	48
신사, 절	-	-	20,235	63	6,551	6	26,786	69
철도용지	-	-	-	-	542,343	88	542,343	88
철도선로	-	-	-	-	19,968	27	19,968	27
수도(水道)용지	-	-	-	-	47,602	3	47,602	3

도로	-	-	57,337	348	48,195	507	105,532	1,158
공원지	-	-	348	1,167	-	-	348	7
제방	-	-	1,167	14	1,126	3	2,293	17
구거(溝渠)	-	-	235	5	817	4	1,042	9
분묘지	-	-	29,611	8	700	1	30,241	9
합계	256,567	153	155,885	772	1,769,517	975	2,181,969	1,900

소득세

종류별 법인세(1930년 4월 1일 현재)

법인 종류	법인 수	공칭 자본금(원)	납입된 자본금(원)
주식회사	19	9,353,000	2,957,500
합자회사	20	654,110	592,385
합명(合名)회사	3	100,000	100,000
합계	42	10,107,110	3,649,885

사무처리 상황(1929년도)

법인 종별	법인 수	사업연도 수			소득세액			
		요처리	처리완료	익년 이월	보통소득	초과소득	청산소득	합계
주식회사	19	31	32	-	5,313	2,610	-	7,923
합자회사	20	25	25	-	641	661	-	1,302
합명회사	3	4	4	-	138	-	-	138
합계	42	61	61	-	6,092	3,271	-	9,363

영업세

업명별(業名別) 결정액(1930년도)

영업명	인원	장수(場數)	과세표준액(원)	세액
물품판매	1,479 × 52	1,479 × 52	갑(甲) 9,849,910 을(乙) 20,220,023 소(小) 10,497,271	28,668.64
은행	1	1	자본 266,829 예금 1,417,452	612.01
보험	1	1	자본 880 보험료 6,200	4.95
무진(無盡)[40]계	1	1	자본 68,200 계금(掛金) 522,000	413.14
금전 대부	91 × 26	91 × 26	296,195	3,554.32
물품 대부	6 × 11	6 × 11	15,760	110.32
제조	180 × 5	180 × 5	갑 2,657,400 을 16,829,147	23,206.56
전기공급	1	1	652,000	2,151.60
운송	27 × 2	27 × 2	720,700	936.91
운송취급	4 × 7	4 × 7	121,006	1,210.06
창고	× 5	× 5	25,560	135.45
청부(請負)	109 × 6	109 × 6	4,102,500	5,333.25
인쇄	20	20	163,200	212.16
사진	11	11	33,500	43.55
건물 대여	× 1	× 1	2,000	13.40

40) 무진(無盡) : 상호신용계(相互信用契).

여인숙	49 × 3	49 × 3	196,200	922.14
요리점	28 × 1	28 × 1	453,700	3,039.79
주선(周旋)	11	11	8,390	83.90
대리(代理)	13 × 11	13 × 11	63,221	632.21
중개업	8 × 2	8 × 2		117.60
도매상	72 × 21	72 × 21		2,432.34
신탁	1	1		19.00
합계	2,113 × 153	2,113 × 153	-	73,853.30

※비고 : ×표시는 겸무업수(兼務業數).

부(附)1 법인(法人)의 부(部)

영업명	인원	장수(場數)	과세표준액(원)	세액(원.전)
물품판매	58 × 4	58 × 4	갑(甲) 4,856,210 을(乙) 4,913,323 소(小) 1,373,721	6,538.88
은행	1	1	자본 266,829 예금 1,417,452	612.01
보험	1	1	자본 880 보험료 6,200	4.95
무진계	1	1	자본 68,200 계금(掛金) 522,000	413.14
금전대부	3 × 5	3 × 5	51,765	621.16
물품대부	× 2	× 2	1,300	9.10
제조	14 × 1	14 × 1	갑 538,600 을 11,608,047	15,359.73
전기공급	1	1	652,000	2,151.60

운송	4 × 1	4 × 1	380,000	494.00
운송취급	2 × 3	2 × 3	95,906	959.06
금고	× 3	× 3	10,210	54.10
청부(請負)	6	6	1,016,800	1,321.84
인쇄	2	2	20,000	26.00
여인숙	1	1	4,000	18.80
요리점	1	1	11,000	73.70
대리	2 × 5	2 × 5	29,481	294.81
중개업	× 1	× 1	1,770	17.70
도매상	3 × 1	3 × 1	83,194	831.94
신탁	1	1	1,900	19.00
합계	101 × 26	101 × 26	-	29,821.52

※비고 : ×표시는 겸무업수(兼務業數).

부(附)2 내지인(內地人)의 부(部)

영업명	인원	장수(場數)	과세표준액(원)	세액(원.전)
물품판매	445 × 30	445 × 30	갑 896,200 을 7,093,200 소 3,801,250	9,175.90
금전대부	29 × 9	29 × 9	107,000	284.00
물품대부	4 × 6	4 × 6	12,320	86.24
제조	52 × 4	52 × 4	을 1,793,800	2,331.94
운송	16 × 1	16 × 1	188,200	1,244.66

운송취급	1 ×1	1 ×1	3,500	35.00
창고	×2	×2	15,350	81.55
청부(請負)	92 ×6	92 ×6	2,998,500	3,899.01
인쇄	10	10	97,700	127.05
사진	7	7	25,800	33.54
건물 대여	×1	×1	2,000	13.40
여인숙	30 ×2	30 ×2	150,900	709.23
요리점	16 ×1	16 ×1	283,000	1,896.10
주선(周旋)	7	7	4,750	47.50
대리	7 ×5	7 ×5	24,040	240.40
중개업	6 ×1	6 ×1	7,990	79.90
도매상	3 ×5	3 ×5	36,320	363.20
합계	725 ×74	725 ×74	-	20,647.42

※비고 : ×표시는 겸무업수(兼務業數).

부(附)3 조선인의 부(部)

영업명	인원	장수(場數)	과세표준액(원)	세액(원.전)
물품판매	921 ×18	921 ×18	갑 4,097,500 을 5,047,300 소 5,031,200	10,704.82
금전대부	59 ×12	59 ×12	137,430	1,649.16
물품대부	2	2	2,140	14.98

제조	108	108	갑 2,118,800 을 3,333,900	5,393.47
운송	7	7	152,500	198.25
운송취급	1 × 3	1 × 3	21,600	216.00
청부(請負)	7	7	62,900	81,77
인쇄	8	8	45,500	59.15
사진	4	4	7,700	10.01
여인숙	17 × 1	17 × 1	38,300	180.01
요리점	4	4	71,500	479.05
주선周旋	4	4	3,640	36.40
대리	4 × 1	4 × 1	9,700	97.00
중개업	2	2	2,000	20.00
도매상[41]	66 × 15	66 × 15	123,720	1,237.20
합계	1,214 × 53	1,214 × 53	-	20,377.27

※비고 : ×표시는 겸무업수(兼務業數).

부(附)4 외국인의 부

영업명	인원	장수(場數)	과세표준액(원)	세액(원.전)
물품판매	55	55	을 3,166,200 소 291,100	2,249.04
제조	6	6	을 93,400	121.42
청부	4	4	24,300	31.59
여인숙	1	1	3,000	14.10

41) 원문에는 '問'이 빠지고 '屋'이라고만 표기되었다. 다른 표와 대조하여 도매상(問屋)으로 번역했다.

요리점		7	7	88,200	590.94
합계		73	73	-	3,007.09

연액 500원 이상의 납세자(1930년도)(단위 : 원)

업별	종별	과세표준		세액	주소	씨명
현품판매업	식료잡화	을 소	1,110,000 25,000	696	대화정	고다 신스케(幸田信助)
동(同)	동(同)	을 소	845,000 5,000	513	이문리	히로타 데쓰지로(廣田鐵次郎)
동	미곡	갑	2,200,000	880	대찰리	이재순
제조업	고무신	을	407,000	529	수옥리	윤기례 외 1명
동	동(同)	을	407,000	529	교구정	최형준 외 1명
물품판매업	견면포(絹綿布)	을	1,086,000	651	죽전리	옥옥(玉鈺)
동	연초(煙草)	갑	1,297,582	519	죽전리	조선연초원매팔(煙草元賣捌)주식회사
동	견면포사(絲)	을	1,779,500	1,067	관후리	다카세(高瀨)합명(合名)회사
동	석탄	갑	901,000	590	본정(本町)	미쓰이(三井)물산주식회사
은행업		자본금 예금	266,829 1,417,452	612	남문정	야스다(安田)은행
제조업	당밀(糖蜜)	을	8,361,500	10,869	반교리	대일본제당주식회사 조선지점
동	소주	을	1,032,700	1,342	교구정	태평(太平)양조(釀造)주식회사
동	생사(生絲)	을	1,086,700	1,412	평천리	야마주(山十)제지(製紙)주식회사
전기공급업	전기	을	652,000	2,151	선교리	조선전기흥업주식회사
청부업	토목건축		500,000	650	본정(本町)	주식회사 나카히라구미(中平組)
운송취급업	철도		58,915	589	수정(壽町)	국제통운주식회사

주세酒稅

면허 인원 및 조석수(造石數)(1930년 9월 1일 현재)

종별	면허 인원	면허장 수	1930년도 예상 주조석수(酒造石數)(석(石))	총액(원)
청주(清酒)	6	6	7,140	214,200
비(非)조선 소주	4	5	26,024	416,384
조선 소주	24	24	33,761	540,176
감미 포도주	2	2	116	3,829
합계	-	-	67,041	1,174,588

주류판매자 및 누룩제조자 수(1930년 9월 1일 현재)

주류판매자 수	누룩 및 면자(麵子) 제조자			
	누룩	면자(麵子)	종국(種麴)	개량 면자(麵子)
1,863	1	6	1	2

설탕소비세

1927년도

종별		제조량(천 근)	과세 거래량(천 근)	세율(원.전)	세액(원)	면세 거래량(천 근)
설탕	2종	3,439	3,439	5.00	171,959	-
	3종	1,902	1,902	7.35	139,809	-
	4종	43,186	8,328	8.35	695.471	34,857
	구(舊) 5종	473	-	-	-	473
	합계	49,186	13,670	-	1,007,239	35,330
당밀(糖蜜)	2종 갑	284	-	-	-	330
	3종 갑	1,569	828	1.00	8,281	142
	합계	1,853	828	-	8,281	472

1928년도

종별		제조량(천 근)	과세 거래량(천 근)	세율(원.전)	세액(원)	면세 거래량(천 근)
설탕	2종	1,399	1,399	5.00	69,983	-
	3종	5,262	5,262	7.35	386,782	-
	4종	56,504	8,836	8.35	737.817	45,316
	구(舊) 5종	-	-	-	-	-
	합계	63,165	15,497	-	1,194,582	45,316
당밀(糖蜜)	2종 갑	390	-	-	-	106
	3종 갑	2,088	1,825	1.00	18,255	25
	합계	2,478	1,825	-	18,255	131

1929년도

종별		제조량(천 근)	과세 거래량(천 근)	세율(원.전)	세액(원)	면세 거래량(천 근)
설탕	2종	1,480	1,480	5.00	74,009	-
	3종	5,777	5,777	7.35	424,608	-
	4종	61,319	45,676	8.35	1,483,339	34,857
	구(舊) 5종	-	-	-	-	-
	합계	67,586	52,933	-	1,981,956	34,857
당밀(糖蜜)	2종 갑	503	-	-	-	590
	3종 갑	2,166	2,128	1.00	21,282	-
	합계	2,669	2,128	-	21,282	590

인지세印紙稅

1927년도

구분	상공업 종사 호수	수검(受檢) 연인원(延人員)	검사 연인원	검사 건물 수						
				계급 정액세	수취서	어음	통장	판취장	기타	합계
집합검사	-	803	6	184	4,800	11,016	790	970	5,120	22,880

특별검사	-	145	2	97	150	20	146	94	130	637
임시검사	-	206	40	380 △ 10	9,400 △ 77	2,800 △ 19	147 △12	120 △ 3	1,280	14,127 △121
합계	10,262	1,154	48	661 △ 10	14,350 △ 77	13,836 △ 19	1,083 △12	1,184 △ 3	6,530	37,644 △121

△표시는 범칙(犯則) 건수임.

1928년도

구분	상공업 종사 호수	수검(受檢) 연인원(延人員)	검사 연인원	검사 건물 수						
				계급 정액세	수취서	더음	통장	판취장	기타	합계
집합검사	-	470	8	230	11,235	3,996	1,073	507	140	22,181
특별검사	-	55	6	-	-	-	312	18	-	330
임시검사	-	172	34	420 △ 14	10,080 △ 84	3,500 △ 14	495 △37	80 △ 1	250	14,825 △150
합계	10,463	797	48	650 △ 14	21,315 △ 84	12,496 △ 14	1,880 △37	605 △ 1	390	37,336 △150

△표시는 범칙(犯則) 건수임.

1929년도

구분	상공업 종사 호수	수검(受檢) 연인원(延人員)	검사 연인원	검사 건물 수						
				계급 정액세	수취서	더음	통장	판취장	기타	합계
집합검사	-	288	15	4	2,396	13,352	1,018	266	475	17,511
특별검사	-	44	3	-	-	-	207	15	-	222
임시검사	-	513	36	494	11,008 △50	4,076	558 △76	177 △ 17	1,349 △ 8	17,662 △151
합계	10,578	845	54	498	13,404 △ 50	17,428	1,783 △76	458 △ 17	1,824 △ 9	35,395 △151

△표시는 범칙(犯則) 건수임.

지방세

지방부과세(1930년 4월 1일 현재)

과세표준(원)	세율	세액(원)	납세 인원
29,557	1원에 대해 70전	20,689	9,814

가옥세(家屋稅)(1930년 5월 1일 현재)

가옥세 배당 기본 호수(戶)	1호당 배당액(원)	세액(원)	납세 인원	가옥 건평(建坪 : 평)			
				벽돌 석조	목조 기와지붕	목조 초가 및 함석지붕	합계
26,426	2	52,863	11,977	25,914	202,786	70,831	299,531

소득세 부과세(1929년도 실적)

과세표준(원)	세율	세액(원)	납세 인원
9,365	본세 1원에 대해 17전	2,435	36

특별소득세(1929년도 실적)

과세표준(원)	세율	세액(원)	법인수(法人數)
9,365	본세 1원에 대해 17전	2,435	36

도축세(1929년도 실적)

도축 소(마리)	세율	세액(원)	납세 인원
7,291	한 마리 당 3원	21,873	1

부동산 소득세(1929년도 실적)

건수(건)	과세 표준가액(원)	세율	세액(원)	납세 인원
3,058	2,246,204	천분의 10	22,462	3,058

차량세(車輛稅)(1930년 5월 1일 현재)

종별	수량(대)	세율(원)	세액	납세 인원
인력거	117	3	351	-
자동차[42]	4,419	3	13,257	-
하적차(荷積車)	1,231	3	3,693	-
자동자전거	19	4	76	-
자동차	105	40	4,200	-
하적우차(荷積牛車)	191	8	1,528	-
하적마차(荷積馬車)	108	6	648	-
합계	6,190	-	23,753	5,465

부세府稅

지세(地稅) 부가세(1930년 4월 1일 현재)

과세 표준(원)	세율	세액(원)	납세 인원
29,557	본세 1원에 대해 60전	17,734	9,814

소득세 부가세(1929년도 실적)

과세 표준(원)	세율	세액(원)	납세 인원
12,084	100분의 7	2,305	43

영업세 부가세(1930년도)

과세 표준(원)	세율	세액(원)	납세 인원
59,737	본세 1원에 대해 95전	56,554	2,062
14,115	본세 1원에 대해 80전	11,292	51

42) 자동차가 두 번 나온다. 자전거의 오식 또는 오기로 보인다.

합계		67,846	2,113

가옥세 부가세(1930년 5월 1일 현재)

과세 표준(원)	세율	세액(원)	납세 인원
29,557	본세 1원에 대해 60전	17,734	9,814
52,863	1원에 대해 1원	52,863	11,914

차량세 부가세(1930년 5월 1일 현재)

과세 표준(원)	세율	세액(원)	납세 인원
23,753	인력거 1대에 대해 1원 자전거 1대에 대해 2원 기타 본세와 같은 액수	19,100	5,465

특별소득세 부가세(1929년도 실적)

과세 표준(원)	세율	세액(원)	법인수
192	17분의 7	79	2

특별영업세

업태(業態)	인원	과세 표준		세율	세액(원)
		구분	금액(원)		
물품판매	775 × 96	매상 금액	도매 을(乙) 24,000 소(小) 835,000 × 118,000	도매 을 만분의 6 소 만분의 12	도매 14 소 974 × 113
금전 대부	1 × 1	수입 금액	200 × 200	천분의 12	1 × 1
물품 대부	2	동同	420	천분의 7	2
제조	74 × 10	수입금액	갑 220,000 을 424,650 × 405,250	갑 만분의 5 을 만분의 13	갑 110 을 446 × 421

인쇄	2	동	5,000	만분의 13	6
사진	5	동	4,800	동	6
운송	4	동	27,000	동	35
전기공급	1	동	150,000 × 150,000	만분의 13	396 × 396
여인숙	57 × 13	동	40,800 × 7,270	만분의 47	184 × 27
하숙(임대)	4	동	4,500	만분의 28	12
목욕탕	22 × 1	동	62,560 × 970	만분의 47	293 × 3
이발	75 × 11	동	79,580 × 6,700	동	367 × 25
유기장(遊技場)	2	동	1,800	동	8
책대여	53 × 3	동	43,000 × 1,600	만분의 67	285 × 8
세탁	2	동	1,500	만분의 13	1
염색	4	동	6,000	동	7
유곽	8	동	52,000	천분의 5	310
건물 대여	55 × 9	동	254,660 × 4,310	천분의 13	3,299 × 44
청부	2	청부금액	34,10	동	44
주선	3 × 2	보상금액	600 × 400	천분의 10	5 × 3
중개업	4 × 3	동	960 × 760	동	8 × 6
도매상	9	동	2,700	동	27
합계	1,164 × 149		-		6,840 × 1,047

※비고 : ×표시는 신입(新入)구역에 속하며, 산출세액의 80%를 징수한다.

잡종세(1930년 4월 1일 현재)

종목		원수(員數)	세율	세액(원)	비고
축견		341마리	한 마리 당 3원	1,023	
예기(藝妓)	1등	548명	월액 1인당 3.50	2,268	
	2등	160명	월액 1인당 3.50	4,800	
	3등	2명	월액 1인당 1.50	36	
	4등	4명	월액 1인당 1.00	48	
	합계	-	-	7,152	
제흥업(諸興業)		평균 1일	12.00	4,380	기왕 3개년의 평균액
합계		-	-	12,555	

호별세(1930년 6월 1일 현재)

구분	세액(원)	납세 인원	면제 인원
내지인	25,111	4,266	398
조선인	21,788	6,745	14,285
외국인	2,009	211	-
합계	48,908	11,222	14,683

공과(公課)등급별 과율(課率)

등급	1인당 개수	소득 정도	호별세			학교조합비 호별 할당			학교비 호별 할당		
			1인당 부과액	인원	총액	1인당 부과액	인원	총액	1인당 부과액	인원	총액
1	2,000	5만 원 이상 또는 동등한 생활, 이하 동일	-	-	-	-	-	-	-	-	
2	1,800	45,000	-	-	-	-	-	-	-	-	-
3	1,600	40,000	-	-	-	-	-	-	-	-	-
4	1,400	36,000	-	-	-	-	-	-	-	-	-
5	1,200	33,000	-	-	-	-	-	-	-	-	-

6	1,000	30,000	-	-	-	-	-	-	-	-	-
7	900	27,000	-	-	-	-	-	-	-	-	-
8	800	24,400	320	1	320	1,280	1	1,280	-	-	-
9	700	22,400	-	-	-	-	-	-	-	-	-
10	600	20,600	240	2	480	960	1	960	480	1	480
11	550	18,900	-	-	-	-	-	-	-	-	-
12	500	17,400	200	1	200	-	-	-	400	3	1,200
13	450	16,000	-	-	-	-	-	-	360	1	360
14	400	14,700	160	2	320	640	1	640	220	1	320
15	360	13,500	144	2	288	-	-		288	2	576
16	330	12,400	132	6	792	528	1	528	264	4	1,056
17	300	11,400	120	5	600	480		480	240	5	1,200
18	270	10,500	108	5	540	-	-	-	216	5	1,080
19	240	9,700	96	8	768	384	5	1,920	192	3	576
20	220	8,900	88	11	968	352	3	1,056	176	5	880
21	200	8,200	80	8	640	320	3	960	160	7	1,120
22	180	7,300	72	13	936	288	6	1,728	144	7	1,008
23	160	6,900	64	17	1,088	256	9	2,304	128	6	768
24	145	6,300	58	20	1,160	232	14	3,248	116	5	580
25	130	5,800	52	18	936	208	9	1,892	104	7	728
26	215	5,300	46	27	1,242	184	18	3,312	92	9	828
27	100	4,900	40	35	1,400	160	22	3,520	80	13	1,040
28	90	4,500	36	32	1,152	144	21	3,024	72	11	792
29	80	4,200	32	38	1,216	128	21	2,688	64	16	864
30	70	3,900	28	47	1,316	112	29	3,248	56	18	1,008
31	60	3,600	24	48	1,152	96	32	3,072	48	14	672
32	50	3,300	20	73	1,460	80	34	2,720	40	37	1,480
33	45	3,000	18	75	1,350	72	21	1,512	36	25	900
34	40	2,800	16	77	1,232	64	45	2,880	32	31	992
35	35	2,600	14	113	1,582	56	67	3,752	28	43	1,204

36	30	2,400	12	99	1,188	48	55	2,640	24	44	1,056
37	26	2,200	10.4	129	1,134	41.6	81	3,369.6	20.8	45	936
38	22	2,000	8.8	155	1,364	35.2	91	3,203.2	17.6	62	1,091.2
39	20	1,900	8	132	1,056	32	79	2,528	16	40	640
40	18	1,800	7.2	152	1,094.4	28.8	93	2,678.4	14.4	53	763.2
41	16.5	1,700	6.6	90	594	26.4	58	1,531.2	13.2	32	422.4
42	15	1,600	6	189	1,134	24	130	3,120	12	57	684
43	13.5	1,500	5.4	229	1,236.6	21.6	126	2,721.6	10.8	101	1,090.8
44	12	1,400	4.8	204	979.2	19.2	163	3,129.6	9.6	39	374.4
45	11	1,300	4.4	251	1,104.4	17.6	178	3,132.8	8.8	73	642.4
46	10	1,200	4	275	1,100	16	197	3,152	8	75	600
47	9	1,100	3.6	218	820.8	14.4	178	2,563.2	7.2	50	360
48	8	1,000	3.2	358	1,145.6	12.8	223	2,854.4	6.4	130	831
49	7	950	2.8	190	532	11.2	110	1,232	5.6	78	436.8
50	6	900	2.4	325	780	8.6	191	1,900.8	4.8	122	585.6
51	5.5	850	2.2	253	556.6	8.8	141	1,240.8	4.4	111	488.4
52	5	800	2	423	846	8	231	1,848	4	185	740
53	4.5	750	1.8	378	680.4	7.2	174	1,252.8	3.6	200	720
54	4	700	1.6	556	889.6	6.4	277	1,772.8	3.2	270	864
55	3.5	650	1.4	497	695.8	5.6	154	862.4	2.8	340	952
56	3	600	1.2	740	888	4.8	156	1,228.8	2.4	470	1,128
57	2.5	550	1.0	669	669	4	144	576	2	524	1,048
58	2	500	0.8	1,111	888.8	3.2	195	624	1.6	904	1,446.4
59	1.5	450	0.6	1,084	650.4	2.4	137	328.8	1.2	935	1,122
60	1	400	0.4	1,279	511.4	1.6	115	184	0.8	1,371	1,096.8
61	0.8	350	-	-	-	-	-	-	0.64	1,551	9,926.4
62	0.6	300	-	-	-	-	-	-	0.48	1,540	739.2
합계	-	-	-	10,680	45,884.8	-	4,148	96,379.2	-	9,681	43,564.24

※비고 : 학교조합비 호별 할당은 내지인이 부담하는 현재 부(府) 특별경제 제1부 호별 할당, 학교비 호별 할당은 조선인이 부담하는 현재 부(府) 특별경제 제2부 호별 할당.

납세 성적

국세 징수 보합(歩合)(비율)

세목(稅目)	1927년도					1928년도					1929년도				
	1기	2기	3기	4기	연도 말	1기	2기	3기	4기	연도 말	1기	2기	3기	4기	연도 말
지세(地稅)	100	100	-	-	100	100	100	-	-	100	100	100	-	-	100
소득세	-	-	-	-	100	-	-	-	-	-	-	-	-	-	100
영업세	902	100	-	-	999	100	100	-	-	-	100	100			999
광세(鑛稅)	-	-	-	-	100	-	-	-	-	-	-	-	-	-	100
청주 주세(酒稅)	100	100	100	100	100	100	100	100	100	100	100	100	100	100	100
주세 기타	100	100	100	-	100	100	100	100	-	100	100	100	100	-	100
설탕소비세	-	-	-	-	-	-	-	-	-	100	-	-	-	-	100
평균	-	-	-	-	999	-	-	-	-	999	-	-	-	-	999

지방세 징수 보합(비율)

세목(稅目)	1927년			1928년			1929년		
	1기	2기	연도 말	1기	2기	연도 말	1기	2기	연도 말
지세 부가세	100	100	100	100	100	100	100	100	100
가옥세	701	634	991	709	629	983	724	724	986
소득세 부가세	-	-	-	-	-	-	-	-	100
특별부가세	-	-	-	-	-	-	-	-	100
도축세	-	-	-	-	-	-	-	-	100
부동산취득세	-	-	-	-	-	-	-	-	958
차량세	560	510	933	755	518	917			924
합계	-	-	973	-	-	978	-	-	976

부세(府稅) 징수 보합(비율)

세목(稅目)	1927년			1928년			1929년		
	1기	2기	연도 말	1기	2기	연도 말	1기	2기	연도 말
지세 부가세	921	1,000	1,000	990	1,000	999	997	995	998
소득세 부가세	-	-	1,000	-	-	995	-	-	980
영업세 부가세	837	957	993	923	943	993	898	891	982
가옥세 부가세	694	628	990	669	655	982	713	753	983
차량세 부가세	485	473	931	746	474	914	507	470	907
특별소득세 부가세	-	-	-	-	-	-	-	-	1,000
특별영업세	277	159	840	139	114	627	234	212	896
잡종세	-	-	768	-	-	824	-	-	796
호별세	366	418	930	450	461	946	447	448	953

학교조합비 징수 보합(비율)

세목(稅目)	1927년도					1928년도					1929년도				
	1기	2기	3기	4기	연도 말	1기	2기	3기	4기	연도 말	1기	2기	3기	4기	연도 말
호별 할당	334	385	406	423	926	470	466	435	464	964	419	462	505	503	961

학교비 징수 보합(비율)

세목(稅目)	1927년도			1928년도			1929년도		
	1기	2기	연도 말	1기	2기	연도 말	1기	2기	연도 말
호별 할당	221	200	917	262	280	936	236	381	927
소득세	677	595	991	691	645	984	739	724	945

체납滯納 상황

1. 국세(1929년도)

세목	구분	조정(調定)	체납	독촉전 납부	독촉장 발부	차압전 납부	재산 차압	처분전 납부	처분 징수	결손(缺損)	이듬해로 이월(移越)
지세(地稅)	인원	9,814	4	4	-	-	-	-	-	-	-
	세액	27,943	48	48	-	-	-	-	-	-	-
소득세	인원	30	25	21	4	4	-	-	-	-	-
	세액	9,365	3,599	3,465	133	133	-	-	-	-	-
영업세	인원	4,131	48	7	41	22	6	4	2	13	-
	세액	64,888	571	35	535	398	60	32	27	76	-
광세(鑛稅)	인원	2	-	-	-	9	-	-	-	-	-
	세액	3	-	-	-	1,508	-	-	-	-	-
연초 제작세	인원	2	-	-	-	1	-	-	-	-	-
	세액	3	-	-	-	1	-	-	-	-	-
주세(酒稅)	인원	30	-	-	-	-	-	-	-	-	-
	세액	1,119,994	-	-	-	-	-	-	-	-	-
설탕 소비세	인원	1	-	-	-	-	-	-	-	-	-
	세액	1,835,636	-	-	-	-	-	-	-	-	-

2. 지방세(1929년도)

세목	구분	조정	체납	독촉전 납부	독촉장 발부	차압전 납부	재산 차압	처분전 납부	처분 징수	결손	이듬해로 이월
지세 부가세	인원	9,814	3	3	-	-	-	-	-	-	-
	세액	19,503	21	21	-	-	-	-	-	-	-
소득세 부가세	인원	36	23	22	1	1	-	-	-	-	-
	세액	2,435	888	887	-	-	-	-	-	-	-
가옥세	인원	20,269	5,623	1,096	4,527	4,126	66	29	39	123	210
	세액	53,628	13,708	2,496	11,212	10,128	346	159	187	186	550

도축세	인원	1									-
	세액	21,873									-
차량세	인원	7,395	3,531	681	2,850	1,884	105	60	45	448	413
	세액	20,854	8,944	2,148	6,796	4,755	457	352	105	713	871
부동산 취득세	인원	2,703	1,292	549	743	547	42	20	22	33	121
	세액	22,462	10,925	3,201	7,724	6,499	282	175	107	86	855
특별 소비세	인원	2	1	1	-	-	-	-	-	-	-
	세액	192	192	192	-	-	-	-	-	-	-

3. 부세(府稅)(1929년도)

세목	구분	조정	체납	독촉전 납부	독촉장 발부	차압전 납부	재산 차압	처분전 납부	처분 징수	결손	이듬해로 이월
지세 부가세	인원	9,813	8	-	8	3					5
	세액	16,646	24	-	24	5					19
소득세 부가세	인원	43	29	21	8	7					1
	세액	2,305	1,121	1,052	69	24					45
영업세 부가세	인원	4,152	259	29	230	148	7	5	2	24	51
	세액	65,456	7,066	492	6,574	5,360	69	54	15	123	1,022
가옥세 부가세	인원	20,268	5,316	952	4,364	3,937	151	148	3	108	168
	세액	53,625	14,227	2,524	11,703	10,044	788	750	38	191	680
차량세 부가세	인원	7,395	3,734	657	3,077	2,153	133	132	1	463	328
	세액	20,596	9,916	1,832	8,084	5,797	385	382	3	756	1,146
특별 소득세	인원	2									
	세액	79									
특별 영업세	인원	2,514	1,561	285	1,276	835	123			275	43
	세액	12,615	9,729	1,303	8,426	6,319	801			505	801
잡종세 (雜種稅)	인원	679	475	134	341	91	78			32	140
	세액	14,283	9,165	2,297	6,868	3,769	197			284	2,618
호별세 (戶別稅)	인원	21,939	12,536	4,181	8,355	5,593	401	401	1	1,085	1,276
	세액	47,455	25,938	9,137	16,801	13,294	755	752	3	829	1,923

4. 학교조합비(1929년도)

세목	구분	조정	체납	독촉전 납부	독촉장 발부	차압전 납부	재산 차압	처분전 납부	처분 징수	결손	이듬해로 이월
호별 할당	인원	16,606	8,472	3,921	4,551	3,279	169	129	40	129	974
	세액	97,273	51,409	20,327	31,082	26,416	61	490	120	283	3,770

5. 학교비(1929년도)

세목	구분	조정	체납	독촉전 납부	독촉장 발부	차압전 납부	재산 차압	처분전 납부	처분 징수	결손	이듬해로 이월
호별 할당	인원	17,524	10,795	3,660	7,135	3,294	533	396	137	2,464	844
	세액	43,433	29,485	11,666	17,819	12,194	699	572	126	1,626	3,298
가옥세 부가세	인원	17,823	4,218	975	3,243	2,934	74	43	31	104	78
	세액	18,476	4,936	1,104	3,831	3,462	128	85	43	78	131

학교수업료(1930년 5월 1일 현재)

학교조합(내지인용 학교)

학교	학생 수(명)	수업료(원.전)
와카마쓰(若松) 심상(尋常)고등소학교	1,391	월액 564.80
야마테(山手) 심상고등소학교	1,154	426.00
고등여학교	588	2,134.50
합계	3,133	3,125.30

학교비(조선인용 학교)

학교	학생 수(명)	수업료(원.전)
종로(鍾路) 보통학교	1,301명	월액 1,043원 20전
상수(上需) 보통학교	1,384	1,130.60
와카마쓰(若松) 보통학교	1,156	973.60
명륜(明倫) 여자보통학교	855	684.00

남산(南山) 여자보통학교	785	628.00
경림(敬臨) 보통학교	568	455.20
만수(萬壽) 보통학교	304	243.00
공업실습학교	40	51.00
합계	6,393	5,208.80

경찰 · 위생

경찰警察

경찰서 예부터 평안남도는 조선에서 민심이 사납고 난폭하며, 살벌한 범죄사건, 집요執拗한 단체운동이 많은 곳으로 유명하다. 특히 평양 지방은 부랑도식浮浪徒食하는 무리와 학생들이 다수 존재하는 결과, 항상 범죄 및 소요騷擾의 중심이 되었고, 여러 사건이 빈번히 발생하였다. 따라서 병합 이래 당국은 같은 방면의 경찰행정에 대해 깊이 고려했으며, 경찰서 배치 등에 관해서도 특히 주목해 왔다. 평양 지방 경찰서로는 평양경찰서와 대동경찰서가 있는데, 평양경찰서는 평양부의 전부 및 부근 6면面을 관할하고 관내에 17개의 파출소, 7개소의 주재소가 있다. 대동경찰서는 대동군의 대부분을 관할하고 관내에 11개의 주재소를 두었는데, 그 정원은 다음과 같다.

평양경찰서 정원 수(定員數)

경시(警視)		경부(警部)		경부보(警部補)		위생 기수(技手)		순사부장		순사(巡査)	
내지인	조선인	내지인	조선인	내지인	조선인	내지인	조선인	내지인	조선인	내지인	조선인
1	0	3	-	5	2	1	-	18	5	111	75

대동경찰서 정원 수(定員數)

경부(警部)		경부보(警部補)		순사부장		순사	
내지인	조선인	내지인	조선인	내지인	조선인	내지인	조선인
1	1	1	1	14	1	21	28

사상운동　이조 시대부터 평양남도 주민들은 타 지역에 비해서 정치사상에 밝고, 견고한 단결력을 지니고 있었다. 대개 이것은 이조 시대에 정부가 서북西北 사람들을 압박하였고, 그 불우함은 결국 전통적으로 반정부적 기풍이 만연하게 되어 각종 정치적 음모가 기도되었다고 생각된다. 그리고 이러한 운동은 항상 평양을 중심으로 획책劃策되었는데, 병합 후에 그 서우학회西友學會(후에 서북학회로 개칭)를 모체로 해 설립된 안창호를 교장으로 하는 대성학원에서 배운 이들이 사상운동의 중견인이 되었다. 이 학교는 서선西鮮 지방의 유력자 자제를 받아들여 중등교육 정도의 교육을 실시해, 숙렬熟烈한 민족사상의 함양에 힘쓴 결과, 결국 지방사상계를 좌지우지할 수 있게 되었다.

이래 이들 사상단체가 주도하여 1차 세계대전에서 민족자결이라는 말에 자극받아서 조선독립을 표방해 각종 불온한 운동이 벌어졌다. 국내외 불령자不逞者의 책략에 호응해 폭거를 감행해, 다수의 희생자를 낸 사건도 발생했다. 그러나 지금은 일반 민중은 무모한 독립운동과 같은 것은 아무것도 얻을 게 없음을 자각하게 되었다. 실력양성이 필요함을 인정하고 교육·산업의 진흥발달을 도모함으로써 민족자립의 기초를 이루려고 하는 것이 이른바 민족운동의 맹아가 되었다. 한편으로 최근에는 외래사상外來思想의 영향으로 사회주의 사상에 빠지는 경향도 있다.

동맹휴교同盟休校　이와 같이 그들은 기회 있을 때마다 교육의 필요성을 외치며 교육기관의 충실을 요망해 향학열向學熱 발흥은 아주 현저하다. 남녀 공립 보통학교, 고등보통학교 입학 지망자는 매년 정원을 초과해 전부 수용할 수 없는 상태이며, 한편으로 학교 스트라이키 소동은 매우 강하고, 특히 평양 지방의 그것은 단결력이 강대하고 운동이 과격한 사례가 많아서 교육상으로 심히 유감스럽다.

평안남도 동맹휴교 조사
1926년(4건)

학교명	월일	원인	학년	처치(處置)
평양공립 고등보통학교	1월 27일 (약1개월간)	교원 배척	3, 4학년	주모자 3학년 6명, 4학년 6명을 퇴학 처분

진남포제1공립 보통학교	5월 4일 (3일간)	담임교원(남) 배척 (여교원 교체 요구)	여자6학년	
동교(同校)	5월 5일	교장 배척(동교 훈도 안수(安洙)의 선동으로)	남자6학년	
함종공립 보통학교	7월 5일 (1일간)	교장 배척(불친절하고 가혹하다는 이유로)	4학년 남자 20명	주모자 14명에게 정학 처분

1928년(3건)

학교명	월일	원인	학년	처치(處置)
광성 고등보통학교	3월 16일 (3주간)	교장 배척	4학년 이하 전부	주모자 28명 퇴학
순안공립 보통학교	3월 중	실과교육 혐오(동교 훈도(訓導) 윤두성의 선동으로)	5학년	
진지공립 보통학교	4월 28일	교원 배척(체조수업 내용 및 고본(古本) 사용 엄중 단속 반대)	6학년	주모자 3명을 무기정학 처분

1929년도

학교명	월일	원인	학년	처치(處置)
사립 의명학교	2월 27일 (약 1개월)	학교승격, 설비충실, 노동부 개선	고등과 1,2,3,4학년 전부	주모자 16명을 퇴학처분
송정공립 보통학교	4월 20일 (1일)	담임교원 배척(가혹, 불친절, 직무태만, 인격 모욕)	5,6학년 30명 (재적 41명)	주모자 1명 정학, 교원 퇴직
간동공립 보통학교	5월 25일 (1일)	교장 배척(버선 사용 금지, 청소 강요, 가혹, 불성실)	3,4학년 전부	면장 조정으로 원만 해결
순안공립 보통학교	6월 4일(1일)	농업실습 혐오, 담임교사 배척	5학년 전부	학부모 사죄로 해결
평양공립 고등보통학교	1930.1.21	학생들 만세 소요(騷擾)	1,3,4,5학년	퇴학27, 정학22명
평양공립여자 고등보통학교	1930.1.22	동(同)	1,2,3,4학년	징계
숭실학교	1930.1.21 ~22	동	2,3,4학년	퇴학4, 정학13명

숭실전문학교	1930. 1. 21 2일간 休교	동	1,2,3,4학년	퇴학5, 정학14명
광성 고등보통학교	동(同)	동	1.2,3,4학년	퇴학10, 정학
정의 여자고등보통학교	동 21, 22일	동	1 2,3,4학년	징계
숭인학교	동 21일 2일 휴업	동	1 2,3,4학년	정학8명
숭의 여학교	동 21, 22일	동		
평양공립 농업학교	동 22일	동	1,2,3학년	퇴학3, 정학2명
상수공립 보통학교	동 22일	동		
남산여자 보통학교	동 23일	동		
명륜여자 보통학교	동	동		
사립광성 보통학교	동	동		
안주공립 농업학교	동 21일	동	2학년	정학4명
사립 숭덕학교	동 24일	동		
종로공립 보통학교	동 24일	동		
진남포 상공학교	동 22일	동, 동정(同情) 휴교	2,3,4학년	퇴학16, 정학39명

각종단체　평양의 민족주의 단체 중에서 중요한 것은 신간회新幹會 및 근우회槿友會 두 단체로, 그들은 항상 민족의식의 고양에 노력해 왔다. 신간회 회원 중에는 사상운동자思想運動者·노동운동자 등이 다수 입회했기 때문에, 최근 이들 사이에서 의견 충돌이 자주 발생했고, 특히 작년 오산학교 교장 정요政要 이승훈李昇薰의 사회장社會葬을 둘러싸고 민족주의자와 공산주의자 사이에 알력軋轢이 생겼다. 공산주의자들이 민족주의자들의 전횡을 문제 삼아서 다툼이 분출되었을 때, 마침 부내府內 고무직공들의 동맹파업이 발발하자, 평양의 청년동맹 집행위원은 청년동맹 및 노동연맹 간부들이 이 파업에서 주야로 노력 중인데, 민족의 비경悲境에 임해 신간회 간부들이 아무런 동감을 표명하지 않고 완전히 무관심한 것은 고무 공장주 중에 신간회 간부가 있기 때문이라며 크게 분개하였다. 청년동맹집행위원은 신간회 본부 및 평양지회에 항의문을 발송하는 등 그들 사이에 내분이 생겨, 공산주의자 일부 중에는 신간회 해체를 외치기도 했다. 우연히도 1931년에 신간회 본부가 해제되고 평양지부도 자연히

소멸되었지만, 같은 계통同系統에 속하는 분자分子는 여전히 남아 있고, 잠행潛行 중인 것으로 보인다.

평양 지방에는 공장 · 탄광 등이 많아서 노동자 수도 많다. 따라서 그 노동단체 수, 단체원이 많은 것은 타 지역에서는 볼 수 없으며, 그 노동쟁의 발생도 최근 속출하며 장기간에 걸쳐 격렬한 운동이 일어난 예도 적지 않다. 특히 이 지방의 노동쟁의는 종종 폭행사건을 동반하는 일이 적지 않다는 사실은 가장 주목을 필요로 한다. 참고로 평양 지방의 사상 및 노동단체 명칭을 제시해 두고자 한다.

사상 및 노동단체 일람표

민족운동 - 신간회 평양지회, 조선물산장려회, 조선수양동우회 평양지부, 근우회 평양지부, 평양상공협회, 평양농촌사업연합회, 평양절약예금식산殖產조합, 관서關西체육회, 대성大成학교 학우회, 민립대학기성회期成會 평양지방부, 평양청년회, 조선공업장려회

공산(사회)운동 - 평양노동연맹, 형평사衡平社, 기타 평양와瓦직공조합, 평양신문배달조합, 점원상조相助조합, 교구정橋口町노동조합, 자전거직공조합, 인거引鉅공제조합, 이발理髮종업원친목회, 농촌연구회, 수양연구회, 평양독서회

노동운동

서울청년회 계열 - 공조노동조합, 노동대회, 노동친목회, 춘정春精노동회, 음식점노동조합, 북부노동조합, 급수조합, 점원상조회, 재봉직공조합, 석수石數노동조합, 운송노동조합, 평남우차牛車노동조합, 목공노동조합, 평양여자고용인상조회, 기성箕城청년회, 평양청년동맹, 평화소년회

화요회 계열 - 석공조합, 월자月子직공조합, 장식직공조합, 유기鍮器직공조합, 염색직공조합, 무력鉽力(브리키, 생철)직공조합, 제과직공조합, 금은세공조합, 정미精米노동조합, 편리화便利靴직공조합, 양말洋襪직공조합, 대동문노동조합, 인쇄직공조

합, 양화洋靴직공조합, 세옥細屋노동조합, 양복직공조합, 고무직공조합, 운반노동조합, 프로예술동맹, 여성동맹

무계통無系統 - 평양곡물두량斗量조합, 평남수상水上운반노역조합

국수國粹운동 - 대일본국수회 평양지점

범죄 경향　평양 지방의 범죄로는 도시 특유의 절도, 사기, 횡령과 같은 사건이 많은 것은 두말할 필요도 없다. 특히 이 지방 특수 범죄로는 살인, 강도, 간통, 중혼重婚, 상해傷害 등에 속하는 범죄가 많아서, 이 지방 사람들의 인심人心이 살벌한 것을 보여주는데 그중에서도 1931년에 만주에서 만보사萬寶山 문제(사건)를 계기로 하여 선지인鮮支人[43]이 충돌하는 큰 사건이 발발하였다.

평양경찰서 관내 범죄 발생 및 검거 건수 누계 비교표

죄명	구별	1927년	1928년	1929년
방화실화(放火失火)	발생	15	22	25
	검거	14	23	23
문서 위조	발생	22	14	40
	검거	23	15	47
간통 중혼(重婚)	발생	92	58	88
	검거	81	63	88
살인	발생	7	11	18
	검거	6	12	15
상해(傷害)	발생	412	430	510
	검거	400	423	504

43) 선지인(鮮支人) : 조선인과 중국인에 대한 차별어.

유괴	발생	63	49	58
	검거	65	55	62
강도	발생	44	42	87
	검거	33	42	104
절도	발생	3,099	3,356	2,806
	검거	2,499	2,718	2,096
사기	발생	637	686	714
	검거	692	781	776
횡령	발생	317	295	290
	검거	346	335	316
기타	발생	528	499	367
	검거	491	485	371
합계	발생	5,236	5,462	5,003
	검거	4,650	4,951	4,402

대동경찰서 관내 범죄 종류별 발생 건수 누계 비교표

죄명	1927년	1928년	1929년
공무집행 방해	1	1	1
방화	2	4	10
실화	6	7	2
주거 침해	5	13	-
문서 위조	4	18	21
유가증권 위조	-	1	-
인장(印章) 위조	2	7	11
위증(僞證)	-	-	2
무고	1	8	2
외설(猥褻)간음 및 중혼	8	15	6
도박	2	3	13
예배소 및 분묘(墳墓) 위반	3	4	1

살인	13	7	8
상해죄(치사)	3	2	3
상해죄(상해)	74	125	115
상해죄(폭행)	15	14	9
과실상해 치사	2	4	6
과실 상해	7	2	8
유기	3	2	1
체포 및 감금	-	6	3
협박	6	13	8
약탈 및 유괴	19	14	19
명예 훼손	3	3	3
신용 및 업무 위반	6	2	1
강도	4	30	10
강도 미수	5	-	-
절도	108	156	227
사기	56	70	107
사기 미수	7	-	-
공갈	9	1	3
횡령	41	46	221
장물(贓物) 위반	2	-	6
훼기(毁棄) 및 은닉	10	10	5
1926년 법률 제60호	-	-	-
일수(溢水) 및 수리(水利) 위반	-	-	4
아편 위반	4	3	1
낙태	1	1	-
간통	-	-	-
합계	432	592	837

화재 평양부에서는 상비常備소방대 및 의용義勇소방대를, 군부郡部에서는 의용소방대를

두고 화재 방지에 노력하고 있는데, 최근 소방시설 및 화재 조사를 보면 다음과 같다.

평양부내(府內) 소방 기관

종별	종업원	망루(望樓) 감시소	자동차 펌프	수관(水管) 자동차	수인(手引) 소관차(小管車)	수압(手押) 펌프	기타 기구
상비소방대	46	3	3	1	3	2	17
의용소방대	101	1	-	-	2	-	50
합계	147	4	3	1	5	2	67

대동경찰서 관내 소방 시설

연별	조수(組數)	조두(組頭)		소두(小頭)		소방수		완용(腕用) 펌프
		내지인	조선인	내지인	조선인	내지인	조선인	
1930년	5	부(副) 2	5	-	14	-	160	6

평양경찰서 관내 화재 조사

		1927년			1928년			1929년			
		내지인	조선인	합계	내지인	조선인	합계	내지인	조선인	외국인	합계
화재 도수(度數)	방화	-	2	2	1	4	5	-	2	-	2
	실화	32	102	134	27	77	104	25	80	2	107
	불명	-	-	-	3	9	12	3	15	2	20
	합계	32	104	136	31	90	121	28	97	4	129
소실(燒失) 구별(區別)	연소	1	7	8	3	6	9	1	9	-	10
	불연소	3	13	16	12	27	39	19	41	1	61
	즉시 진하(鎭火)	28	84	112	16	57	73	8	47	3	58
소실 호수(戶數)	전소(全燒)	6	47	53	17	17	34	8	25	1	34
	반소(半燒)	22	89	111	29	85	114	23	95	3	121
	합계	28	136	164	46	102	148	31	120	4	155
소실 평수		130	857	987	454	617	1,071	428	719	8	1,155

손해 견적가		9,474	128,745	138,219	47,581	96,463	144,044	65,254	63,340	59	128,653
사상자	경헌소(警憲消) 사망	-	-	-	-	-	1	-	-	-	-
	경헌소 ※상해	-	-	1	-	-	5	-	-	-	3
	민간인 사망	-	-	4	-	-	1	-	-	-	-
	민간인 상해	-	-	-	-	-	4	-	-	-	-

※경헌소(警憲消)는 경찰 헌병 소방수.

화재 원인표

종별		1927년	1928년	1929년
온돌	파손	24	2	10
	아궁이	14	10	16
	온돌파손	4	10	5
	과열	5	15	14
	잔화(殘火)	-	2	5
	취회(取灰 : 재)	2	1	2
부뚜막	아궁이	2	2	1
	굴뚝	3	-	1
	잔화(殘火)	1	-	-
욕실	아궁이	-	-	-
	굴뚝	-	-	1
	잔화(殘火)	-	-	-
서양등(西洋燈)		1	1	-
화로		3	3	1
일본 고타쓰		1	1	3
기계 마찰		4	3	1
쥐구멍		7	5	1
담배꽁초		14	12	9

스토브	7	5	9
전등 복사열(複射熱)	-	1	-
아이들 불장난	5	11	12
연탄	1	2	1
휘발유 인화(引火)	-	4	5
기름 인화	1	1	2
서양등 전복(轉覆)	3	1	1
모닥불	2	1	1
석유 인화	-	-	-
누전	3	-	3
탄화(炭火)	3	1	-
제철소 비화(飛火)	-	1	-
양초	-	-	-
성냥	-	2	1
화약	-	-	-
제등(提燈 : 초롱)	-	-	-
태양열	-	-	-
신등(神燈)	-	1	-
약품	1	-	-
변압기 발열	1	-	-
기차 비화(飛火)	1	-	-
걸인(乞人) 불장난	-	-	-
방화	-	4	2
원인 불명	22	12	20
낙뢰(落雷)	1	7	-
마그네슘 인화	-	-	2
소계	136	121	129

대동경찰서 관내 화재 조사

연별	화재 도수	원인				소실 건물			손해 견적비
		실화	방화	낙뢰	불명	주택	창고	기타	
1927년	5	4	-	-	1	7	10	1	318
1928년	10	10	-	-	-	47	50	6	19,425
1929년	18	14	2	-	2	25	14	1	5,103

대동강의 수해水害 대동강은 강둑이 높고 수원水源이 양호해서 일반적으로 홍수의 범람이 심하지 않다고 생각되지만, 1923년 8월 1일 대홍수로 크게 범람하여, 처음으로 그렇지 않다는 사실이 인식되었다. 고기록에 따르면, 대등강 유역에 홍수가 결코 적지 않음을 확인할 수 있다. 고금古今의 기록과 하천 조사에 의거해 대동강 홍수 기록을 제시하면 다음과 같다.

고기록에 의한 내용

연대	서력	기사
고구려 민중왕(閔中王) 2년 5월	45년	국동(國東) 대수(大水)
고구려 모본왕(慕本王) 원년 8월	48	대수(大水) 산사태 20여 개소
고려 현종 17년 9월	1026	서경(西京) 대수(大水) 수몰, 민가 80여 호(餘戶)
고려 명종 10년 6월	1180	큰 비 서경 부인사(苻仁寺) 표류(漂流) 80여 간(餘間)
이조 중종 15년 2월	1520	대수 3강(江) 창일(漲溢 : 넘침)
이조 명종 2년 7월	1547	팔도 대수(大水), 인축(人畜) 전사(田舍) 무수히 잠김, 평양성 중의산 수몰 집 720호 잠김, 200여 명 사망, 우마(牛馬) 300여 필 몰실, 『평양지』 기록에는 장경문에서 표류가 닥쳐서 평양감사 이준경은 배를 타고 쾌재정(快哉亭)으로 옮겼다고 함.
이조 정조 5년 6월	1781	평안도 대수 300여 호 침수
이조 정조 13년 6월	1789	평양 대수 500여 호 침수
이조 헌종 5년 8월	1839	평안도 대수 1,560여 호 침수, 2명 사망 황해도 대수 3,600여 호 침수, 110여 명 사망
이조 헌종 11년 7월	1845	평안도 대수 4,000여 호 침수, 500여 명 사망
이조 철종 2년 7월	1851	평안도 대수 2,500여 호 침수, 30여 명 사망
이조 철종 7년 8월	1856	평안도 대수 8,210여 호 침수, 30여 명 사망 황해도 대수 1,000여 호 침수

이조 철종 13년 7월	1862	평안도 대수 2,200여 호 침수
이조 이태왕 3년 7월	1866	평안도 대수 480여 호 침수, 30여 명 사망
이조 이태왕 5년 7월	1868	평안도 대수 900여 호 침수, 80명 사망 황해도 대수 900여 호 침수, 6명 사망
이조 이태왕 8년 7월	1871	평안도 대수 2,000여 호 침수, 백여 명 사망
이조 이태왕 18년 윤달7월	1881	평안도 대수 640여 호 침수, 백여 명 사망
이조 이태왕 22년 8월	1885	평안도 대수 900여 호 침수, 17명 사망
이조 이태왕 25년 7월	1888	평안도 대수 2,300여 호 침수, 3백여 명 사망
이조 이태왕 29년 10월	1892	평안도 대수 400여 호 침수, 60여 명 사망

하천[?]조사에 의한 내용

연월일	서력	평양갑호(甲號) 최고수위(m)	범람 면적 (정(町))	토지 유실 매몰(정(町))	가옥 유실 붕괴(호)	익사자 (溺死者)(명)	피해액(원)
이조 명종 2년 7월	1547	10.77	-	-	-	-	-
이조 헌종 5년 8월	1839	9.55	-	-	-	-	-
이조 철종 13년 7월	1862	8.32	-	-	-	-	-
명치 44년	1911	8.05	-	-	-	-	-
대정 5년 9월 4일	1916	-	7,747	1,538	248	-	1,300,624
대정 6년 7월 14일	1917	-	242	14	4	-	25,177
대정 7년 7월 9일	1918	5.64	1,825	862	410	3	34,467
대정 8년 9월 4일	1919	4.00	2,383	1,718	106	10	502,711
대정 9년 8월 1일	1920	5.55	9,797	461	526	1	1,040,323
대정 10년 7월 21일	1921	4.52	2,306	267	20	2	404,760
대정 11년 8월 11일	1922	7.18	15,068	1,873	450	117	2,175,507
대정 12년 8월 1일	1923	9.45	47,767	5,663	7,985	156	7,238,575
대정 13년 10월 1일	1924	5.15	18,524	2,281	2,024	98	1,504,453
대정 14년 8월 13일	1925	6.93	13,077	826	88	14	2,790,712
소화 원년 8월 27일	1926	6.00	1,800	77	6	-	148,019
소화 2년 7월 14일	1927	6.24	3,803	1,442	71	7	1,334,013

위 이조 명종 2년(1547) 홍수 기록 중에서 장경문長慶門은 현재 경제리 모란대 입구 산등성이에 위치했는데, 지금도 그 기석基石이 남아 있고, 그 위에서 물산진열장이 열렸고 당시 건물이 그대로 남아 있다. 그 기석의 높이 및 물산진열장 앞 정원의 높이 등을 실측實測함으로써 당시 최고수위最高水位를 추정하여, 1923년 8월 1일 홍수 때보다도 1m 남짓 높았다는 사실이 밝혀졌다. 즉 대동강은 이조 명종 2년(1547) 7월 홍수 때가 가장 수위가 높았고, 이조 헌종 5년(1839) 8월 홍수 및 1923년 8월 1일 홍수 때가 그 다음으로 높았다.

평양에서 살아온 한 노인은, 이조 철종 13년(1862) 홍수 이후, 심각한 대홍수는 없었다고 말했다. 그러나 대동강 연안은 일반적으로 강둑이 높기 때문에 보통 범람이 심하지 않지만, 1923년 홍수에서는 남강 합류점 부근 아래 연안 평야가 모두 범람했다. 평양 시가지도 그 8할이 침수 피해를 입었고 범람 구역은 합계 4만 7천여 정보町步44)에 달해 그 피해는 매우 참담했다. 1916년 이후 12개년 평균 수해량은 유역 내 논 면적 45,424정보, 밭 면적 338,938정보, 합계 384,362정보, 홍수범람 구역 면적 47,767정보, 경지 면적에 대한 비율 12.4, 1개년 평균 수해비용 1,691,611원에 달한다.

수해　평양 시가지 및 접속 지역은 전술한 바와 같이 대동강 및 보통강 유역에 있으므로 누차 수해를 입었다. 최근 기록으로 1917년, 1922년, 1923년, 1925년에는 대동강 및 보통강이 크게 범람하여, 특히 1923년 수해가 가장 맹렬하였다. 대동강 침수로 신시가지 각 지역 및 구시가지 일부가 완전히 물에 잠겼다. 보통강 부근 일대도 잠겼고 서성리, 평천리 방면의 피해도 적지 않았다. 민관일치로 주민의 피난 구호에 최대한으로 노력을 기울였다. 평양경찰서 관내 피해만으로도 사망자 조선인 11명, 부상자 조선인 7명, 행방불명 내지인 1명, 조선인 6명, 외국인 1명, 가옥 유실 606호, 도괴倒壞 2,602호, 침수 10,733호, 기타 건물 피해 및 유실 270, 도괴 1,034, 침수 1,774였다. 가옥, 가축, 건물 만 총 피해액 179만 6천여 원에 달하며, 기타 전답, 도로, 교량, 제방, 산악 등의 유실, 매몰, 침수, 파괴, 결궤決潰, 붕괴 등의 피해를 포함하면, 피해총액은 평양부 및 그 부근만 약 200만 원에 달한다. 피해 정도를 추정하기 위해

44) 1단보가 3백 평, 10단보(3천 평)를 1정보(町步)라 함.

서 대동강 누년累年 최고수위를 제시하면 다음과 같다.

대동강 최고수위 조사

연차	대동강 수위(m)	연차	대동강 수위(m)
1917년	23.0	1924년	17.0
1918년	18.6	1925년	22.8
1919년	12.8	1926년	19.4
1920년	18.3	1927년	21.2
1921년	14.8	1928년	16.2
1922년	23.7	1929년	20.6
1923년	31.2	1930년	16.8

위생衛生

의료기관 종래 조선인 사이에서 위생 상태는 극히 불량했고, 병자病者는 먼저 무녀巫女, 매복자賣卜者 등의 말을 들었다. 이처럼 의료를 기피하는 습관이 있었다. 사회적 위생시설도 매우 부족했으며 각종 전염병이 항상 유행했다. 병합 이래 평양부平壤府는 의료위생 시설의 충실과 개선에 유의한 결과, 오늘날 완전히 당시보다는 개선되었다. 병원은 규모가 광대한 도립 평양자혜의원이 있다. 1년 동안 취급하는 환자수가 5천 명을 넘어섰다. 기타 사립 병·의원病醫院이 35개소에 있다. 전염병을 위한 기관으로는 서성리 및 자혜의원 구내에 격리병사(격리병동)가 있다. 도립 평양자혜의원은 경성대학병원에 버금가는 내용을 지니고 있다. 서양 위생기관의 중추로 평안남·북도, 황해도 각지에서 밀려오는 환자가 매우 많다. 또한 그 부속 의학강습소를 1929년부터 도립 의학전문학교로 승격시켜서 서선西鮮 의료계의 충실에 기여하고 있다.

의료기관표(1929년)

별종	병·의원	의사	의생	약사	산파	간호부	종두원	안마	침구술	약상인	의사1인당 인구
내지인	14	15	-	5	34	6	4	13	12	10	1,075

조선인	21	28	36	6	16	13	10	14	17	50	3,282
외국인	1	3	-	-	-	2	-	-	-	-	795
합계	36	46	36	11	50	21	14	27	29	60	-

또한 전염병 환자의 수용 치료를 위해서 1914년도, 1916년도, 1924년도에 경비 4만 6천 원 들여서 서성리 및 평양자혜의원 구내構內에 각 하나씩 격리병사隔離病舍를 건설해 서성리 격리병사에 50명, 자혜의원 구내 병사에 68명, 총 백여 경의 환자를 수용할 수 있는 시설을 갖추었다.

격리 병사표(隔離病舍表)

소재지별	건평(建坪)			수용력	건축비	건립 연월
	병실	부속건물	합계			
서성리	117	67	184	50	11,255	1914년 6월
자혜의원 구내	193	108	301	68	25,000	1916년 3월
합계	310	175	485	118	46,255	

상수도 하수도　상하수도는 도시 공공위생 시설로 가장 중요한 사항이 속하며, 1907년 4월 공사비 140만여 원을 들여 착공해 1910년 5월에 준공되었다. 그런데 부세府勢의 발전과 함께 인구가 증가하여 상수도의 부족을 초래해 그 후 경비 약 19만 4천 8백여 원을 들여 수년에 걸친 확장공사를 수행했다. 현재는 물론이고 앞으로도 증가할 인구를 예측해 인구 30만에 대한 표준 급수량을 확보할 수 있었다. 또한, 부내府內의 재래 하수구는 그 구조가 매우 열악해서 여름에는 걸핏하면 빗물로 시가지가 범람하여 그 피해 정도도 적지 않다. 따라서 간지선幹支線 교량 시설 및 개수공수를 하여 기초를 견고히 하기 위해 1924년브터 각 3기로 나누어 12년간 약 72만 원이라는 경비로 완성을 이루었다. 또한, 국부적으로 작은 공사를 지속적으로 추진해 지금은 하수 암거暗渠를 200여 리里에 걸쳐 연장하였다.

오물汚物청소　부내府內에서 수거해야 하는 오물 운반은 주로 시뇨屎尿[45]의 경우 마차馬車, 수차手車로, 진개塵芥[46]의 경우 마차, 수차, 자동차 등을 사용한다. 이 처분에 대해 시뇨屎尿는 오물청부판매인의 의사로 대동강 또는 보통강의 정해진 장소에 반출해, 배에 실어 농가의 비료로 공급하고 있다. 진개塵芥는 평양부 밖에 일정한 곳에 반출해 비료로 사용될 여지가 없는 것은 소각 또는 매장된다.

오물(汚物) 청소표

구분	사용 연인원	반출 연호수	반출 수량	작업 일수	매년1호당 반출도수	1일 평균		
						사용인원	반출호수	반출량
시뇨(屎尿)	38,429	853,191	195,062	317일	3.6	121	2,681	512
진개(塵芥)	24,672	882,357	172,731		5.2	77	2,783	545

도축장　식품위생기관인 도축장은 부내府內 암정岩町에 있는데 1920년에 설립되어 경비 4만 원으로 1일 120마리의 도살 능력을 지녔다. 1929년 도살 수는 소 7천 3백 39마리, 돼지 3천 4백 40마리에 달한다.

매립 및 화장장火葬場　기타 부영府營 위생시설로는 서성리에 화장장火葬場, 서성리 및 대동군 임원면, 서천면 3개소에 묘지가 있다. 또한, 부내에는 18개소의 공동변소가 있다.

청결법 및 종두種痘　또한 봄과 가을에 정기적으로 청결법 및 종두를 실시하며, 임시로도 이를 시행한다. 또한, 매월 2회에 걸쳐 시내 전역의 하수준설下手浚渫[47]을 실시하고, 장질부사腸窒扶斯(장티푸스), 기타 전염병 예방주사를 접종해 공중위생에 철저를 기하고, 시내 인차人車 왕래가 빈번한 곳은 계절에 따라서 물을 뿌린다.

45) 시뇨(屎尿) : 똥 오줌.
46) 진개(塵芥) : 먼지, 쓰레기, 오물.
47) 하수준설(下手浚渫) : 하천 바닥에 쌓인 흙이나 돌 등을 파헤쳐 바닥을 깊게 만드는 작업.

종두(種痘) 인원 표(1929년)

종별	총수	내역		
		선감(善感)(양성)	불선감(不善感)(음성)	미상(未詳)
내지인	2,482	916	1,566	62
조선인	6,163	3,073	3,090	2,496
합계	8,645	3,989	4,656	2,531

전염병　평양부내府內에서 전염병의 유행은 지나支那에 가깝고 서쪽에 진남포항이 있으며 대동강과 접해 있는 관계로 매년 장티푸스, 홍성열猩紅熱, 두창痘瘡, 적리赤痢 등의 환자가 상당히 많다. 당국에서는 하수도 개선, 청결법 시행, 예방주사 등을 실행함과 동시에, 수원지水源地 살균, 군지역 음료수의 수질검사 등을 행하고 있다. 또한, 환자 격리, 기타 군지역에도 종종 방역 설비를 설치해 그 박멸을 위해 최선을 다하고 있다. 더불어 인접지역 대동군에서는 1930년 1월 갑자기 두창 환자가 발생했고 그 수가 20명에 달해 일시적으로 창궐했지만, 다행히 만연하지 않고 3월이 되어 종식되었다.

평양경찰서 관내 전염병 환자 사망자 수 표(1929년 말 현재)

병명	내지인		조선인		외국인		합계	
	환자	사망자	환자	사망자	환자	사망자	환자	사망자
적리(赤痢)	37	6	3	3	1	-	41	9
장티푸스	56	5	44	8	-	-	100	13
파라티푸스	9	1	2	2	-	-	11	3
두창(痘瘡)	14	2	30	8	-	-	44	10
성홍열	53	8	9	4	-	-	62	12
디프테리아	2	-	11	5	-	-	13	5
합계	171	22	99	30	1	-	271	52

대동경찰서 관내 전염병 환자 사망자 수 표

병명	1928년			1929년			1930년		
	발생	완치	사망	발생	완치	사망	발생	완치	사망
두창(痘瘡)	-	-	-	-	-	-	20	12	8
장티푸스	8	8	-	27	24	3	36	35	1
적리(赤痢)	1	-	1	1	1	-	5	1	4
성홍열	-	-	-	-	-	-	1	1	-
디프테리아	2	1	1	2	1	1	6	5	1
발진티푸스	-	-	-	1	-	-	1	-	1
파라티푸스	-	-	-	-	-	-	4	2	2
합계	11	9	2	31	26	5	73	56	17

지방병地方病 평양 지역의 지방병으로는 말라리아가 가장 많고, 평양부 및 대동군 관내의 곳곳에 발생했다. 또한 장티푸스도 상당수 있다. 평양부내府內에서는 십이지장충도 많고, 대동군에서는 홍역이 자주 유행한다.

평양경찰서 관내 지방병 환자 사망자 수 표(1929년 말 현재)

병명	내지인		조선인		외국인		합계	
	환자	사망자	환자	사망자	환자	사망자	환자	사망자
폐디스토마	4	1	85	1	-	-	89	3
십이지장충	25	-	133	-	-	-	158	-
말라리아	220	-	345	8	-	-	565	8
합계	249	1	563	9	-	-	812	10

대동경찰서 관내 지방병 환자 사망자 수 표(1930년)

말라리아		십이지장충		폐디스토마		홍역	
환자	사망자	환자	사망자	환자	사망자	환자	사망자
146	9	11	-	156	-	219	10

평양경찰서 관내 결핵 환자 사망자 수 표(1929년 말 현재)

내지인		조선인		외국인		합계	
환자	사망자	환자	사망자	환자	사망자	환자	사망자
186	57	323	76	-	-	59[48]	133

대동경찰서 관내 결핵 환자 수 표

발생	사망	현재
72	33	39

아동위생 평양부내府內의 소학교, 보통학교 재학 아동의 신체검사 결과에 따르면, 발육·영양·척주脊柱·시력 및 질병 종류별로 다음과 같은 결과가 나왔다.

아동 신체검사 표(1930년)

학교	검사 인원	발육 개평(槪評)			영양			척주(脊柱)		시력		
		갑	을	병	갑	을	병	정	부정	정	원시	근시
소학교	2,425	659	1,545	221	209	2,208	8	2,223	202	2,174	-	251
보통학교	6,296	1,359	3,593	1,344	2,933	3,184	179	6,204	92	5,739	19	538

아동 질병 종류별

학교	색신이상(色神異常)[49]	안질(眼疾)		청력 장애	이질(耳疾)	충치	질병 이상
		트라홈	기타				
소학교	27	218	155	-	34	1,489	101
보통학교	45	439	415	18	180	2,265	111

48) 오기 또는 오식이다. 문맥상 외국인의 수치로도 보이지만 원문 그대로 표시함.
49) 색신이상(色神異常), 색각이상(色覺異常) : 시력(視力) 이상으로 인해 색상을 정상적으로 구분하지 못하는 증상.

마약 중독 평양부내府內에서 아편, 모르핀, 코카인 사용자 · 중독자 · 은자癮者 수를 보면, 마약 중독자는 1930년 5월 말 현재, 다음 표를 통해서 그들 중독자들은 일정한 생업이 없는 부랑자가 많고, 항상 떠돌며 각지를 배회하고 있다. 그 조사는 매우 곤란해서 누락된 자가 상당수 있을 것으로 보이는데, 이들에 대해서는 등록 규정에 따른 가료加療와 함께, 희망자를 뽑아서 때때로 도립 중독자치료소에 입소시켜 치료하고 있다.

그들은 일시적으로 완치되지만, 평생 당시 쾌감을 잊지 못하여 다른 유혹을 만나면 곧바로 종래의 악습을 반복하는 경우가 많다. 특히 중독자들을 유혹하는 것이 매우 교묘하므로, 퇴소 후에도 단속을 강화해 그 유혹에 빠지지 않도록 경찰에서 주의를 기울이고 있지만, 대부분이 일정한 주소가 없이 떠돌며 걸식 생활을 하므로, 조사가 극히 곤란하다고 한다. 평양경찰서 관내에는 지금도 밀매자에게 매입하는 치료 중인 자가 다소 있다. 따라서 당국에서는 매입하는 자를 잡기 위해 노력하는 한편으로, 부내府內에 잠입한 밀매자 박멸에도 힘쓰고 있다. 평소 밀매자들을 조사하고 때때로 일제히 검거를 실시하고 있다고 한다.

중독자 치료 상황표(1930년 5월 말)

종별	남녀별	중독 신고자	등록표 교부자	등록표 교부 받지 않은 자	등록한 자 중	
					요양소 입소자	입소후 완치 퇴소자
내지인	남	-	-	-	-	-
	녀	-	-	-	-	-
조선인	남	93	75	19	18	10
	녀	17	15	1	-	-
외국인	남	2	2	-	-	-
	녀	-	-	-	-	-
합계	남	95	77	19	18	10
	녀	17	15	1	-	-

빈곤자 시료施療 1929년 평양경찰서 관내의 행려병자行旅病者, 행려 사망자, 기타는 별표와 같다. 평양경찰서는 평양부청과 연락해 불교광청회佛教廣清會 및 도립 평양의원에 의뢰해

시료구치施療救治에 노력해 왔는데, 재계財界의 불황으로 이러한 구조救助는 더욱 증가하는 경향에 있다.

행려병자行旅病者는 불교광청회에 수용해 간호인에게 친절히 보살피게 했고, 진료 및 의약醫藥 치료를 평양의원에 의뢰해 매일 또는 격일로 진찰 · 투약을 시행했다. 또한, 식사를 제공해 병세에 따라 완치자 및 희망자는 고향으로 송환시켰다. 떠돌이 사망자들은 구호소 시체실에 수용해 정중하게 공동묘지에 매장해 주고, 유족 신고에 따라 적절히 처우하고, 매년 1회 사망자를 위해 추도식을 거행하였다.

기타 빈곤자들에게 여비를 지급해 원적지 또는 희망하는 곳으로 보내줌과 동시에, 경찰서에서 빈곤증명을 지급해 평양시료부施療部에 입원시키거나 시료권을 발행하여 통원치료를 시행하고 있다.

평양경찰서 관내 빈곤자 구치(救治) 표(1929년)

종별	행려병자(行旅病者)			행려 사망자			빈곤증명으로 입원치료한 자	버려진 아동
	남	녀	합계	남	녀	합계		
내지인	6	3	9	-	-	-	5	-
조선인	63	9	72	46	7	53	24	-
외국인	2	-	2	-	-	-	-	-
합계	71	12	83	46	7	53	29	14

많이 사용되는 한약漢藥 평양 지방에서 의료 상황은 전술한 바와 같은데, 지금도 민간에서는 한약을 쓰는 자가 많다. 그 주요한 것의 명칭 및 효능을 제시하면 다음과 같다.

명칭	효능
당귀(當歸)	보혈(補血) 및 통경(通經)약
향부자(香付子)	특경약
인삼	강장약(강장제)
천궁(川芎)	순혈 및 청량약

백출(白朮)	해열약
백작약(白芍藥)	장통(腸痛), 이질(痢疾)
삼소음(蔘蘇飮)	기침약
형방패독산(荊防敗毒散)	감모(感冒 : 감기)
육미환(六味丸)	보혈제(補血劑)

04

문화

교육지식敎育知識

유교문화儒敎文化

서원書院 예부터 평양은 오랜 역사의 땅으로 단군, 기자, 위만, 낙랑, 고구려 도성都城이었다. 일찍이 주나라 기자箕子가 백성에게 8조법을 제시했다고 전해진다. 한나라 때에는 이 지방이 찬연한 문화의 중심지가 되었음은 고분이나 기타 발굴물로 충분하게 입증된다. 이후에 신라, 고구려 시대에도 대동강 유역의 이 지방은 교통편이 좋고 농경과 수렵에 적합해 자연스럽게 인구를 집중시켰다. 따라서 취락이 발달하고 정치적, 군사적 요충지가 된 것도 쉽게 상상할 수 있다. 고려 충렬왕 시대 평양에 문묘文廟를 둔 것을 보더라도 이 시대에 유교가 상당히 흥성했음을 엿볼 수 있다. 이조 시대에는 각도에서 유교가 흥륭하였고, 도치道治의 중심인 평양의 유교는 크게 성황을 이루어 선철先哲을 받드는 서원은 다음과 같이 5개소, 그리고 향교鄕校 및 역학당譯學堂이 세워졌다. 명륜당明倫堂은 지방 유생儒生을 교양시키고 유학儒學의 연원淵源을 만들었다.

이조 시대의 서원

서원 명칭	제사자(祭祀者)	창건년
인현서원	기자(箕子)	명종 갑자(甲子) 1564년

용곡서원	선우협	효종 무술(戊戌) 1658년
무열사(武烈祠)	석성(石星), 이여송(李如松), 양원(楊元), 이여백(李如栢), 장세작(張世爵), 낙상지(駱尙志)	선조 계사(癸巳) 1593년
충무사(忠武祠)	을지문덕, 김양언	인조 을유(乙酉) 1645년
서산서원	홍익한, 홍명기(洪命耆)50)	숙종 정해(丁亥) 1707년

유생儒生 이조李朝 정부는 평안도 출신자를 중용하지 않았기 때문에 평안도 유학은 타 지역에 비해서 크게 융성했다고는 할 수 없지만, 최근 조사에 따르면 평안남도 유생 수는 만 6천 3백 18명에 달했고, 이중에서 평양부 및 대동군에 속하는 이는 8백 8십 1명에 불과했다. 그러나 평남 유림의 중심인물인 전덕룡을 비롯해 황석룡, 선우협, 나일봉, 조홍익 등 유력인물이 있었다. 오늘날에는 학교교육 진흥을 위해 유생의 활동 범위는 극히 축소되어 무위도식하는 폐해가 있지만 최근 평양 지방의 유생 중에는 미신타파, 생활개선 등 신운동을 일으키고, 민중의 지도에 임하는 것은 큰 의미를 지닌다. 그리고 평양의 유생집단으로는 평안유림연합회, 평남유림청년회, 기로사耆老社 등이 있으며 이 지방 유교의 중심세력을 형성한다.

학교교육

교육기관 평양은 조선의 경제도시이면서 서선西鮮 제일의 교육도시다. 즉 병합 이래 제반諸般 교육상 시설이 점차로 진전되어, 현재 학교교육 완비는 경성 다음의 시설을 지니고 있다. 관립학교 1교, 도지방비 경영 공립학교 5교, 학교조합(부府 제1부 특별경제) 및 부府학교비(부 제2부 특별경제) 경영 공립학교 11교, 부府 경영 청년훈련소 하나가 있다. 기타 사립학교가 15교 설립되어 교육사업이 매우 왕성하다.

50) 조선 중기의 문신 홍명구(洪命耉, 1596~1637)의 오기 또는 오식.

관립학교(1930년 말)

학교 종별	창립일	학급 수	학생 수			교원 수			1년 경비 총액(원)	1년 경상비 1인 평균액(원)
			남	녀	합계	내지인	조선인	합계		
관립 사범학교	1929.4.18	3	217	-	217	10	2	12	65,921	300.39

도지방비 경영 공립학교(1930년 말)

학교 종별	창립일	학급 수	학생 수			교원 수			1년 경비 총액	1년 경상비 1인 평균액
			남	녀	합계	내지인	조선인	합계		
의학강습소	1929.4.1	2	132	-	132	15	1	16	28,210	23.71
중학교	1916.4.1	15	708	-	708	30	-	30	109,314	135.60
고등보통학교	1899.10.1	15	670	-	670	26	4	30	89,662	127.86
여자고등보통학교	1914.5.19	8	-	354	354	15	3	18	59,726	165.09
농업학교	1910.6.1	3	135	-	135	6	1	7	36,428	153.02

학교조합(부(府) 제1부 특별경제)경영 공립학교(1930년 말)

학교 종별	창립일	학급 수	학생 수			교원 수			입학지원자 상황		
			남	녀	합계	내지인	조선인	합계	지원자수	허가자수	백분비
와카마쓰(若松) 소학교	1902.5.6	22	712	679	1,391	25	1	26	270	270	1.00
야마테(山手) 소학교	1912.12.14	21	616	545	1,161	25	1	26	215	215	1.00
합계		43	1,328	1,224	2,552	49	2	51[51)]	485	485	1.00
고등여학교	1913.4.15	12	-	590	590	22	-	22	180	164	0.91

51) 52의 잘못으로 보이지만 원문 그대로 표기함.

부(府)학교비(부 제2부 특별경제)경영 공립학교(1930년 말)

학교 종별	창립일	학급 수	학생 수			교원 수			입학지원자 상황		
			남	녀	합계	내지인	조선인	합계	지원자수	허가자수	백분비
종로보통학교	1906.10.18	18	1,304	-	1,304	8	12	20	288	210	0.73
상수보통학교	1912.4.1	20	1,376	-	1,376	8	14	22	310	206	0.66
와카마쓰(若松) 보통학교	1919.4.7	18	1,150	-	1,150	7	13	20	370	189	0.51
경림보통학교	1927.4.5	8	290	277	567	3	6	9	280	145	0.52
만수보통학교	1921.5.10	6	300	-	300	4	3	7	55	41	0.75
명륜여자 보통학교	1914.4.1	12	-	851	851	4	9	13	240	147	0.61
남산여자 보통학교	1921.4.22	12	-	781	781	5	8	13	253	142	0.56
합계		94	4,419	1,909	6,321	39	65	104	1,796	1,080	0.60
공업실습학교	1930.5.1	1	40	-	40	3	2	5	42	40	0.95

부(府)경영 청년훈련소(1930년 말)

학교 종별	창립일	학급 수	학생 수			교원 수			입학지원자 상황		
			남	녀	합계	내지인	조선인	합계	지원자수	허가자수	백분비
청년훈련소	1928.11.30	-	93	-	93	10	-	94[52)]	94	47	0.50

사립학교(1930년 말)

학교 종별	창립일	학급 수	학생 수			교원 수				경비(원)	설립자
			남	녀	합계	내지인	조선인	외국인	합계		
숭실전문학교	1925.6.8	4	112	-	112	1	7	7	15	77,600	E.H.밀러[53)]
숭인상업학교	1923.3.13	5	201	-	201	2	12	-	14	12,240	S.A.마펫[54)]

52) 10의 잘못으로 보이지만 원문 그대로 표기함. 이하 동일함.
53) E.H.밀러(Miller, Edward Hughes, 1873-1966) 선교사.
54) S.A.마펫(S.A. Moffett, 마포삼열麻布三悅, 1864-1939) 선교사.

광성고등 보통학교	1918. 4. 1	10	545	-	545	3	13	2	18	30,807	J. Z. 무어[55]
정의여자 고등보통학교	1920. 5. 1	8	-	321	321	2	12	2	16	24,012	J. Z. 무어
숭실학교	1898. 10. 10	10	535	-	535	4	21	4	29	50,890	S. A. 마펫
숭의여학교	1903. 10. 31	10	-	277	277	3	17	6	26	22,140	V. L. 스누크
화정(華頂)여학원	1920. 6. 1	4	-	62	62	4	-	-	4	3,572	오타니 기요노리 (大谷清教)
광성보통학교	1894. 11. 1	12	881	-	881	1	14	-	15	13,300	J. Z. 무어
정진여자 보통학교	1896. 9. 1	10	-	490	490	1	10	1	12	8,176	J. Z. 무어
성모보통학교	1929. 3. 25	9	199	208	407	1	7	1	9	8,300	B. Z. 베른
숭덕학교	1894. 4. 1	6	367	-	367	-	7	-	7	7,990	S. A. 마펫
숭현여학교	1909. 9. 1	6	304	-	304	-	6	-	6	3,726	S. A. 마펫
신명학교	1909. 5. 19	3	143	56	199	-	4	-	4	1,733	J. Z. 무어
기림학교	1930. 4. 15	4	157	38	195	-	5	-	5	2,510	오세창
맹아(盲啞)학교	1898. 2. 28	1	-	17	17	-	2	1	3	3,570	M. U. 트럿셀

특수학교(루라웰즈학원the Lula Wells Institute) 평양의 외국인 선교사들이 경영하는 각종 교육기관은 모두 좋은 성적을 거두었는데, 특히 부인들의 성인교육을 목적으로 하는 루라웰즈학원은 가장 특색이 있는 학교다. 이것은 조선의 신교육을 받은 남성들이 교육받지 못한 아내에게 불만을 품고, 취미 · 교육 · 생활양식 등에서 일생을 함께할 사상을 지닌 여성을 찾아서 동거하며, 아내와 이혼하거나 버리는 죄를 짓고 윤락淪落의 늪에 빠지는 모습을 다수 목격한 웰즈 부인(당시 평양 선교 의사 웰즈 씨 부인)은 이들 가련한 과부들을 구제救濟할 사명감을 느끼고, 결국 사재를 떨어서 그 수용소를 개설해 따뜻한 마음으로 그녀들을 교육시키고 있다. 웰즈 부인은 그녀들을 종교의 길로 이끌면서 재봉裁縫 · 기직機織 등의 직업을 습득시켜 암흑에서

55) J. Z. 무어(Moore, John Zachariah II, 1874-1963). 선교사.

광명과 희망의 생활로 이끌었다. 이것이 바로 루라웰즈학원의 설립으로, 지금으로부터 23년 전 즉, 1910년 가을이었다.

이후 이 수용소를 찾아서 선내鮮內(조선 내) 각지에서 목사 또는 교회 관련자의 의뢰 소개로 입소 희망자가 많아서 1921년에는 수용인원이 50여 명에 달했다. 같은 해 현재 경영자 여선교사 드리스 여사가 조선에 와서 경영을 하고 있는데, 한층 사업을 발달시키기 위해 기부금을 받아서 교사校舍를 확장하고 조직을 개편해 종래 과부의 범위를 넓혀서 기혼 부인 및 미혼여성이지만 나이가 든 이도 입소할 수 있게 되었다. 또한, 수업연한을 5개년으로 하여, 그 사이에 초등교육 6개년 정도의 과정을 습득시키고 오전에는 학과 수업과 종교 교육을 하고, 오후에는 작업 시간을 정해서 지 · 덕 · 실업 교육을 받게 해, 현대교육을 받은 남성의 배우자로서 한 단계 향상을 꾀하였다.

이 학원에서 활동을 계속한 결과, 목사 · 실업가 · 학생 등의 부인, 기타 직업부인, 나이 든 입소 희망자들이 증가하였다. 입소자의 나이는 15세부터 35세까지로 기혼, 미혼, 사별자 또는 이혼자를 포함해서 현재 수는 80여 명에 달한다. 그리고 학비 부담 능력자에게는 연액 19원의 수업료를 받고, 기숙사를 희망하는 자에게는 연액 50원의 식품 실비를 부담하게 한다. 또한, 부담 능력이 없는 자에게는 오후의 작업비로 모든 비용을 대체하고 있다. 이러한 종류의 여성성인 교육기관은 선내鮮內에 오직 하나뿐이기 때문에 입소 희망자가 많은 것은 당연한 일이겠다. 그러나 현재로는 교사가 작고 경비가 부족해서 모든 신청자를 받을 수 없다고 담당자는 답했지만, 드리스 여사의 열성적 경영과 친절한 지도는 실로 경복할 만 하다.

국어(일본어) 해득자　학교교육의 보급 진척과 도회지인 관계로 평양 부내府內의 조선인 중에서 국어(일본어)를 이해하는 자의 수는 근래 크게 증가하여 1929년 말 현재 다음과 같다.

국어(일본어) 해득자수 조사

	이해할 수 있는 자	보통 회화에 지장 없는 자	합계
남	8,292	5,772	14,064
녀	2,592	2,610	5,202
합계	10,884	8,382	19,266

사회교육社會教育

평양부내府內의 사회교육기관으로는 유치원, 일요학고, 도서관, 박물관, 청년단, 소년단 등과 같은 것이 있는데, 그중에서 민중 사상에 큰 영향을 미치는 것은 출판물 및 신문잡지다. 현재 그 반포頒布 상황 및 구독자를 조사한 결과는 다음과 같다.

출판물

평양경찰서 관내 출판물 반포(頒布) 상황(1929년 말 현재)

종별		내선인별	관공리(官公吏)	농공상	양반 유생	승려 선교사	교사	학생	노동자	부인	기타	합	합계
정치		내지인	160	32	-	2	36	3	2	8	9	243	335
		조선인	35	9	7	7	16	15	-	1	3	93	
법률		내지인	205	34	-	8	3	1	5	-	12	287	462
		조선인	79	25	7	3	24	35	-	-	2	175	
경제		내지인	74	90	-	1	8	12	-	6	20	211	368
		조선인	29	36	1	3	37	43	-	4	4	157	
4서5경류 기타 문학		내지인	50	10	-	8	40	13	23	4	2	127	433[56)
		조선인	59	-	154	11	18	37	-	3	-	305	
소설	정치	내지인	10	-	-	-	4	2	-	3	-	19	53
		조선인	12	4	12	-	5	1	-	-	-	34	
	종교	내지인	5	3	-	14	-	-	-	4	2	28	381
		조선인	29	51	22	59	59	79	-	54	-	353	
	충의 무용	내지인	56	63	-	2	13	53	11	12	15	224	345
		조선인	8	54	10	-	8	18	19	4	-	121	
	연애	내지인	63	102	-	2	30	14	11	35	24	281	797
		조선인	20	59	8	3	3	142	16	240	25	516	
	탐정	내지인	46	39	-	-	5	37	9	15	20	171	272
		조선인	10	19	5	-	12	45	5	1	4	101	

56) 432의 잘못으로 보이지만 원문 그대로 표기함. 이하 동일함.

	전설	내지인	70	74	-	6	21	7	3	16	3	201	363
		조선인	1	12	30	2	14	12	70	20	1	162	
	가정	내지인	66	60	-	1	12	6	3	111	7	266	342
		조선인	14	8	-	5	6	-	-	43	-	76	
	골계 이야기	내지인	31	37	-	-	11	64	7	23	13	186	402
		조선인	4	48	9	-	13	92	28	9	13	216	
	기타	내지인	76	79	-	7	38	26	14	13	48	301	503
		조선인	50	42	17	3	28	27	11	16	8	202	
종교 관련서		내지인	4	6	-	20	2	-	2	5	1	40	852
		조선인	30	152	78	134	15	133	50	150	70	812	
사회주의 관련서		내지인	37	40	-	5	-	22	4	-	-	108	236
		조선인	32	2	18	7	27	18	20	2	2	128	
의사(醫事)		내지인	33	1	-	-	5	-	-	1	4	44	124
		조선인	23	6	-	-	31	8	-	5	7	80	
실업		내지인	32	258	-	1	28	9	16	27	5	376	583
		조선인	25	51	50	-	31	38	-	5	7	207	
교육		내지인	46	14	-	1	52	227	1	12	5	358	568
		조선인	32	3	8	2	53	97				210	
가요		내지인	20	9	-	1	3	-				43	282
		조선인	1	9	-	-	19	154				239	
전기(傳記)		내지인	6	27	-	-	12	4				57	85
		조선인	2	3	4	-	12	4				28	
어학		내지인	54	12	-	4	36	139				259	1,053
		조선인	27	76	-	6	520	157				794	
보통학(普通學)		내지인	22	30	-	6	10	620				729	1,295
		조선인	35	21	7	1	22	391				566	
족보		내지인	-	-	-	-	-	-	-	-	-	-	119
		조선인	33	2	78	2	2	2				119	
기타		내지인	320	563	-	17	135	310				1,680	1,846
		조선인	63	54	5	-	30	-				166	

신문잡지

평양경찰서 관내 신문잡지 구독자 조사(1929년 말 현재)

제호	구독 부수				제호	구독 부수			
	내지인	조선인	외국인	합계		내지인	조선인	외국인	합계
이세(伊勢)신문	1	-	-	1	이와테신문	1	-	-	1
바칸(馬關)신문	7	-	-	7	일본상업통신	9	-	-	9
이육(二六)신문	1	-	-	1	호치(報知)신문	40	-	-	40
평양매일신문	1055	345	-	1400	동경일일신문	88	-	-	88
동경아사히신문	42	-	-	42	동아일보	정간			
동경매일신문	4	-	-	4	도쿠시마신문	4	-	-	4
동경(東京)통신	1	-	-	1	조선신문	323	27	-	350
조선일보	11	968	1	980	중외일보	6	426	-	432
조선매일신문	170	5	-	175	조선민보	1	-	-	1
중외상업신문	22	-	-	22	조선경찰신문	21	4	-	25
대판(大阪)매일신문	1742	48	2	1792	대판아사히신문	1364	36	2	1402
대판시사신문	43	-	-	43	가고시마신문	7	-	-	7
간몬(關門)일일신문	23	-	-	23	가고시마일일신문	4	-	-	4
요미우리신문	35	-	-	35	나가사키신문	7	-	-	7
구마모토일일신문	1	-	-	1	요로즈초호(萬朝報)	20	-	-	20
만주일일신문	4	-	-	4	만선신보(滿鮮申報)	-	35	-	35
매일신보	6	204	-	210	경성일보	902	8	-	910
경성일일신문	12	-	-	12	원산매일신문	2	-	-	2
부산일보	60	-	-	60	후쿠오카일일신문	28	-	-	28
국민신문	40	-	-	40	영문대판매일신문	20	1	3	24
구주(九州)신문	5	-	-	5	미야자키신문	1	-	-	1
신아이치(愛知)신문	13	-	-	13	서선(西鮮)일본	545	125	-	670
일년(一年)의 영어	31	-	-	31	이년(二年)의 영어	28	-	-	28
일본의계(醫界)	12	8	-	20	일성(日猩)치료	2	-	-	2

일본소년	75	-	-	75	닛카츠(日活) 영화	25	4	-	29
법률신문	22	1	-	23	법률연구잡지	12	-	-	12
호토토기스	20	3	-	23	봇창(ボッチャン)	20	1	-	21
보습교습	1	-	-	1	법학협회잡지	7	-	-	7
법조회잡지	5	-	-	5	법률평론	4	-	-	4
법률춘추	5	-	-	5	법제시보	40	10	-	50
법률시보	7	-	-	7	포켓강담(講談)	5	-	-	5
조선지방행정	15	8	-	23	조선사법협회잡지	8	2	-	10
치료시험	4	-	-	4	치료휘보	3	-	-	3
중앙공론	80	5	-	85	축산	2	1	-	3
조창(チョウチャン)	18	-	-	18	지리교육	9	-	-	9
치료와 처법	4	-	-	4	조선급(及)만주	6	-	-	6
조선공론	4	-	-	4	이학회(理學會)	2	-	-	2
요리의 토모(友)	30	5	-	35	와카구사(若草)	47	-	-	47
개조(改造)	120	7	-	127	가마타(蒲田)	60	-	-	60
가사사기(까치)	2	-	-	2	과학화보(科學畵報)	48	-	-	48
가사(家事) 연구	1	-	-	1	강가에가타(考へ方)	21	-	-	21
과학지식	30	-	-	30	학교교육	11	6	-	17
학습연구	8	4	-	12	학수(學粹)	1	-	-	1
카메라	2	-	-	2	유년화보	40	8	-	48
유녀(幼女)의 토모(友)	25	-	-	25	유년계(幼年界)	5	-	-	5
유년화보(畵報)	10	2	-	12	유년그림화(エバナシ)	15	2	-	17
유년의 쿠니(國)	5	-	-	5	유년의 토모(友)	32	1	-	33
유년 크라브	370	3	-	373	유년(幼年)	14	-	-	14
유녀(幼女)	10	-	-	10	남자의 토모(友)	25	-	-	25
다노시키(タノシキ)남자	5	-	-	5	다노시키 유녀	5	-	-	5
남자	10	-	-	10	역해(譯海)	60	4	-	64
단가(短歌)잡지	3	-	-	3	남자유치원	5	-	-	5
역사교육	9	-	-	9	영녀계(令女界)	55	-	-	55

무선전화	2	-	-	2	탈것(乘物)화보(畵報)	23	-	-	23
농업세계	40	-	-	40	농업의 트모(友)	8	2	-	10
야구계	29	2	-	31	만담(漫談)	10	-	-	10
건강시대	12	-	-	12	현대	58	6	-	64
금(グーム)	5	-	-	5	경제왕래(往來)	50	2	-	52
경제지식	5	-	-	5	부녀계(婦女界)	560	8	-	568
부인(婦人)세계	320	3	-	323	후지(富士)	280	5	-	285
부인공론	100	-	-	100	부인화보	32	3	-	35
문예춘추	130	4	-	134	문교의 조선	2	15	-	17
부인구락부	590	9	-	599	문예 크라브	100	-	-	100
부인의 토모(友)	41	1	-	42	문예전선	9	2	-	11
프랜드(フレンド)	5	-	-	5	문검(文検)수험계	3	-	-	3
강담(講談)크라브	320	4	-	324	강담(講談)잡지	85	-	-	85
고도모노 쿠니(어린이나라)	40	-	-	40	고도모(어린이)	15	1	-	16
고도모 크라브	2	-	-	2	고도모노 토모(友)	23	-	-	23
고도모 과학	41	-	-	41	광고계(廣告界)	16	-	-	16
국어교육	5	-	-	5	공인(公認) 여행안내	23	-	-	23
국어와(國語と)국문학	9	-	-	9	어린이계(子供界)	6	-	-	6
영화화보	9	-	-	9	그림화(ニバナシ)	10	-	-	10
영화와(映畵と)연예(演藝)	3	-	-	3	영화세계	6	1	-	7
영화시대	11	-	-	11	영어연구	18	7	-	25
영어청년(青年)	9	5	-	14	철도청년	33	3	-	36
철도세계	1	-	-	1	철도업무강좌	25	-	-	25
전기공학	17	-	-	17	전기의 토모(友)	1	-	-	1
선데이 매일	57	3	-	60	산술교육	4	-	-	4
삼년의 영어	18	4	-	22	최신천체화보	5	-	-	5
사라리만(샐러리맨)	2	-	-	2	기독신보(基督申報)	5	119		124
킹(キング)	880	8	-	888	교육시론	1	-	-	1

교육연구	21	6	-	27	교재집록(教材集錄)	8	-	-	8
교육논총(論叢)	2	-	-	2	은행연구	2	-	-	2
웅변(雄辯)	62	2	-	64	우등생	3	-	-	3
주부의 토모(友)	770	14	-	784	여자유치원	2	-	-	2
소년 크라브	504	-	-	504	소년세계	75	-	-	75
소녀세계	60	-	-	60	소녀 크라브	327	3	-	330
소녀화보(少女畵報)	75	-	-	75	신학지남(神學指南)	1	3	-	4
실업지(實業之)일본	65	-	-	65	소녀의 토모(友)	60	-	-	60
소년소녀미담(美談)	20	-	-	20	소학교	2	-	-	2
신청년	60	-	-	60	수험과(受驗と)학생	85	-	-	85
수험계(受驗界)	45	-	-	45	실업세계	15	-	-	15
소학일학년	200	-	-	200	소학이학년	210	-	-	210
소학삼학년	170	-	-	170	소학사학년	95	-	-	95
소학오학년	87	-	-	87	소학육학년	75	-	-	75
창가와(唱歌と)유희	1	-	-	1	별건곤[57]	129	-	-	129
조선(朝鮮)	17	-	-	17	조선농민	24	-	-	24
조선의 히카리(光)	33	-	-	33	어린이	74	-	-	74
진생(眞生)	20	-	-	20	아이생활	5	-	-	5
소녀계	63	-	-	63	신소년	28	-	-	28
새벗	8	-	-	8					

이상은 주로 평양부내府內의 내선외인별內鮮外人別(내지인, 조선인, 외국인 별) 신문잡지 구독 상황을 조사한 내용이다. 더불어 군부郡部에 속하는 대동경찰서 관내 신문잡지 구독자 수는 다음과 같다.

57) 이하 조선어 잡지는 조선인 구독 잡지의 잘못으로 보이지만 원문 그대로 표기함. 이하 동일함.

대동경찰서 관내 신문잡지 구독 수

신문잡지명	부수	신문잡지명	부수
이키(壱岐)일보	2	조선산림(山林)회보	3
일요잡지	1	조선지광	2
법제시보	9	조선농회보	1
평양매일신문	66	조선신문	2
별건곤	2	조선일보	56
등대(燈臺)	6	조선	2
조선경찰신문	45	조선지방행정	5
현대	1	철도국우(鐵道局友)	16
효인(孝人)세계	4	철도청년	9
부녀계(婦女界)	18	하해생활58)	4
부인구락부	5	안식일회서보(會書報)	3
후쿠오카일일신문	3	아사히카메라	2
문예의 조선	6	재계(財界) 연구	3
문예공론	1	궁도(弓道)	1
마음의 친구(心の友)	2	경학잡지	1
향상(向上)	1	호망	1
조선소방	10	유년신보(幼年申報)	17
자치기관	1	대동신문	1
중외일보	27	농민생활	11
추고쿠(中國)신문	1	요로즈초호(萬朝報)	1
중앙공론	2	매일신보	73
대판매일신문	106	경성일일신문	2
대판아사히신문	34	경성일보	28
기독신보	28	사법협회	5
웅변	4	주부의 친구(主婦の友)	12

58) 원문에는 한글로 표기되었지만, 아이생활(아희생활)의 오기로 판단됨.

미야자키신문	1	신학지남	3
사회의(社會醫)잡지	1	시월보(時月報)	6
신민(新民)	2	소녀세계	4
주일학교잡지	6	서선(西鮮)일보	5
소년세계	6	킹(キング)	10
진성(眞性)	2		
삼림(森林)회보	1	합계	693

민중지식民衆知識

평양 지방의 일반 조선 민중들의 독서 상황을 보면, 중년 이상의 사람은 대체로 역사적인 것을 즐기는 관계로, 전사戰史 또는 전기류傳記類가 많다. 충용忠勇 열사烈士가 군왕 또는 주인을 위해 분투하는데 특히, 근대 교육을 받은 청년 사이에 계급적 의식 색채가 있는 것을 즐겨 읽히는 경향이 있다는 사실에 주의해야 한다. 민간에 배포된 소설류는 대체로 다음과 같다.

옥중화, 삼국지, 구운몽, 소대성전蘇大成傳, 사민전謝民傳, 심청전, 옥루玉樓, 사랑의 화염, 쌍옥루, 강명화실기康明花實記, 춘향전, 옥린몽玉麟夢, 수탄지水灘誌, 유충렬전, 수호전, 용문전龍文傳, 열녀전, 효자전, 추월색전, 무정, 해국왕성

게다가 평양 지방의 민간에 유행하는 속담, 수수께끼에 대해 몇 종의 예를 들어보겠다. 이들 수수께끼나 속담 속에는 내지內地와 공통된 사상思想 및 형식의 것도 적지 않은 것 같다.

속담

○손톱 밑에 가시 드는 줄 알아도 염통 밑에 쉬 스는 줄 모른다.[59)]

○사흘 굶어서 남의 담 안 넘는 놈 없다.

59) 쉬는 파리의 알, 스는 알을 까는 것을 말한다.

○성공하면 군왕이 되고 패배하면 역적으로 몰린다.

○양호후환養虎後患(범을 길러서 화근을 남긴다).

○기르던 개에게 다리를 물렸다.

○산 사람 눈 빼 먹겠다.

○타인을 존경하는 것은 자기를 존경하는 것과 같다.

○모난 돌이 정 맞는다.

○독을 보아 쥐를 못 친다.

○바늘구멍으로 황소바람 들어온다.

○장님 문고리 잡았다.

○설상가상雪上加霜(눈 위에 서리가 덮인다).

○범의 꼬리는 놓을 수도 없고 잡고 있을 수도 없다.

○자기는 먹고 싶지 않지만 개에게는 주고 싶지 않다.

○시어머니에게 역정 나서 개 배때기 찬다.

○아이 배가 터져도 어른들은 굶주린다.

○누워서 침 뱉기.

○소 혀로 묘지 풀을 자르듯 하라.

○윗물이 맑아야 아랫물도 맑다.

○닫는 말에 채질한다고 경상도까지 하루에 갈 것인가.

○평안도 죽은 사람이 황해도 산 사람 다섯을 당한다.

○지고는 갈 수 없지만, 먹고는 갈 수 있다.

○삼척동자도 다 안다.

○낯으로 눈을 가린다.

○밑 빠진 독에 물 붓기.

○소귀에 경 읽기

○사또 떠난 뒤에 나팔 분다.

수수께끼

○밤낮없이 계속 가는 것은	강물의 흐름
○위로 먹고 옆으로 나오는 것은	맷돌
○나올 때는 앞으로 문제가 생겼을 때는 업혀서 들어가는 것은	대문
○이 뿔이 저 뿔 같고, 저 뿔이 이 뿔 같은 것은	메밀 씨앗
○한 번 꽃을 피우면 열매를 맺고, 다시 꽃이 되는 것은	면화棉花

사상思想 · 신앙信仰

종교

포교 상황 부내府內 내선인內鮮人의 종교는 아주 복잡하고 다양하게 신도神道, 불교, 기독교 각파를 망라하고 있다. 내지인의 종교는 청일전쟁(1894) 및 러일전쟁(1904) 이후에 내지인들이 증가하면서 현저하게 그 세력이 늘었다. 사원寺院, 교회, 포교소 등이 설치되었고 신도에는 천리天理, 금광金光, 대사大社, 신리교神理教가 있다. 불교에는 진종眞宗, 진언眞言, 정토淨土, 니치렌日蓮, 조동曹洞 및 임제종臨濟宗이 있으며, 기독교에도 일본기독교회, 조합기독교회, 감리교회 등이 있다. 조선인의 종교로 불교로는 선종禪宗, 교종教宗 등이 있고, 기독교에는 장로교, 감리교를 비롯해 천주공교天主公教 등이 있다. 기독교는 1897년경에 미국 선교사 S. A. 마펫Moffett 씨가 처음으로 조선에서 평양을 근거지로 하여 포교소를 세우고 널리 전선全鮮(전조선)에 교의教義를 보급 전파한 결과, 각 종교 중에서 가장 많은 조선인 신도를 지니게 되었으며 특히 평양 지방에는 독실한 신자가 많아서 예배일에 교회 안에는 백의白衣를 입은 사람들로 가득하다. 현재 평양부내府內 각 종파의 포교 상황을 제시하면 다음과 같다.

포교 상황 일람표(1929년 말 현재)

신도(神道)

교파	전당 수	포교소 수	포교자 수								신도 수							
			내지인		조선인		외국인		합계		내지인		조선인		외국인		합계	
			남	녀	남	녀	남	녀	남	녀	남	녀	남	녀	남	녀	남	녀
천리교파	-	2	11	5	-	1	-	-	11	6	377	486	19	26	-	-	396	512
신리교파	-	1	-	1	-	-	-	-	-	1	345	136	4	6	-	-	349	142
금광교파	-	1	1	-	-	-	-	-	1	-	85	89	-	-	-	-	85	89
합계	-	5	12	6	-	1	-	-	12	7	807	711	23	32	-	-	830	743

불교

교파	전당 수	포교 소 수	포교자 수								신도 수							
			내지인		조선인		외국인		합계		내지인		조선인		외국인		합계	
			남	녀	남	녀	남	녀	남	녀	남	녀	남	녀	남	녀	남	녀
진종대곡파 본원사포교소	-	1	2	-	-	-	-	-	2	-	530	520	-	-	-	-	530	520
니치렌종 조국사(照國寺)	1	-	2	-	-	-	-	-	2	-	391	378	-	-	-	-	391	378
진종본원사파 본광사(本光寺)	1	-	4	-	-	-	-	-	4	-	1350	1450	4	4	-	-	1354	1450[60]
정토종 화정사(華頂寺)	1	-	1	-	-	-	-	-	1	-	1055	719	136	132	-	-	1191	851
고의진언종 국태사(國泰寺)	1	-	1	-	-	-	-	-	1	-	150	150	-	-	-	-	150	150
임제종묘심사파 정종사(正宗寺)	1	-	1	-	-	-	-	-	1	-	356	238	-	-	-	-	356	238
조동종 대조사(大照寺)	1	-	1	-	-	-	-	-	1	-	650	610	10	10	-	-	660	620
진종산원파 포교소	-	1	1	-	-	-	-	-	1	-	75	75	1	-	-	-	76	75

60) 1454의 잘못으로 보이지만 원문 그대로 표기함. 이하 동일함.

법화종본원사파 포교소	-	1	1	-	-	-	-	-	1	-	130	80	-	-	-	-	130	80
환성파 영명사(永明寺)	1	-	-	-	1	-	-	-	1	-	-	-	30	60	-	-	30	60
선종유점사파 포교소	-	1	-	-	1	-	-	-	1	-	-	-	1294	2035	-	-	1294	2-35
제호(醍醐)파 수험도 분교회	-	2	1	1	-	-	-	-	1	1	25	45	-	-	-	-	25	45
합계	7	6	15	1	2	-	-	-	17	1	4712	4265	1475	2241	-	-	6187	6506

기독교

교파	전당 수	포교소 수	포교자 수								신도 수							
			내지인		조선인		외국인		합계		내지인		조선인		외국인		합계	
			남	녀	남	녀	남	녀	남	녀	남	녀	남	녀	남	녀	남	녀
조선예수교 장로회	-	7	-	-	9	5	3	1	12	6	-	-	2023	2728	1	4	2024	2732
미 감리교회	-	7	-	-	15	7	2	8	17	15	-	-	1204	1307	2	7	1206	1314
일본기독교회	-	1	1	-	-	-	-	-	1	-	14	22	-	-	-	-	14	22
일본감리교 평양교회	-	1	1	-	-	-	-	-	1	-	69	77	-	-	-	-	69	77
일본조합 일본기독교회	-	1	1	-	-	-	-	-	1	-	38	34	3	1	-	-	41	35
제7일 안식일 예수교 재강림교	-	1	-	-	1	-	-	-	1	-	-	-	45	73	-	-	45	73
천주공교	-	1	-	-	-	-	2	-	2	-	-	-	850	948	2	-	852	948
성공회	-	1	-	-	1	-	-	-	1	-	-	-	18	45	-	-	18	45
동양선교회	-	1	-	-	1	1	-	-	1	1	-	-	40	70	-	-	40	70
조선공중기독교회	-	1	-	-	1	-	-	-	1	-	-	-	40	70	-	-	40	70
합계	-	22	3	-	28	13	7	9	38	22	121	123	4223	5241	5	11	4349	5386

종교 유사단체 이외에도 종교 유사단체로 천도교天道敎, 시천교侍天敎가 중요한 것인데, 집

회소를 지니며 포교에 종사하고 있다. 그밖에 단군교檀君教, 수운교水雲教, 흠치교吽哆教, 중심교中心教, 신리교神理教, 대본교大本教 등도 있는데, 그 세력은 미미한 것으로 보인다.

천도교, 시천교 교도 수 조사(1929년 말 현재)

	집회소 수	포교자 수	교도 수	본년도(本年度)		
				새 신도	탈퇴 신도	증감
천도교	2	13	645	197	41	156
시천교	1	3	910	95	-	95
합계	3	16	1,555	292	41	251

더불어 평양 부근의 대동경찰서 관내의 종교 및 종교 유사단체의 포교 상황을 보면 다음과 같다. 표와 같이 신자信者 대부분은 장로파長老派에 속하는 기독교도인이다.

대동경찰서 관내 사원(寺院), 사찰, 포교소 신도 수

교파별	사원 또는 사찰 수	포교소 수	신도 수
장로파	-	53	6,426
안식교(安息教)	-	2	42
남감리파(南監理派)	-	2	117
천주교	-	3	75
불교	4	-	46
합계	4	60	6,707

대동경찰서 관내 종교 유사단체 프교소 신도 수

종별	포교소	신도 수
천도교(天道教)	4	62
천화교(天化教)	1	21
보천교(普天教)	1	12
합계	6	95

평양부내府內의 문묘文廟, 기자릉箕子陵, 관제묘關帝廟, 숭인전崇仁殿, 숭령전崇靈殿 등은 예부터 민중들이 존숭尊崇해온 곳이며, 지금도 봄가을 두 번 제사를 지낸다. 내지인들의 이주移住로 안치된 평양신사平壤神社는 부府 산토신產土神으로 참배자가 많다.

미신

어느 나라든지 야만 · 미개 시대에는 천지, 일월성신, 산천, 귀신 등에게 제사 드리며 길흉화복을 묻고, 병이 낫기를 기원하면서 의료를 배제하는 미신을 믿는 실례는 적지 않다. 그러나 종교 세력이 약한 조선에서는 특히 미신을 믿는 경향이 강하다. 미신은 전도全道에서 풍미風靡하고 있는데, 실제로 민간신앙의 중심에 자리 잡았다. 이조 말엽에 이르러서는 하층사회뿐만 아니라, 위로는 왕실에서 정치에 관여하는 가정에서조차도 우매한 미신에 빠지는 경우가 적지 않았다. 병합 후에 당국은 때로는 교육을 통해, 때로는 경찰력을 동원해 극력極力 미신타파를 위해 노력해 왔지만, 인습因習이 오래되었기 때문에 쉽게 폐습弊習을 없애기 어려웠다. 아직도 사회 민중 사이에서는 황당무계한 미신 풍조가 농후한 것이다. 물론 평양 지방은 비교적 신문화의 혜택을 받아서 산간 오지山間奧地와는 다르지만, 현재도 미신 행위가 현저함을 지적할 수 있다.

일. 일식 · 월식은 암흑국暗黑國의 사신이 와서 일월日月을 빼앗아 가려는 것으로 성대하게 소리를 내서 이를 쫓으려는 관습이 있었는데, 현재 그러한 형태는 거의 자취를 감추었다.

일. 기사년己巳年에는 목화가 흉작이 된다. 그 이유는 뱀이 털 하나도 없는 곳에서 나오기 때문이다.

일. 부모, 조부모상을 당한 자는 가급적 아기가 태어난 집에 출입을 삼간다. 만일 그 집에 출입해 아기가 병에 걸리면, 그 이유는 상문喪門의 질환이라며 극히 꺼린다.

일. 도깨비는 종종 장난을 치는데 야간 등에 타인의 물건을 훔치거나, 솥뚜껑을 솥 안으로 억지로 밀어 넣는다. 때로는 건강한 소를 데려가기도 한다.

도깨비에게 잘 보이면 부자가 되고, 반대로 미움을 받으면 가운家運이 쇠한다.

어떤 과부가 도깨비의 정부情婦가 되었기 때문에, 도깨비가 운반해온 금은金銀으로 부자가 되었다. 그런데 과부는 도깨비가 싫어져서 절연絶緣하자, 도깨비가 모든 금은을 들고 떠났다고 한다.

일. 정신병자에게는 악마가 들렸다고 하여, 환자에게 밤낮으로 잠들지 못하게 하고 큰소리를 쳐서 주문을 외어 악마를 내쫓으려고 한다. 가장 심한 경우로는 환자의 사지四肢를 잡아당기고 복숭아나무로 구타해서 환자를 죽게 한 사건도 일어났다.

일. 아이를 낳지 못하는 부녀자는 근처에서 출산을 했을 때, 몰래 그 집 숟가락을 훔쳐오면 자기도 출산할 수 있다고 한다.

일. 아이 유행병이 발생했을 때, 옥수수탑을 지어서 이것을 색포色布에 담아서 전봇대 등에 묶어 두면, 병을 예방하거나 걸려도 빨리 완치할 수 있다고 한다.

더불어 교외郊外 대동군大同郡 지방의 미신도 대체로 평양과 비슷한데, 촌락으로 가면 미신에 대한 믿음도 시가지보다도 한층 강력하다고 한다. 참고로 현재 행해지는 몇 가지 사례를 들어보면 다음과 같다. 그중에는 극히 위험성이 높은 것도 있다.

일. 대문에 빈병을 걸어두면 전염병이 피해간다.

일. 중병에 걸린 환자가 있을 경우에 인형을 만들어 12개소에 묶어 매장하면 환자가 완치한다.

일. 전봇대를 긁어모아서 이를 구워서 재로 만들어, 아이에게 복용시키면 종기가 낫는다.

일. 홍역이 유행할 때는 한 마을의 빨래용 대석臺石(빨침돌)을 뒤집어 놓으면 이를 예방할 수 있다.

일. 음력 10월에 천둥 번개가 치면 나라에 흉변이 생긴다.

일. 난산難産 때에는 임부가 화약을 복용하면 쉽게 출산할 수 있다.

일. 백일해에 걸렸을 때는 나귀와 입맞춤을 하면 낫는다.

일. 습기 있는 땅, 기타 지상地相이 불량한 땅에 묘지를 정하면 자손이 번창하지 않는다.

일. 두창에 걸렸을 때는 전봇대에 환자 옷을 걸어두면 낫는다.

일. 나병환자는 죽은 사람의 간을 먹으면 낫는다.

일. 폐결핵 환자는 죽은 사람의 음모陰毛를 먹으면 낫는다.

일. 죽은 사람을 소생시키기 위해서는 아래처럼 피를 복용하면 목적을 이룰 수 있다.

사망자가 부모일 경우에는 그 아들

사망자가 남편일 경우에는 그 아내

사망자의 아이가 없을 경우에는 그 부모

일. 간질 환자는 사람의 음경陰莖을 먹으면 낫는다.

일. 신경쇠약자는 태반胎盤을 먹으면 낫는다.

무복巫卜

무당(무녀) 『수서隋書』에는 이 지방의 풍습을 "귀신을 섬기고 음사淫祠가 많다" 고 기록했는데, 예부터 민간에서는 무당의 언동은 자기 운명을 좌우하는 것으로 절대적으로 맹신했다. 따라서 무당이 흉화凶禍를 말하면 빈부를 막론하고 많은 돈을 내는 것을 마다치 않고 친족지기親族知己를 불러 귀신에게 대제례大祭禮를 올려야 했다. 그리고 그 비용은 적게는 3원 40전, 많게는 수백 원에 달했다. 평양 지방의 일반 중류 이상의 가정에서는 대체로 매년 이를 거행하는 풍습이 있으며, 무당이 이것을 관장한다. 그리고 무당에게 운명판단을 묻고 기도 등을 부탁하는 것이 통례였고, 그 세력은 지금도 크다. 무당의 통일기관으로 숭인崇人조합이 존재한다.

가정에 환자가 있을 때에는 맹인, 복자卜者에게 날짜를 간택해 신전을 설치해 음식, 5색의 옷감, 닭, 금전을 무당에게 주고 하루 반 밤에 걸쳐 기도를 계속한다. 심한 경우에는 중병환자를 눕혀 놓고 소리를 내고 춤 등을 추며, 오히려 환자에게 악영향을 줄뿐만 아니라, 부근 주민들의 수면을 방해하는 일이 심각하다.

운명판단 운명판단(점)을 전문으로 하는 무당이 있는데, 맹인 · 무당 · 점쟁이 등에게 의뢰해 운명판단을 받는다. 그리고 길흉화복, 질병 등의 판단을 받아 만약에 흉할 때는 귀신을 쫓기 위해 무당 · 맹인 등이 기도하는 것을 통례通例로 한다. 운명판단을 하는 자들 대부분은 귀신이 있다고 상대방에게 공포심을 조성해 그 예방법으로 기도 등을 권하는데, 그 판단을 받는 자들의 대부분은 부녀자들이다. 특히 노인, 주막집 여자, 기생, 매음부 등에서 이를 믿는 자가 많다.

풍수사風水師　예부터 풍수사가 존재해 왔는데, 주로 묘지의 적부適否를 판단하고 만약에 적절하지 않은 경우에 그 집안의 번영에 영향을 준다며 조상의 백골白骨을 꺼내서 다른 곳에 이장한다. 시가지인 관계로 근래 평양에서는 풍수사를 그다지 볼 수 없게 되었다.

기도 · 주술　기도 및 주술은 주로 무당이나 맹인 등이 행한다. 무당은 불교 염불과 비슷한 말로, 맹인은 순연한 불경을 읊어서 이를 행한다. 그리고 액을 털어내기 위해서는 옥추경玉樞經, 육무경六武經, 태세경太歲經을 사용하며, 일신일가一身一家를 위해서는 천년경千年經을 외우는 등 다양한 주술이 행해지는 듯하다.

전설傳說

평양은 조선의 고도古都로 발전한 땅이라서 지금도 많은 전설이 남아 있다. 그중에서 가장 인구에 회자되는 것은 역사적으로 유명한 단군 및 기자 전설이다. 또한 대동강이 민중 생활과 중대한 교섭을 가져왔기 때문인지 이에 관련된 전설이 많다. 평양은 옛날부터 기생 세력이 성행한 곳이라는 것은 기생에 관한 전설이 많은 것에서도 엿볼 수 있다. 그러나 현재 전하는 것 중에는 황당무계한 전설, 또는 견강부회로 만든 이야기에 불과한 것 같은 전설도 적지 않다. 이런 것 중에서도 왠지 모르게 지역색과 민심이 반영되어 있다는 점에서 재미가 있다.

단군전설　『삼국유사三國遺事』에 따르면 옛날 제석帝釋의 서자 환웅이라는 이가 아버지 명을 받아서 태백산정 즉 평안북도 묘향산 단수 아래로 강림해, 여기에서 웅녀와 혼인해 아이를 낳았다. 그 이름을 단군왕검이라 하였다. 단군은 나중에 당요唐堯(중국 요임금) 무렵에, 평양에 도읍을 옮겨 조선을 통치했다. 나라를 천오백 년에 걸쳐 통치하다가 주나라 무왕武王이 즉위한 해에 기자가 봉해져 평양에 왔으므로, 단군은 다른 곳으로 거처를 옮기고 나중에 은거하여 산신이 되었다. 나이 천 구백 팔세에 달했다고 전해진다.

평양 선인설仙人說　『삼국사기三國史記』에는 평양자平壤者 선인왕검仙人王儉의 땅이라 하였고, 『고려사高麗史』 묘청전에는 승려 묘청이 국왕 인종에서 평양 부근에 대화궁大華宮을 만들고 팔성당八聖堂을 궁중으로 하였다고 기록되었는데, 이 팔성八聖 중에 구려평양선인駒麗平壤仙人 실덕연등불實德燃燈佛이라는 서술이 부가된 것을 보더라도 옛날부터 평양 선인이라는 것이 일반에 믿어지고 있었다고 생각된다.

기자箕子 전설 『사기史記』 송세가宋世家[61]에는 주周 무왕武王이 은殷을 이기고, 기자箕子를 조선에 봉했다고 기록하였다. 『후한서後漢書』 동이전東夷傳에도 옛날 무왕이 기자를 조선에 봉해, 기자가 예의禮義와 전잠田蠶[62]을 가르쳤다고 기록하였다. 일반적으로 기자가 조선에 와서 평양을 도읍으로 삼았다고 믿고 있다. 그리고 기자가 조선에 올 때 백마를 타고 왔기 때문에, 그 덕을 기리고 백마를 기념하기 위해서 조선인은 백의白衣를 입으며, 검은 옷을 입을 경우에도 옷깃에 흰 천을 달게 되었다고 전해진다.

기린麒麟이 나타남 성천成川에 도성都城을 쌓고 군림君臨한 동명왕이 일찍이 대동강을 내려와서 모란대 부근에서 기도를 드릴 때, 부근의 암굴巖窟에서 기린이 나타났다고 한다. 이것은 세상에 성현聖賢이 나올 길조였다.

역린逆鱗의 잉어 지금으로부터 4백 90년 정도 전에 설 모라는 한 노인이 있었다. 어느 날 설 노인은 대동문 밖에서 역린逆鱗의 잉어를 파는 사람을 보고, 옛날부터 용과 같은 종류의 물고기는 비늘이 반대로 생겼다는 전설을 떠올리고 그것을 사서 대동강에 방류했다. 그 물고기는 그 날 밤 청의青衣 동자 모습으로 노인을 찾아왔다.

"당신의 후의厚意에 보답하고자 하오니 무엇이든지 거리낌 없이 말씀하세요. 무엇이든 소원을 말해 보세요." 하고 물었다. 노인은 달리 소원은 없지만, "평양 성안의 주민들은 마실 것이 충분하지 않고, 10여 리나 되는 미림리까지 물을 긷기 위해서 가는데 (그 당시 대동강은 미림리 동남쪽에 흐르고 있었다고 한다.) 어떻게든 대동강을 평양을 따라서 흐르게 해 주었으면 하오." 하고 희망을 말했다.

청의青衣 동자는 "그럼 그 소원을 들어드리도록 하겠습니다." 하고 물러났다고 한다. 노인은 그 다음 날 성안을 돌아다니면서 이제 곧 대동강이 평양을 따라서 흘러가게 될 것이라고

61) 송세가(宋世家) : 송미자세가(宋微子世家).
62) 전잠(田蠶) : 농사와 누에를 치는 일.

말했다. 당시 감사 박항엽朴恒燁은 이 노인을 체포해서 만일에 대동강의 흐름이 변하면 크게 상찬하겠지만, 그렇지 않을 때에는 사형에 처하겠다며 그를 유치留置해 두었다. 그런데 그날 오후부터 큰비가 내려서 이틀 후에 대동강은 노인의 예언대로 되었기 때문에, 감사는 이를 크게 상찬하고 노인을 위한 기념으로 설수당薛守堂이라는 것을 건립했다. 더불어 이 대홍수 때, 성천에 있던 산이 무너져 내려 그것이 현재의 모란대 밑에 있는 능라도綾羅島가 되었다.

가라앉은 대묘大錨(큰 닻)　평양의 지형은 마치 배 모양을 하고 있으며, 그것이 대동강의 흐름을 따라갔다. 옛날에는 누차 홍수 피해를 입어 평양 사람들은 안주할 수 없었다. 풍수적으로 이 지상地相은 홍수를 피할 수 없다는 것이 자연의 위력이었다. 따라서 그 재앙을 배제하고 시가지의 안태安泰를 유지하기 위해서는 큰 닻을 달아서 배를 멈추게 해야만 되었다. 어느 날 큰 닻을 만들어서 이것을 연광정練光亭 아래 강 속에 깊이 가라앉힌 이후로, 평양에는 대홍수가 없어졌다고 한다.

목화의 전래　옛날에 평양 지방에는 목화가 없어서, 어느 시대에 을지문덕이라는 성자聖者가 붓 뚜껑 속에 목화씨를 넣어서 지나支那에서 가져와 재배했는데, 그것이 확대되어 현재와 같이 일반에게 보급되었다고 한다.

부산면斧山面의 유래　대동군에 부산면이라고 하는 면이 있는데 이것은 임진왜란 당시, 동면 화곡리 부근에서 발견된 돌도끼를 가지고 맹렬한 일본군의 공격을 퇴격해 이를 멸망시켰다. 이후에 면 이름을 부산면이라고 칭하고 있다.

폐사廢寺의 비석　대동군大同郡 고평면古平面 차리車里에 폐사廢寺 하나가 있는데, 이 절 비석을 만지면 바로 눈이 멀게 된다고 하므로, 지금도 이 지방 주민들은 이 절 안에 들어가지 않는다고 한다.

의기義妓 월향月香　임진왜란 당시 고니시 유키나가小西行長의 부장副將 중에 용감무쌍한 자가 있었다. 기생 계월향이 이 용사에게 붙잡혀서 진중陣中에서 크게 총애를 받았다. 어느 날 월향은 친척을 만난다고 청해 허락을 받아 성벽 위에서 오라버니를 찾았다. 그 때 김응서라는 용사가 나타나 오라버니라고 속이고, 성안으로 인도되어 연광정에 들어왔다. 밤이 되어 그 부장이 잠들었을 때, 그 목을 자르고 머리를 들고 월향과 함께 성을 탈출하려고 했다. 두 사람이 함께 도망치기 어려움을 알고, 그 남자는 월향을 베고 성을 넘어서 돌아갔다고 한다. 김응서는 용강군 출신으로 용강에 그 자손이 있는데 그 유적이 전해져 온다고 한다. 또한, 상수보통학교 쪽에 있는 의열사義烈祠에는 월향을 기리는 곳이라고 전해진다. 평양 기생 사이에서는 월향의 기개를 추모하여 봄가을에 기생들이 모두 모여서 사당을 참배하고 그 영靈을 기리고 있다.

독부毒婦 금화錦華　옛날 평양 관찰사에 이 모라는 젊은이가 있었다. 그는 부인을 한성 집에 남기고 단신으로 임지任地에 부임했다. 어느 여름날 저녁, 강 위에 배를 띄우고 노는데, 금화錦華라는 평양 유일의 명기名妓를 만나서 그 교태에 마음을 빼앗겨, 이후 이 관찰사는 낮에도 밤에도 그녀에게 심취해 환락에 빠져 살았다. 이렇게 항상 방탕하게 생활하고, 그 정치도 가렴주구苛斂誅求에 몰두하여 양민들의 고혈을 짜내기에 여념이 없었다. 원성이 높아져만 가는데 한여름에 큰비가 계속 내리고 수십 년간 일어나지 않던 대홍수가 대동강 제방을 넘어서 들이닥쳤다. 이 피해로 쓸려간 인축人畜이 무수하게 많았고, 사람들은 이를 폭군의 학정虐政이 천지의 노여움을 샀기 때문이라며 원성이 자자했다. 그를 비판하는 상소가 한성에 올라가 백성들의 도탄을 호소했으므로 이 관찰사는 전임轉任 명령을 받게 되었다. 그는 몸도 마음도 금화와 헤어지게 되어, 마지막 밤을 그녀와 함께 마음껏 즐겼다. 마지막으로 그녀가 필요한 것을 주겠다고 하자, 금화는 천천히 빨간 입술을 벌려 "진실로 첩을 어여삐 여기신다면 그 마음의 증표로 앞니를 하나 뽑아 주십시오." 하고 요청했다. 그 다음 날 이 관찰사는 아물지 않은 앞니를 뺀 아픔을 참으면서 한성으로 돌아가게 되었다. 그는 사랑하는 정을 참을 수 없어서 한 고개에 멈춰 서서 멀리 평양 쪽을 뒤돌아보고 있을 때, 산 밑에서 한 젊은이가 서둘러 고개를 올라오는 것을 보았다. 다가가서 그 이유를 물어보니 그 젊은이도 그 임지가 송도로 바뀌어서 평소 사랑하는 여인을 위해서 어젯밤에 앞니를 빼주고 애수에 잠겨 고생하고 있다고 대답했다. 이 관찰사는 이 이야기를 듣고 자신의 경험과 비슷하여 크게 통감하였다. 이로써 세상에 신기하게도 두 사람은 서로 신세 한탄을 늘어놓고 나서, 그 여자를 같이 확인하고 만일 같은 여자라면 서로 이빨을 돌려받자고 손을 잡고 평양으로 다시 돌아왔다. 두 사람의 발걸음은 자연스럽게 금화의 집 앞에 동시에 멈춰 섰다. 두 사람은 속았다는 것을 알고 원망하며 여자에게 달려들었다. 금화는 냉담하게 두 사람을 바라보며 커다란 주머니를 꺼내며 "이 안에서 자신의 이빨을 찾아 꺼내시오." 하고 쌀쌀하게 응대하고 가버렸다. 그 주머니 속에는 수백 개의 생생한 앞니가 가득 담겨 있었다고 한다.

민심民心의 경향

기호嗜好 습벽習癖 고문헌에 제시된 바에 따르면, 평안도 지방의 인심人心은 속한이교俗悍而驕(사납고 교만), 혹은 효용웅강驍勇雄强[63] 또는 상기력尙氣力 또는 부인 및 정신婦人及貞信에 대한 부정不淨을 피辟한다는 기록이 전한다. 인민들의 기풍은 일반적으로 강의剛毅 조포粗暴[64]한 면이 동반되기 쉬운 결점이 있다. 대체로 유고적 교양이 부족하고 예의와 덕을 결한 감이 있지만 경제 사상이 발달하였고, 상업 경영에 뛰어나 상인들에게 저축하고 근면한 미풍이 있다. 자활자영自活自營의 의지가 강하고 정부政府의 보호를 원하지 않은 경향이 있었다. 그러나 효자와 절부節婦는 적고, 특히 여자들의 기풍이 사나운 것은 다른 데서는 찾아볼 수 없을 정도다. 시대를 자각한 근대 청년과 부녀들은 조혼早婚 폐습弊習에 대해 통감하게 되었고 점차 혼기婚期가 내지內地(일본)화 되고 있음을 확인할 수 있다. 한편으로 근대사상의 영향을 받아 자유해방을 외치며, 연애결혼도 점차로 증가하는 풍조도 현저한 데가 있다.

평양부 및 그 부근은 상공업지인 관계로, 주민이 계속 정착하지 않고 직공노동자가 많아서 풍기風紀 같은 것도 나쁘다. 하층 주민들은 담배 음주를 즐기며 사행성이 있어서 투기 심리가 왕성하여, 도박을 하는 사람도 극히 많다. 장이 서는 날 등은 거의 아무런 볼일이 없는데도 불구하고 시장에 나와서 술을 마시고, 마치 공휴일과 같이 행동하는 풍조가 있다. 촌락에서는 강도범 · 절도범들이 장날을 이용해서 양민들이 장보고 오는 길을 노리는 일이 많아서, 경찰 당국에서도 단속에 다대한 노력을 기울이며, 피해를 미연에 방지하기 위해 노력하고 있다. 부근 촌락에서는 한여름에는 더워서 옷을 벗는 풍조가 있는데, 길거리를 왕래할 때에도 옷을 벗고 다니는 것에 대해 아무런 수치심이 없다. 또한, 주민들 중에는 초가을이 되기까지 집 밖에서 자는 경향이 있어서 경찰 당국에서는 풍기 단속을 위해 상당히 곤란한 상황인 듯하다. 첩을 두는蓄妾 폐해 역시 지금까지도 계속되고 있다. 상류 가정에서는 상당

---

63) 효용웅강(驍勇雄强) : 사납고 날쌔며 강하고 힘차다.
64) 강의(剛毅) : 강직(剛直)하여 굴하지 않음. 조포(粗暴) : 행동이 거칠고 사나운 모양.

히 많은 사람이 첩을 거느리고 있으며, 중산계급 이하에서도 사내아이를 출산하지 못하면 상당한 희생을 감수하면서도 첩을 두어 후계後繼를 얻으려는 풍조가 있다.

대인관계 평양 지방의 대인관계 즉 지주와 소작인, 내지인과 조선인, 조선인과 지나인支那人, 고용주와 고용인, 백정과 상민, 채권자와 채무자, 관헌과 민중 등의 관계에 대하여 필자가 평양 지방에 출장을 간 1930년 겨울, 이 지방의 민정民情에 정통한 평양경찰서와 대동경찰서 당국에서 청취한 바에 따르면, 대체로 경찰서 담당자들은 다음과 같은 견해를 제시하였다.

그 하나

지주 대 소작인의 관계 본도本道에서 일반적으로 빈부 차이는 타 지역에 비해서 현격하지 않다. 지주들 역시 양반처럼 권세를 떨치지 않고, 거의 양자兩者 사이는 원만하다. 단지 도시에 사는 지주가 토지소재지의 대리인을 농감農監으로 선정해 이를 완전히 위임한다. 때때로 농감이 사리사욕을 위해서 소작권을 멋대로 변경하고, 기타 배분配分상에서 다소의 차등을 만들기도 하지만 이것도 극히 소수에 불과하다. 그러나 한편으로 최근 민중들은 현저히 경제 방면에서 자각하였고, 특히 청년 학생 등의 귀농자가 증가하고 각종 사상단체 등의 농촌 계몽운동으로 인해 주의적主義的[65] 색채를 띠게 되어 앞으로는 평온을 유지하기 어려운 감이 있다.

내선인 대 조선인의 관계 평양 지방의 조선인은 이조李朝의 중세 쇄국정책과 압제壓制로 인해서 극도로 피폐해졌다. 한국병합으로 인해서 학대에서 벗어났고, 거의 자유로운 생활과 안정을 얻게 된 것을 기뻐하고 있다. 응당 일부 민족주의자들은 항상 불평을 가지고 특히 1919년의 독립운동 이후에는 민심이 급변해 현재 상태에 만족하지 않고, 인도의 간디 독립운동에 자극을 받아서 배일사상排日思想을 나날이 조장하고, 매번 일이 있을 때마다 민족의식을 노골적으로 자극한다. 또한 그들은 표면적으로 독립운동이 도저히 효력이 없음을 알고, 경제전經濟戰 또는 정치적 방면에서 목적을 달성하려고 한다. 유식계급의 친일가親日家를 제외하면,

65) 주의적 : 사회주의적.

점차적으로 내선인內鮮人 사이는 멀어지고 있는 것으르 보인다.

조선인 대 지나인支那人의 관계　최근 조선인은 세계 각극에 비해 전혀 뒤떨어져 있지 않다고 과신하고 있는 관계로, 조선인의 다수는 지나인 보기를 열등민처럼 모멸侮蔑하는 태도를 보이는 것은 숨길 수 없는 사실이다. 또한, 근년에 이르러 지나관헌支那官憲이 남북만주滿洲지방에 거주하는 조선인에 대해 직권을 남용해서 무법적인 박해를 가하는 일이 빈발하고 있다. 이에 지나인에 대한 반감이 점차로 강화되고 있지만, 아직 표면적이고 직접적인 행동으로 나오지 않고, 간신히 평정을 유지하고 있다. 그런데도 최근 지나인들은 그 행동이 종전에 비해 방자해지는 경향을 보여, 양자의 감정은 더 멀어져 사태事態를 우려할 만하다.

고용주 대 고용인의 관계　고용주 대 사용인(고용인)의 관계는 본래 주종관계의 미덕을 지녔지만, 최근에는 신사조新思潮의 침입侵入과 함께 그 미덕은 땅에 떨어지고 권리의 주장이 강해지고 있다. 고용인이 노동력을 제공해 임금을 받는 것에 대해 아무런 은혜적 감정을 필요로 하지 않는 사조思潮가 농후해졌다. 종래의 고용주 대 고용인 사이에 존재하던 미덕은 전혀 찾아볼 수 없는 상태가 되고 있다.

백정白丁 대對 상민常民의 관계　옛날에 백정은 상민에게 말을 거는 것도 허락되지 않는 상황이었는데, 현재는 그 풍조가 감소하고 있다. 특히 평양 지방에서는 백정이 극히 적어서 문제로 볼만한 것은 없다.

채권자와 채무자의 관계　시중에서 특기할만한 것은 없다.

관헌과 민중의 관계　서북지방은(평안남도 포함) 이조 5백 년 동안 간신奸臣의 음모술책으로 인해 사관仕官의 길이 막혔다. 서북지방 사람이 고관대작高官大爵으로 등용되는 일은 거의 없었고, 압제壓制가 가해졌기 때문에 관청에 대한 감정은 항상 반항적이었다. 한국병합 이후 이러한 악폐惡弊는 완전히 제거되어, 관리를 대할 때도 호의를 가지고 받아들여지고 있다. 그러나 중년 이하의 청년들은 내심 항상 반항심을 지니며, 특히 최근 이러한 풍조가 현저해지고 있다. 제복을 입은 경찰관의 직무집행에 대해서도 폭행적인 태도를 행사하려는 자가 적지 않아서, 상당히 고려해야 할 것으로 인정된다.

그 둘

지주 대 소작인의 관계 본래 평양 지방에서 지주 대 소작인의 관계는 내지(일본) 구 막부幕府 시대의 주종관계와 비슷해, 주인의 명령에 절대복종하는 풍조가 있었다. 소작쟁의와 같은 것도 거의 없었고 매우 원만했다. 유럽 대전(제1차 세계대전) 후, 지방문화의 발달과 세태의 변천 및 사상계의 변화와 함께, 특히 1919년 제도 개정 이래, 걸핏하면 당국의 민의창달民意暢達·민의존종을 곡해曲解하여 그 의무를 이행履行하는 관념은 약화되고, 권리를 주장하는 데 급급하는 경향이 생겨났다. 이러한 사상은 계속해서 지주 대 소작인 사이에서 발생해, 소작인의 사회적 자각과 함께 점차적으로 구태를 벗어나는 듯이 보인다. 그 사이에 다소 주의자(사회주의자) 등이 책동을 시도하려는 움직임도 없지는 않았지만, 아직 표면화된 사례는 없고 대체로 양자 사이는 원만하다. 현 상황에서 지주에 대한 소작인들의 요구를 열거하자면, 소작료의 감액, 분배방법의 개정(종래 절반 또는 4분을 지주에게, 6분을 소작인에게 배분), 금비金肥[66] 대금 부담의 전폐全廢 등이 중복되는 내용이다. 관내管內에서 지주 대 소작인 사이에 가장 잘 융합한 타의 모범이 되는 사례는 용산면龍山面 구촌리龜村里의 내지인內地人 야마구치 세노스케山口精之助는 약 40명의 소작인이 있는데, 가족주의를 내걸고 동포 상애同胞相愛의 대정신에 입각하여 내선內鮮(내지와 조선) 지주 소작인의 융화가 매우 견고하며, 매년 농사 개량과 진보를 조성하고 있다.

또한, 용산면 대치령리大馳嶺里에서는 지주와 소작인이 함께, 지구수리地區水利기업자에 대해서 수세 인하 문제를 둘러싸고 1926년부터 항의를 계속해, 그 동안 민사·형사 소송을 수차례 제기 중이다. 해결의 실마리는 쉽게 풀리지 않지만 지금도 소송이 계속되고 있다.

내선인 대 조선인의 관계 내선인 사이에는 언어의 소통, 풍속습관의 차이로 인해 양자의 진의眞意가 충분히 쌍방에 이해되지 못 하는 측면도 있다. 더불어 한국병합의 대정신大精神도 아직 철저하게 이루어지지 않은 듯이 보이며, 특히 조선민족의 사대사상事大思想과 피정복자라는 의식이 잠재되어 있다. 어쨌든 양자의 의식 소통이 결여된 점이 적지 않은 듯하다. 더불어 제도 개정 전부터 거주하던 일부 지방의 내지인(상인과 대금貸金업자) 중에는 불량한 자들이

66) 금비(金肥) : 화학비료 또는 판매하는 유기질비료.

있었고, 내선융화內鮮融和를 저해하는 사례가 있었다. 이들은 총독정치에 폐를 끼치는 자도 없지 않았지만, 제도 개정 이래 당국이 적절하게 지도하여 내선內鮮(내지인과 조선인) 양자가 서로 점차로 이해하는 일이 진전되었다. 특히 조선인 사이에서 국어(일본어)가 보급되었고, 내지인의 조선어 숙달에 의해 언어상의 엇갈림으로 인한 감정의 충돌도 점차 감소되었다. 한편으로 거주 내지인들의 자각으로 근래 양자의 감정이 크게 융화되었고, 때때로 내선인이 공동경영하는 사업도 점차로 증가돼온 것은 기뻐할 만한 현상이다. 특히 관내 거주 내지인들은 대체로 관공리官公吏나 회사원으로 상당한 유식계급에 속한다. 내지인들이 당국의 방침에 따라서 조선인 계발啓發에 힘쓰고, 조선인들도 역시 점차로 병합의 대정신을 이해하고, 서로 융합하여 당국의 방침에 따르도록 노력해야 할 것이다.

선인鮮人 대 지나인支那人의 관계　재만 선인在滿鮮人에 대한 지나관헌支那官憲의 취급(대우)과 그 조치는 때때로 국제정신에 저촉되고 있다. 특히 간도 재류 선인鮮人의 비경悲境은 아주 심하다고 전해진다. 또한, 국경이 근접해 있는 관계로, 각종 정보가 급속도로 전달되기 때문에 그 영향을 받는 일이 많다. 자칫하면 국제의식의 민감함으로 인해 양자가 대립하고 배척하게 될 위험성을 엿볼 수 있다. 한편으로 경제적 관계로 인해서 일반 조선인 노동자 중에서 지나인 노동자를 내쫓으려는 경향도 보이는데, 경찰 당국에서는 항상 각별한 주의를 기울여 항쟁이나 충돌을 미연에 방지하기 위해 노력하고 있으며, 아직 양자 사이에 충돌이나 투쟁이 발생한 사실은 없다(선지인鮮支人의 충돌은 당시부터 이미 예견돼 있었다).

고용주 대 고용인의 관계　고용 관계는 일당, 월당, 연 계약 세 종류가 있다. 일급제는 대체로 40전에서 60전이며, 월급제는 10원에서 20원, 1년 계약은 20원에서 50원인데 특수직은 80원 정도이며, 연 2회 의복을 지급받고, 고용주 쪽에서 급식給食을 제공하는 것이 관례다. 관내 야마마루제사山丸製絲, 조선무연탄, 미쓰비시계 탄광 등 많은 사람을 고용하는 회사 등도 있는데, 이들 회사는 고용 관계가 매우 양호해서 특필할 만한 쟁의는 발생하지 않았다. 관내 대보면大寶面에서는 고용인의 질병 휴양에 대해서 만 2개월까지는 고용주가 그 경비를 전부 부담하며, 기간 경과 후에는 치료비만을 고용주가 부담하는 사례도 있다. 이로써 계약한 급여는 줄지 않고 상당한 우대를 받기 때문에 고용인도 열심히 노동에 복무해 오랫동안 근무하는 자가 많다.

백정 대 상민의 관계　시대적 요구에 각성한 백정들도 점차 품위가 향상되었다. 그들은 일반

사회의 평균에 달하는 우대를 요구하며 자유평등을 제창하지만, 지방적 습관은 여전히 폐풍弊風을 바꾸지 않고 있다. 상민들의 백정에 대한 언어와 태도는 극히 멸시적인데, 만일 상민에 대해 태도가 불손한 백정이 있다면, 모든 부락민에 의해서 살지 못할 정도로 학대하는 풍조가 있다. 관내에는 백정의 수가 적기 때문에 백정들도 상민들에게 양보하는 풍토가 있어서 아직 양자 사이에 사단事端이 난 사례는 없다.

채권자와 채무자의 관계　본 관계에 대해서는 일반 농촌과 탄광지대로 구별할 필요가 있다. 즉 양자는 그 풍습을 달리하기 때문이다.

(1) 농촌

금리는 대략 월 1푼 5리에서 3푼으로, 예전과 같은 무담보 신용대출은 거의 사라졌다. 부동산 저당이 확실한 담보물의 제공, 또는 신용 있는 보증인이 없으면 대출은 완전히 불가능하다. 현재 평양 지방의 대차貸借 상황은 개인대차는 매우 적고, 금융조합 · 은행 등을 이용하는 자가 많은데 이는 대출금리가 낮고 이용이 매우 편하기 때문이다.

(2) 탄광지대

탄광 소재지에는 갱부坑夫들만을 고객으로 해서 대출한다. 갱부들은 노동자로 이동하는 경우가 있고 지불이 불확실한 자가 많아서, 그 금리가 매우 높다는 점도 작용하여 융자 금액도 10원을 최고로 하며, 이율도 1개월에 9푼을 받는다. 그리고 채무자에게는 보증인 또는 담보물을 요구하지 않고, 그 대신에 채권자는 채무자의 인장印章을 받아서 회사 월급날에 채무자의 인장을 가지고 출사出社하여 대리수령 형식으로 받아서 채권을 회수하는 방법을 취한다. 그리고 그 채권을 회수하고 나면 인장을 채무자에게 돌려준다. 아직 회수되지 못한 채무 노동자는 완료될 때까지 인장을 돌려주지 않으므로 야간에 도망가는 자들도 상당히 많다. 따라서 채권자는 채무를 완전히 이행할 수 있도록 유도하면서 가혹하지 않을 정도로 독촉하면서 일종의 고용 관계를 맺고 있는 감도 있다. 일반 농촌의 대차貸借와는 그 성향이 다르다.

관헌과 민중의 관계　양자의 관계는 일반 주민들의 자각으로 크게 구습舊習을 개선하여 그 형태가 완전히 변했다. 예전에는 그들의 성벽性癖인지 관헌들의 문제를 고발하는 투서 또는 뒤에서 배척운동을 해서, 자기가 싫어하는 관리의 전직이나 면직을 희망했다. 특히 지방 유력자 등은 자기 세력을 과시하기 위해서 특별히 고략하는 자도 있었다. 이러한 무리들은 모두 자기중심적으로 이해득실만을 중시하고 관헌을 대하는 자가 많았다. 또한 모집 지원이나 기타 관헌의 원조를 필요로 하는 사항이 있으면, 사전에 뇌물을 건네는 경향이 현저한 자도 있는 등 내지에서는 도저히 상상할 수 없는 일도 있었다. 그러나 최근에는 위정자의 훈련과 지도, 그 모범을 익혀서 민중들의 자각은 실로 눈부시게 성장하였다. 그들은 총독정치의 정신을 이해하고 점차 관헌의 지도에 경청하게 되었고, 관민이 일치되어 미풍을 발휘하고 있다. 그 일단을 보여주는 것이 경찰관헌의 범인 체포 때에 종래에는 볼 수 없었던 민중들의 응원이 상당히 많아졌다는 사실이다. 기타 일반에 대한 원조도 상당히 많아졌고 점차로 관민융화官民融和의 미풍이 조성되고 있다고 인정된다.

서북지방은(평안남도 포함) 이조 5백 년 동안 간신奸臣의 음모술책으로 인해 사관仕官의 길이 막혔다. 서북지방 사람이 고관대작高官大爵으로 등용되는 일은 거의 없었고, 압제壓制가 가해졌기 때문에 관청에 대한 감정은 항상 반항적이었다. 한국병합 이후 이러한 악폐惡弊는 완전히 제거되어, 관리를 대할 때도 호의를 가지고 받아들여지고 있다. 그러나 중년 이하의 청년들은 내심 항상 반항심을 지니고 있으며, 특히 최근 이러한 풍조가 현저해지고 있다. 제복을 입은 경찰관의 직무집행에 대해서도 폭행적인 태도를 행사하려는 자가 적지 않아서, 상당히 고려해야 할 사항으로 간주된다.

사회시설

방빈사업防貧事業

1. 공설시장公設市場

일. 평양부府 공설시장

명칭	소재지	설립일
수정(壽町)공설시장	평양부 수정32	1920년 4월 1일
행정(幸町)공설시장	평양부 행정28 평양부 남정39	1920년 10월 31일
사창(司倉)공설시장	창일리234	1920년 7월 22일

이. 목적 일용필수품의 염가 공급 및 물가의 조절

삼. 연혁 유럽 전란(제1차 세계대전)의 영향을 받아 1919년 이래 각종 물가가 점차 앙등昂騰하여 국민생활을 위협해 그 안정을 해치는 상황을 감안하여, 일상필수품의 제공을 원활하고 저렴하게 할 수 있도록 1920년도에 부내府內 수정壽町 외 2개소에 공설시장을 설치하였다.

사. 조직 및 유지 부영府營으로 부청 안에 전임사무원을 두고, 시장 단속 및 부내 물가를 조사하고, 소매가격의 조절이 이바지한다. 부府 비용으로 유지하며 1930년도 예산액은 15,611원이다.

오. 설비

시장	부지 면적(평)	건평(建坪)(평)	건물 구조	점포 수
수정(壽町)공설시장	785	286	목조, 아연지붕	20
행정(幸町)공설시장	385	94	목조, 기와지붕	14
사창(司倉)공설시장	2,071	284	상동	33
합계	3,241	664		67

육. 사업 시장판매인의 지정에 대해서는 생산자 또는 도매상인을 지정하는 방침을 취한다. 점포 사용 희망자로부터 사용신청서를 제출시키고, 신청자 신원身元조사를 실시해 그에 상당한다고 인정되는 자에 대해서 사용허가를 제공하고 있는데, 창설 이후 성적은 다음과 같다.

공설시장의 판매액 조사(단위 : 원)

연별	판매액			합계
	수정(壽町)	행정(幸町)	사창(司倉)	
1921년	165,101	96,474	145,816	407,391
1922년	182,773	98,628	158,194	439,525

1923년	239,047	118,842	149,295	507,184
1924년	125,512	73,903	125,969	328,242
1925년	123,335	84,206	221,969	395,948
1926년	116,144	86,591	202,735	349,825
1927년	172,520	62,923	189,555	401,988
1928년	66,730	39,634	124,779	231,143
1929년	78,188	31,178	57,403	166,769

2. 공설 목욕탕

일. 소재지　평양부 계리 136번지

이. 설립　1921년 1월 10일

삼. 목적　부민府民들의 위생관념 향상

사. 연혁　당시 시내의 입욕료는 성인 9전, 소인 5전이라서 일반 하층생활자들은 입욕할 수 없었다. 이에 보건위생이 양호하지 않은 상황을 고려해, 부府에서 이것을 설치했고 입욕료 성인 4전, 소인 2전으로 하여 일반인에게 공개하여, 입욕자가 넘쳐날 정도로 성황 중이다.

오. 조직 및 유지　부영府營으로 부府 비용으로 유지하고 있다. 1930년도 예산액은 3,536원이다.

육. 설비　부지 면적 87평, 건평 49평, 건물 구조는 벽돌 건물로 설비가 완전完全하다.

칠. 사업　개설 이래 사업 성적

연차	입욕 인원(명)	입욕 요금(원)
1924년	75,018	2,674.50
1925년	73,162	2,650.14
1926년	95,366	2,666.64
1927년	72,706	2,703.68
1928년	54,697	2,169.17
1929년	68,251	2,995.64

3. 공설 숙박소

일. 소재지　평양부 계리 136번지

이. 설립　1922년 5월 1일

삼. 목적　노동자 보호

사. 연혁　숙박소는 설립 이래 부府가 직영해 왔는데, 1925년 4월 1일부터 1929년 5월 31일까지는 민간이 위탁 경영하였다. 그러나 부府 발전은 이들 사업의 확장을 필요하다고 판단해 1929년 6월 이래 다시 부府 직영으로 변경하였다.

오. 조직 및 유지　부영府營으로 국고보조금과 함께 부府 비용으로 유지하고 있다. 1930년도 예산액은 3,353원이다.

육. 설비　부지 면적 67평, 건평 94평, 건물 구조는 벽돌 건물 2층으로 1929년 12월 개축하였고 설비가 완전完全하다.

칠. 사업　주로 노동자를 숙박시키고 부대附帶시설로 실비實費 급식을 제공하는데, 그 요금은 다음과 같다.

숙박료	11월에서 3월	5개월간 1박에 10전
	4월부터 10월	7개월간 1박에 5전
식비	쌀밥	1식에 13전
	조밥	1식에 10전

설치 이후의 성적

연차	숙박자 실수(實數)	숙박자 실수 연수(延數)	숙박 요금
1922년	539	2,211	99.66
1923년	987	7,306	292.24
1924년	1,323	9,693	445.82
1925년	1,130	8,322	470.93
1926년	1,120	9,886	560.40
1927년	4,142	4,545	272.70

1928년	288	7,748	483.72
1929년	162	4,171	261.40
1930년	955	4,204	243.80

4. 직업소개소

일. 소재지 평양부 계리 136번지

이. 설립 1922년 4월 1일

삼. 목적 직업지도 구제救濟

사. 연혁 직업소개소는 개설 이후 부청 내 인사상담소에서 취급해 왔는데, 1925년 4월 1일 인사상담소를 집약하여 본 사무를 다루도록 했는데, 최근 재정일 불황이라서 구직자가 점점 증가 추세에 있음을 감안하여, 1930년 1월부터 사무소를 공설 숙박소 구내에 이전함과 동시에, 전임직원을 배치하여 사무를 보고 있다.

오. 조직 및 유지 부영府營으로 국고보조금과 함께 부府 비용으로 유지하고 있다.

육. 설비는 공설 숙박소와 같음.

칠. 사업 설비 이후의 성적을 제시하면 다음과 같다.

연차	인별	구인 수		구직자 수		소개 인원		취직자	
		남	녀	남	녀	남	녀	남	녀
1922년	내지인	53	3	236	12	197	9	85	7
	조선인	344	13	3,151	21	2,489	16	1,267	11
1923년	내지인	104	15	142	12	108	9	43	3
	조선인	1,055	54	2,331	31	1,858	34	883	17
1924년	내지인	82	15	138	11	78	11	36	7
	조선인	1,169	29	2,136	27	1,423	22	731	16
1925년	내지인	23	28	70	5	42	5	10	1
	조선인	389	12	880	5	548	5	276	4
1926년	내지인	34	-	81	-	97	-	39	-
	조선인	176	2	756	3	623	3	200	3

1927년	내지인	32	16	85	13	31	13	30	12
	조선인	80	16	1,157	17	114	13	73	13
1928년	내지인	43	8	103	6	41	5	32	3
	조선인	284	9	694	12	282	7	169	7
1929년	내지인	17	1	36	3	17	-	13	1
	조선인	194	6	386	17	200	16	129	13

5. 공익公益전당포

일. 소재지　평양부 계리鷄里 136번지

이. 설립　1929년 12월

삼. 목적　영세민 구제救濟

사. 연혁　부내府內의 중산계급 이하의 영세민에게 영업 자금의 융통을 하고, 생활 안정에 기여하기 위해 1929년도에 평양부 계리鷄里에 공설 전당포를 신설하여 1930년 1월 4일 본 사업을 개시하였다.

오. 조직 및 유지　부영府營으로 국고보조금과 함께 부府 비용으로 유지하고 있다. 1930년도 예산은 4,096원이다.

육. 설비　부지 면적 108평, 건평 46평, 건물 구조는 벽돌 건물로 건축비 기타 만 5천 원으로 1929년 12월에 신축했다.

칠. 사업　1930년도 대출貸出 및 회수 성적을 제시하면 다음과 같다.

대부(貸付)(4월부터 이듬해 3월까지)

대부 수	대부 금액(원)	1일 평균(원)
2,481	12,805.41	5.16

변제(辨濟)(4월부터 이듬해 3월까지)

변제 수	원금 변제(원)	이자 변제(원)
2,192	10,908.47	438.06

아동보호사업兒童保護事業

1. 재단법인 일본육아원 평양지부

일. 소재지　평양부 계리鷄里 137번지

이. 설립　1922년 4월 25일

삼. 목적　빈민 고아 구제救濟 교양

사. 연혁　일본육아원 본부는 기후현 기후시岐阜市에 있다. 현 원장 이가라시 요시히로五十嵐喜廣가 1913년 4월 만선시찰滿鮮視察 때, 전라남도 광주에서 지역 독지가篤志家 사쿠마 도키사부로佐久間時三郎로부터 미간지未墾地 6정보町步[67]의 기부를 받아서, 이 광주 땅을 근거지로 하여 종래 본부에서 교양 교육을 실시하던 아동들을 조금씩 이주시켰다. 그들을 농업에 종사시키는 한편, 재선在鮮 빈민 아동들도 포함해서 구제救濟 교양할 목적으로, 1914년 5월 이곳에 지부를 설립했다. 이것이 바로 일본육아원 광주지부였다. 그러나 광주 땅에서는 장차 사업의 진전을 기하기 어렵다고 판단하고, 1922년 4월 모두 현재의 땅으로 이전하여 지금에 이르고 있다.

오. 조직 및 유지　재단법인으로 주사主事 야마나카 하루키치山中春吉 부처夫妻가 교양 교육에 종사하면서 찬조회원 80명의 조성금과 일반 독지가들의 기부금 및 관청의 보조금으로 유지 경영하고 있다.

육. 사업　본래 평안남도 자혜의원 제2병실을 무상으로 대부받아 사옥으로 사용하여, 만 3세 이상 12세까지의 빈민 고아를 수용하고 있다. 현재 수용 중인 아동은 9명이며 학령기에 달한 아동은 공립 보통학교 또는 사립학교에 통학시킨다. 그리고 연장자는 장래 자활할 수 있도록 실업견습생으로 상점이나 공장주 등에 의탁해 그 지도를 받게 하고 있다. 1922년 이후 구조 인원 및 경비를 제시하면 다음과 같고, 1930년도 경비 예상액은 2,380원이다.

연별	내선인별	남녀별	구조(救助) 인원			이송 및 구조 중지한 인원						연말 현재	경비(원)
			이월	본년 구조	합계	본부 이송	부모 인도	흔가(婚家)	도망	사망	합계		
1922년	내지인	남	1	2	3	1	2	-	-	-	3	-	3,800.32
		녀	-	1	1	-	-	-	-	-	-	1	

67) 1단보가 3백 평, 10단보(3천 평)를 1정보(町步)라 함.

	조선인	남	8	2	10	-	2	-	2	1	5	5	
		녀	2	-	2	-	-	-	-	-	1	1	
1923년	내지인	남	-	2	2	-	-	-	-	-	1	1	2,928.82
		녀	1	1	2	-	-	-	-	-	1	1	
	조선인	남	5	4	9	-	1	-	2	1	4	5	
		녀	1	-	1	-	-	-	-	-	-	1	
1924년	내지인	남	1	-	1	-	1	-	-	-	1	-	2,457.07
		녀	1	-	1	-	1	-	-	-	1	-	
	조선인	남	5	1	6	-	-	-	-	-	-	6	
		녀	1	-	1	-	-	-	-	-	-	1	
1925년	내지인	남	-	-	-	-	-	-	-	-	-	-	2,490.135
		녀	-	-	-	-	-	-	-	-	-	-	
	조선인	남	5	2	7	-	1	-	-	-	1	6	
		녀	1	1	2	-	-	1	-	-	1	1	
1926년	내지인	남	-	-	-	-	-	-	-	-	-	-	2,425.36
		녀	-	-	-	-	-	-	-	-	-	-	
	조선인	남	6	-	6	-	-	-	-	-	-	6	
		녀	1	-	1	-	-	-	-	-	-	1	
1927년	내지인	남	-	-	-	-	-	-	-	-	-	-	3,542.00
		녀	-	-	-	-	-	-	-	-	-	-	
	조선인	남	7	3	10	-	1	-	1	1	3	7	
		녀	1	-	1	-	-	-	-	-	-	1	
1928년	내지인	남	-	-	-	-	-	-	-	-	-	-	2,784.00
		녀	-	-	-	-	-	-	-	-	-	-	
	조선인	남	8	1	9	-	1	-	-	-	1	8	
		녀	-	-	-	-	-	-	-	-	-	-	
1929년	내지인	남	-	-	-	-	-	-	-	-	-	-	2,978.83
		녀	-	-	-	-	-	-	-	-	-	-	
	조선인	남	7	5	12	-	1	-	-	1	2	10	
		녀	1	-	1	-	-	-	1	-	1	-	

2. 재단법인 평양고아원

일. 소재지　평양부 상수리 7-1

이. 설립　1921년 11월 3일

삼. 목적　빈민 고아 구제救濟 교양

사. 연혁　기댈 곳 없는 빈민 고아를 수용해 교양 교육을 실시한다. 그들에게 생업을 제공하여 장래에 자활할 수 있는 길을 주기 위해 1921년 6월 정세윤 외 백여 명의 유지들이 설립한 것을, 1930년 4월 2일 재단법인으로 새롭게 조직을 편성하였다. 설립 대표자는 박경석으로 그 임무를 수행하고 있다.

오. 조직 및 유지　재단법인으로 하사금, 관청 보조금 기부금 재산 수입, 사업 수익 등으로 유지한다.

육. 사업　현재 수용 중인 고아 수는 아동 32명이고, 9세부터 16세까지가 가장 많다. 가장 연장자는 19세이고, 연소자는 6세이다. 직원은 원감院監, 교원, 보모褓母, 식모食母를 각 1명씩 두고, 매일 4시간에 걸쳐 보통학교 교과목에 준해서 3학년 정도까지의 학과를 가르친다. 나이가 든 아동에게는 장차 자활할 수 있도록 실업 견습생으로 공장주 등에게 맡겨서 지도를 받게 하고 있다.

3. 유기遺棄 아동의 취급

유기된 아동 중에서 보호자가 없을 경우, 조선총독부 제생원濟生院 원아로 각 지방에서 사토아즈케里預[68]로 맡긴 다음에, 6살이 되면 제생원 양육부에 수용된다. 1923년[69] 이래 수용 인원을 제시하면 다음과 같다.

연별	인원	연도	인원
1922년	3	1926년	1

68) 사토아즈케(里預)란 일본의 전통적 양육 시스템으로 근처의 가정에 일정한 육아비를 제공하고 다른 집에서 성장할 때까지 일정 기간 맡기는 제도.

69) 1922년의 잘못으로 보인다.

1923년	-	1927년	1
1924년	5	1928년	9
1925년	-	1929년	12

4. 불량 아동의 감화感化교육

불량 아동이라서 가정에서 감화感化할 수 없을 정도의 아동일 경우, 조선총독부 감화원感化院 영흥永興학교에 수용시키고 있다. 현재 수용자 10명이다.

5. 평양맹아盲啞학교

일. 소재지 평양부 수옥리 333

이. 설립 1898년 2월 28일

삼. 목적 맹아盲啞에게 특수교육을 가르침

사. 연혁 본 학교는 1898년 2월, 대찰리 163번지에 사립 시설을 설립하여 미국 선교사 홀이 자비自費로 몇 명의 여자 맹인을 교육하기 위해 생겨났다. 그 후 1910년 8월 28일, 구한국정부로부터 사립학교 인가를 받았고, 이듬해 6월 9일 현재의 위치에 교사를 신축하였다. 여자 맹아盲啞 아동만을 수용하며 현재 경영자는 헤인수이다.

오. 조직 및 유지 경영자의 출자금 및 일반 독지가들의 기부금, 교회 또는 관청의 보조금 등으로 유지 경영되고 있다.

육. 사업 현재 맹여아盲女兒 15명을 수용하고 있으며 교원은 2명이 있다. 교수법 및 학과목은 보통학교 규정에 준한다. 더불어 침술비鍼術費 및 피복비被服費 등을 지급하고 있다.

궁민구조사업窮民救助事業

1. 은사진휼恩賜賑恤자금에 의한 구휼救恤

폐역癈疫(고질병), 불구不具, 중병重病 또는 연령 60세 이상으로 노쇠한 자, 또는 그들 가족으로 3세 미만의 자로, 생업을 유지할 수 없는 자, 달리 의지할 친척이나 고구故舊가 없는 자들에 대하여 본부本府에서 관리한 1915년 어대례御大禮 때에 진휼賑恤 자금으로 하사된 금 20만 원, 그리고 1927년 2월 대상大喪 때에 자혜慈惠 구제救濟의 자금으로 하사된 금 34만 6천 2백 원의 진휼금으로 가지고 구조미救助米를 급여하고 있는데, 현재 평양부 피구조자被救助者는 9명이다.

2. 평양불교광제회廣濟會

일. 소재지　평양부 남정南町 5번지

이. 설립　1917년 11월 1일

삼. 목적　떠돌이 사망인 또는 병인病人의 수용 구호救護, 유기遺棄 아동의 보육保育

사. 연혁　떠돌이 병인, 유기 아동의 구호 양육 및 떠돌이 사망인의 취급 등에 대한 기관이 필요하다고 인정되어 1917년 4월 10일 조선총독부령 제24호 행려병인行旅病人구호자금救護資金 관리 규칙에 의거하고, 부내府內의 각 절 주지승 등과 논의하여 불교단체에서 이 모임을 조직했다. 현재 조합장은 오타니 기요노리大谷清教이다.

오. 조직 및 유지　회원 조직으로 회장 1명, 이사 2명을 선출하여 직접 그 사무를 담당한다. 광제회의 융체隆替(성쇠盛衰)에 관해서는 회원 상호간의 책임으로 한다. 회원의 헌금, 관청의 보조금 및 일반 독지가들의 기부금 등으로 본회를 유지 경영하고 있다.

육. 사업　떠돌이 병인에 대해서는 행려병인行旅病人수용소를 설치해 보호하고 있으며, 평양자혜의원平壤慈惠醫院의 시료施療를 받게 하면서 의식衣食을 제공한다. 또한, 떠돌이 사망인은 토장土葬 또는 화장火葬으로 안치하고 예년例年 추도 법요法要를 운영하고 있다.

1924년도에서 1929년도의 구조 인원을 제시하면 다음과 같다.

연별	떠돌이 병인	대상 인원	유기 아동	대상 아동 인원	떠돌이 사망인
1924년	40	3,168	10	710	50
1925년	48	4,177	7	343	40
1926년	57	3,170	9	718	42
1927년	69	2,261	12	927	46
1928년	79	3,269	15	1,656	63

1929년	58	3,957	12	2,287	62

3. 평양양로원

일. 소재지 평양부 경상리 69번지

이. 설립 1913년 9월

삼. 목적 빈곤 의지할 데 없는 노인을 구제救濟 보호

사. 연혁 평양의 예수교耶蘇敎 장로파 교회 목사 길선주[70]와 외국인에 의해 1913년 9월에 창립하였다.

오. 조직 및 유지 평양의 예수교 장로파의 경영으로 재산 수입, 장로파 평양의 각 교회에서 거출금으로 유지되고 있다.

육. 사업 원감院監 2명, 식모食母 2명을 두고 수용자에게 의식衣食을 제공한다. 또한, 건강한 장에게는 간단한 수공手工(면사綿絲) 일을 시키고, 창립 이래 30여 명을 보호했다. 현재 수용 주인 자는 10명이다.

4. 평양위걸구제회平壤痿乞救濟會

일. 소재지 평양부 상수리 34-13

이. 설립 1927년 11월 18일

삼. 목적 불구자인 걸식자 구호

사. 연혁 본회本會는 노광윤 등이 서로 논의하여 1927년 10월에 발기된 모임으로, 그 취지는 금주, 금연을 하여 이로 생긴 비용을 회원들로부터 모아서 길거리에 있는 불구 걸식자를 구호할 목적으로 설립한 것이다. 현재 회장은 박경석이다.

오. 조직 및 유지 회원 조직으로 회원의 회비와 기타 유지가들의 동정금同情金으로 유지되고 있다.

70) 길선주(吉善宙, 1869~1935)는 장로교 목사, 교육가, 독립운동가, 민족대표 33인의 한 사람으로, '조선 기독교의 아버지'로 알려져 있다.

육. 사업　수용소에서는 수공手工 노동을 장려시켜 수익의 일부를 저축하게 하여, 장래에 독립해 자영하는 기초를 만들도록 하고 있다. 현재 수용자는 9명이다.

5. 평양구치원平壤救治院

일. 소재지　평양부 상수리 210

이. 설립　1912년 11월 20일

삼. 목적　유랑流浪 걸식자 구제救濟

사. 연혁　미국인 선교사 크로브의 주창으로 평양부 상수리에 있는 민가를 빌려서 빈민자들에게 매일 저녁과 숙박을 제공하였다. 1918년 설립자 크로브가 다른 곳으로 전직하자, 선교사 문약한[71]과 미국인 필립 두 사람이 계승하여 1920년까지 경영하였다. 그 후 앤더슨이 계속해서 운영하면서 간호사를 두고 궁민窮民 환자를 시료施療하여 지금에 이르고 있다.

오. 유지　기독교회의 의연금義捐金으로 운영되고 있다.

육. 사업　겨울, 동안에 빈곤 노병자老病者를 수용하여 의식衣食을 제공해 구제하는 것으로, 1929년 중에 구조한 인원은 53명에 달한다.

6. 평양보호회平壤保護會

일. 소재지　평양부 암정岩町 14

이. 설립　1912년 9월 13일

삼. 목적　출옥자의 보호

사. 연혁　출옥자의 보호를 목적으로 명치대제明治大帝의 성덕을 기념하기 위해서 대장大葬 당일, 평양부내府內의 관민 유지가들의 발기로 설치되었다. 본회 회장으로 평양형무소 소장이 그 임무를 맡고 있다.

---

71) 감리교 선교사 문요한(文約翰, John. Z. Moore, 1874~1963). 문맥으로 보면 문요한은 미국인 무어(John. Z. Moore)의 한국 이름이지만, 저자 젠쇼는 조선인으로 오해한 것으로 보인다.

오. 조직 및 유지　회원 조직으로 회장 외에 이사, 감사監事 각 6명을 두고, 회원의 헌금, 사업의 수입, 관청의 보조금 등으로 유지된다.

육. 사업　형기를 채운 출옥자 중에서 의지할 곳이 없고 취직할 길이 없는 자에 대해, 본회에서 주거 및 침구를 무료로 대여하고, 기타 이에 상당하는 자에게도 일시적으로 숙박, 귀택歸宅 여비의 급여給與 또는 대여, 귀택까지 보호, 취업 소개, 병 치료, 의복 급여 또는 대여를 행한다.

1926년부터 1929년까지의 보호 인원을 제시하면 다음과 같다.

연별	수용보호 인원			장외 간접 보호 인원			일시적 보호 인원			합계
	남	녀	연인원	남	녀	연인원	남	녀	연인원	
1926년도	18	1	1,388	6	2	1,369	385	32	-	444
1927년도	17	3	1,463	4	1	1,640	470	50	-	545
1928년도	11	-	1,004	5	-	1,440	46	4	-	66
1929년도	42	9	3,292	23	2	2,946	377	29	406	6,644[72]

사회교화사업社會敎化事業

도서관

일. 소재지　평양부 욱정旭町

이. 설립　1928년 8월

삼. 목적　부민府民의 수양修養

사. 연혁　본관本館은 통상적으로 각종 도서를 수집해 공중 열람을 제공하여 지식의 개발開發, 인격 수양에 기여하기 위해 설립한 것이다.

오. 조직 및 유지　부영府營으로 부府 비용으로 유지되며 1930년도 예산금은 만 7천 9백 10원이다.

72) 6,644는 511의 잘못으로 보이지만 원문 그대로 표기함.

육. 설비　1928년도 건축비 3만 원으로 벽돌 3층 건물을 신축하고 1층과 2층(각 81평)은 도서관, 신문열람실, 아동 및 일반 열람실, 서고, 기타로 충당하고, 제3층(81평)은 박물관용으로 주로 낙랑樂浪, 고구려 유물을 수집해 진열하고 고고학 연구에 이바지하기 위해서 장서 수는 8천권에 이른다.

칠. 사업　일반도서, 각종 신문, 잡지, 박물관의 고대 유적 등을 열람·관람하게 한다. 1929년 도서관 열람자는 약 4만 5천 명(단지 신문 열람자를 제외함)이고, 박물관 관람자는 만 5천여 명에 달했다.

1. 강연에 의한 민중 지도

수양단, 희망하는 곳 등에 정신수양 방면의 강사를 초빙하여 기타 명사名士에 위촉해 임시 강연회를 열고, 민중의 견식을 계발啓發하는 데 노력하고 있다.

2. 청년회

1919년 이후, 각지에서 청년회가 연이어서 창립되었지만 오늘날에는 유명무실한 것이 많다. 그 존재조차 불명확한 것이 적지 않다. 앞으로 크게 지도하고 장려할 필요가 있다고 생각한다.

인사상담소人事相談所

1920년 오사카시 방면의 위원제도를 모방해서 설치한 인사상담 사무는 그 후에 다소 변천되었다. 현재는 평양경찰서 관내에 인사상담소를 두고 사무를 다루어 큰 성적을 거두었다.

1929년도 인사상담 사무 성적표

취급 사항	남녀별	건수				
		이월	신규 접수	해결	부조(不調)	미결(未決)
일신상에 관한 문제	남	1	225	204	12	9
	녀	1	114	93	14	7

직업상에 관한 문제	남	1	313	143	164	6
	녀	-	13	11	2	-
고용에 관한 문제	남	1	112	104	5	3
	녀	-	44	42	2	-
감화(感化)보호에 관한 문제	남	-	191	189	-	2
	녀	-	47	46	-	1
주택 또는 공장에 관한 문제	남	1	93	88	2	3
	녀	-	8	8	-	-
가족 및 친족 간 쟁의에 관한 문제	남	-	193	188	4	1
	녀	1	79	67	8	4
타인과 감정에 관한 문제	남	9	528	525	2	1
	녀	-	88	85	3	-
기타 문제	남	6	953	942	11	-
	녀	-	157	156	1	-
합계	남	19	2608	2386	200	-
	녀	2	550	508	30	-

기타 시설

평양 부근에는 고분, 유적, 풍광이 아름다운 곳이 많다. 평양부에서는 모란대를 중심으로 하는 일대, 서기산, 삼각지, 대동문 부근을 공원 지역으로 지정해 다양한 시설을 만들어 부민의 유원지로 조성하고 있다.

명칭	소재지	면적(평)	합계	인구 1인당 평수(평)	비고
모란대공원	경상리	183,271	215,052	1.37	부벽루, 을밀대 포함
서기산공원	야마테정(山手町)	29,983			충혼비 등 포함
삼각지공원	남문정	349			분수 등 설치
대동문공원	이문리	1,449			대동문, 연광정, 종각 포함

그 외 부영府營 사회사업으로는 공회당 및 공설운동장이 있다. 공회당은 434평 건물로 건축비 6만 원을 들여 1920년 8월에 설립한 것이다. 공설운동장은 공사비 총액 5만여 원, 기림리箕林里 모란대 아래 풍광이 절경인 곳에 만들어졌다. 야구장, 정구장, 육상경기장 시설이 갖추었고, 세 개의 스탠더와 4천 5백 명을 수용할 수 있다.

05
경제

하천 유역 내 경제 통계 총괄 표(3개년 평균).

하천명	유역 면적(㎢)	인구	논 면적 (町步)[73]	밭 면적		
					쌀(석)	보리석
대령강	3,635	227,572	17,778	57,089	115,296	6,596
청천강	5,831	331,432	23,304	87,765	179,610	16,488
대동강	15,715	1,101,898	45,424	338,938	378,007	321,416
재령강	3,671	394,809	37,597	116,774	244,298	187,733
예성강	4,049	284,198	22,839	85,184	147,542	136,652
임진강	8,117	565,895	51,234	136,840	336,890	211,476
한강	26,219	2,048,748	161,958	274,616	1,382,886	842,730
금강	9,996	1,271,653	152,261	105,077	1,729,576	722,232
만경강	1,602	291,598	44,507	13,423	400,279	76,139
영산강	2,798	520,614	63,279	30,799	709,371	301,289

73) 1단보가 3백 평, 10단보(3천 평)를 1정보(町步)라 함.

농업

하천유역河川流域과 농업

하천유역은 물과 어개류가 풍부하고 수목이 울창하다. 교통편이 좋고 요해要害의 이점利點도 있어서 미개 야만 시대부터 인류 생활을 여기에서 찾는 이들이 많았다. 일찍부터 취락의 발생했고, 나아가서 농경 시대에 이르러서는 끝없이 하천으로 흘러내려 오는 비옥한 토양 덕분에 농작물이 잘 재배되고, 수리관개水利灌漑 편익도 좋아서 다른 지역에 비해서 농업이 현저하게 발달하였다. 참고로 『조선하천조사서朝鮮河川調査書』[74]에는 조선의 주요 하천 유역의 농업 일반을 엿볼 수 있는 통계를 제시하였다. 이를 참고하여 대동강 유역의 농업 지위地位를 제시해 보겠다.

주요 농작물 생산량						과세 지가
콩(석)	잡곡(석)	소채(관)	면(근)	연초(관)	총 생산액(천원)	
82,158	220,538	5,403,045	844,252	25,838	7,175	5,720
27,117	389,810	16,165,975	1,214,122	55,830	13,084	7,476
590,145	1,684,934	27,652,244	55,830	267,658	43,212	37,825
165,533	411,834	-	-	-	16,513	28,123
161,546	190,649	2,563,755	54,524	305,975	10,032	15,561
243,243	313,595	11,640,486	437,255	55,222	19,286	25,568
608,768	667,493	63,031,903	2,676,552	2,659,621	75,403	123,201
348,650	84,034	15,515,714	6,436,587	199,609	61,841	96,090
50,432	-	-	-	-	11,577	25,556
65,254	-	-	6,736,203	-	24,145	38,786

74) 『조선하천 조사서(朝鮮河川調査書)』는 조선총독부 내무국 토목과가 1929년 8월에 조선총독부에서 간행한 보고서이다. 본문(本文), 부표(附表), 부도(附圖) 총 3권으로 간행되었다.

섬진강	4,897	576,523	63,512	31,779	699,131	334,664
낙동강	23,860	2,753,457	265,989	266,560	2,927,170	2,583,154
용홍강	3,397	165,991	5,012	42,893	40,017	20,004
성천강	2,338	219,506	16,734	48,510	144,524	17,511
합계	116,016	10,753,894	971,426	1,636,247	9,534,247	5,778,084
전선(全鮮)	220,691	19,137,698	1,587,053	2,800,674	17,298,887	9,079,983

더불어 대동강 유역의 관계灌漑 상황을 보면, 재래의 제방보堤防洑 284, 관계灌漑면적 2,870정보町步, 수리조합 6, 관개면적 8,653정보, 개인사업 6, 관개면적 1,845정보, 합계 296, 관개면적 13,368정보에 이른다. 수리조합水利組合의 내역은 다음과 같다.

대동강 유역 수리조합 일람표

조합명	소재지	몽리(蒙利)구역 면적	취수(取水)방법	사업비	설치 연월
대동	대동군 남형제산면	342	저수지	271,776	1921. 8. 22
강남	강서군 강서면	1,325	저수지	1,123,381	1923. 2. 16
동화	중화군 당정면	424	저수지	246,923	1926. 4. 14
평안	평원군 순안면	4,556	저수지	4,845,886	1926. 9. 29
미림	대동군 추을미면	516	저수지	341,538	1927. 11. 30
순남	순천군 순천면	1,490	저수지	1,418,964	1928. 2. 6

평양부 면적은 종래 약 2백만 평, 인구 약 12만여 명이었는데, 서선西鮮의 중심지로 장족長足의 발전을 하여 조선 유일의 상공도시로서 각종 사업이 부府 내외로 확장되고 있다. 인구수도 매년 격증하고 있고, 이대로 방치해 둔다면 장래 도시시설에 커다란 지장을 초래할 뿐만 아니라, 나아가서 도시 발전을 저해할 것이라고 판단된다. 그런데 부민들의 연래年來 희망은 달성되어 1929년 4월 1일부터 근접 지역인 대동강 연안 즉, 선교리 방면에서 평양 서북부 기림리, 평천리 방면 일대를 평양부로 편입하여, 이른바 행정구획의 일대확장이 단행되었다.

73,632	18,944	11,655,838	4,154,892	142,732	25,988	36,436
911,655	340,619	35,351,102	35,180,052	324,629	131,629	190,401
78,971	199,282	-	-	-	3,982	2,967
55,783	200,425	2,482,890	-	-	6,749	5,753
3,552,876	4,722,157	191,462,972	60,629,615	4,037,214	450,501	639,463
5,785,072	8,435,533	452,953,174	152,033,114	5,067,264	816,937	-

※비고 : 이 표의 면 생산액은 쌀 1석 25원, 보리 1석 12원, 콩 1석 13원, 잡곡 1석 8원 50전, 소채(蔬菜) 1관 20전, 면 1근 20전, 연초(煙草) 1관 1원 50전으로 산출했다. 그 총생산액은 과세지가(過稅地價) 합계의 7할 5푼에 해당된다.

그 때문에 면적으로는 종래의 약 4배 즉 8백만 평, 인구는 약 2만 명이 증가되어, 현재 약 14만, 15만이 되었다.

토지 면적75)

토지 지목별(地目別) 조사(1930년 1월 1일 현재, 단위 : 평)

지목	밭	논	대(垈)	잡종림	들	사사(社寺)지	철도용지	철도선로
과세지	1,981,608	37,483	838,251	25,898	-	-	-	-
비과세지	-	-	-	-	46,952	20,235	-	-
국유지	269,720	-	529,727	173,563	129,285	6,551	542,343	19,968
면세지	78,852	-	166,207	11,508	-	-	-	-
합계	2,330,180	37,483	1,534,185	210,969	176,237	26,786	542,343	19,968
구분	수도용지	도로	공원지	제방	구거(溝渠)지	묘지	하천 기타	합계
과세지	-	-	-	-	-	-	-	2,883,240
비과세지	-	57,337	348	1,167	235	29,611	-	155,885
국유지	47,602	48,195	-	1,126	807	630	-	1,769,517
면세지	-	-	-	-	-	-	-	-
합계	47,602	105,532	348	2,293	1,042	30,241	-	5,065,209

75) 목차에는 '지목별(地目別) 토지 면적'이라고 표기되어 있다.

토지 매매賣買 · 임대賃貸가격[76]

토지 매매(賣買) 가격표(단위 : 원)

구분	상등(上等)지		중등지		하등지		구분	표준지		
	밭	택지	밭	택지	밭	택지		상등지	중등지	하등지
1927년	4,600	20,000	3,010	5,330	1,050	1,230	논	유정(柳町)	교구정(橋口町)	암정(岩町)
							대(垈)	대화정	죽전리	기림리
1928년	4,550	18,000	3,000	5,170	1,000	1,070	논	유정	교구정	경상리
							대(垈)	대화정(大和町)	계리	기림리
1929년	6,500	12,500	2,500	2,920	470	540	논	창전리	교구정	선교리
							대(垈)	대화정	행정(幸町)	평천리

※밭(1반보(反步)[77]), 택지(100평)

토지 임대(賃貸) 가격표(단위 : 원)

구분	상등(上等)지		중등지		하등지		구분	표준지		
	밭	택지	밭	택지	밭	택지		상등지	중등지	하등지
1927년	70	1,000	39	390	20	130	논	유정	교구정	암정
							대(垈)	관후리	앵정(櫻町)	신양리
1928년	70	900	57	320	16	110	논 대(垈)	순영리	황금정	경상리
1929년	122	750	68	195	18	46	논	창전리	신창리	인흥리
							대(垈)	대화정	팔천대정(八千代町)	기림리

※밭(1반보(反步)), 택지(100평)

76) 목차에는 있지만 본문에는 생략되었다. 편의상 삽입하였다.
77) 1반보(反步)는 1정보(町步)의 10분의 1, 곧 300평으로 991.74㎡에 해당됨.

농산 · 축산

평양 부근은 토지가 비옥하고 농경에 적합하지만, 부내府內의 경작지 중 밭 233만 평, 논 3만 7천 평에 불과하다. 농작물은 주로 부민들이 소비하는 고구마, 감자, 나복蘿蔔(무), 배추 등의 소채류이다. 이른바 특산물로 평양소, 평양밤 등이 유명하지만 취급하는 시장에서만 제한적으로 유통하며, 그 주산지는 부근의 각 지방이다. 최근 소는 307마리에 그치고 그중 젖소는 65마리이다. 우유를 짜는 곳은 4개소 그 양은 612석, 가격은 6천 원에 달한다.

부내 소채(蔬菜) 재배별 수확량 표

	고구마	감자	나복(蘿蔔 무)	배추	합계
재배 단별(단)	97[78]	344	400	508	1,349
수확량(관)	39,174	138,926	176,080	231,800	585,980

과일 수확량 표(단위 : 관)

사과	10,210관	복숭아	450관
배	1,700관	합계	12,360관

가축 수 표(단위 : 마리)

소	307	당나귀	26
말	123	닭	11,705
노새	30		

축산물 가격표

구분	소가죽	소뼈	돼지가죽	벌꿀	합계
수(근)	252,820	381,300	4,020	1,263	639,403
가격(원)	101,128	26,691	630	590	

78) 논밭이나 산림의 면적 단위. 1단은 300보(步), 1정(町)의 10분의 1, 약 10아르에 해당.

공업

공장

병합 당시 평양은 서선西鮮의 웅도雄都였지만 아직 공업적인 면에서 볼 것이 없었다. 그러나 유럽대전(제1차 대전) 이후 내지內地 재계財界가 눈부시게 경제적 성장을 이루면서 일반 사업계의 호황은 점차로 조선에도 파급되었다. 조선에서도 각종 산업이 발흥勃興하게 되었고, 평양 천혜天惠의 호조건好條件으로 점차 내지 사업가들이 주목하는 곳이 되었고, 종래 소비도시였던 평양은, 일약 반도 유일의 공업도시로 발달하게 된 것이다. 즉 평양은 수륙水陸으로 운송 편이 좋고 양양한 대동강은 무한한 공업용수를 제공하였다. 게다가 무진장한 공업 연료인 무연탄광이 있고, 광대한 공업용 부지는 대동강 양안兩岸을 따라 펼쳐져 있다. 더불어 노동력도 오히려 노동자 과잉 상태로 매우 풍부하며 임금도 극히 저렴하다. 따라서 조선병기兵器제조소, 해군연료창 평양광업부, 전매국專賣局 연초煙草제조공장, 대일본제당회사 평양공장, 조선전기흥업회시, 오노다시멘트 회사 평양지공장平壤支工場 등 큰 회사들이 공장을 설치하였다. 또한 겸이포兼二浦에는 미쓰비시제철주식회사가 3천 5백만 원의 거금을 투자해서 대규모 제철업을 경영하고 있다. 이외에도 조선 제일의 모범적 공장이라고 장려되는 평양 야마주山十제사製絲공장도 위치하고 있다. 또한 자본금 천만 원을 투자해 1927년부터 영업을 개시한 조선무연탄조합, 외국인이 경영하는 콘스타치회사, 기타 크고 작은 많은 제조공업이 연이어서 발흥發興되어 드디어 공장 발전의 기초를 확립하였다. 현재 평양의 특산품으로는 제당製糖, 연초煙草, 소주, 정미精米, 고무, 양말, 청주淸酒, 철공품, 연탄 등이 열거된다. 그리고 1929년 평양부내府內의 공장 수는 294개, 자본금 8,193만 4천 원, 종업원 수 7,870명, 그 생산액 4,016만 천 원에 달한다. 만약 평양부 주변을 포함한 일대의 공장 수, 직공 수, 자본금, 공산품 액수를 산정하면 그 위대한 공장들의 위력에 놀랄 것이다. 그럼에도 불구하고 평양의 공장들은 아직 요람기에 있다. 앞으로 실로 괄목할 만한 것이다.

평양부내(府內) 공장표(1929년)

구분	공장 수	공칭 자본금(원)	종업자 수				생산액(원)
			내지인	조선인	외국인	합계	
연탄제조업	4	11,210,000	4	91	-	95	447,695
전기업	2	11,450,000	11	45	17	74	1,120,017
생사(生絲)업	1	11,535,442	20	580	-	600	924,757
정미업	52	359,740	4	612	-	616	2,147,956
주류제조업	30	2,979,520	47	330	1	378	2,166,295
양말제조업	30	307,200	-	996	17	1,013	827,100
연초제조업	1	-	9	408	-	417	4,572,700
고무공장	9	1,370,000	1	1,804	-	1,805	1,690,000
철공업	13	705,493	197	511	38	708	750,000
목공업	15	112,300	9	83	34	126	124,600
곡자(麯子 : 누룩)제조업	11	78,500	3	45	-	48	199,030
인쇄업	10	381,500	10	157	-	167	151,930
제면(製綿)업	4	10,800	-	44	-	44	26,050
과자제조업	10	79,000	9	36	-	45	170,300
제당업	1	51,416,600	38	91	-	129	23,415,402
기타	101	537,979	82	1,259	264	1,605	1,427,565
합계	294	81,934,084	445	7,092	371	7,870	40,161,397

공산工産

이상의 여러 공장, 공장 이외에서 생산되는 1929년 평양의 각종 공산액工産額 내역은 다음과 같다.

평양부내(府內) 공산(共產) 표(1929)

구분	품명	생산호수	생산액		종업원			원동력		투자액
			수량	가격	남	녀	합계	전기	증기	
직물업	면	4	20,000관	26,050	24	20	44	32	-	10,800
	면포(綿布)	2	3,427단	4,107	-	-	-	-	-	-
	견포(絹布)	4	4,388	26,500	-	-	-	-	-	-
	작잠포(柞蠶布)	1	1,703	4,216	-	-	-	-	-	-
	기타 직물	8	10,100	30,225	-	-	-	-	-	-
	합계	15	-	65,048	73	95	168	12	-	84,950
재봉업		7	-	105,400	40	5	-	-	-	42,500
편물(編物)	양말	30	938,850	1,589,000	-	-	-	-	-	-
	메리야스	2	5,000장	20,000	-	-	-	-	-	-
	모(毛)편물	35	3,500착	17,500	-	-	-	-	-	-
	합계	71[79]	-	1,626,500	813	190	1,003	75.5	-	307,200
지제품(紙製品)	기름종이	3	60,000장	12,000	-	-	-	-	-	-
	지함(紙函)	6	340,000개	34,000	-	-	-	-	-	-
	일본우산	3	6,000	12,000	-	-	-	-	-	-
	합계	12	-	58,000	8	1	9	-	-	1,000
피혁제품	신발류	33	12,280	122,840	-	-	-	-	-	-
	가방류	7	4,280	16,400	-	-	-	-	-	-
	합계	40	-	129,240	40	-	40	1	-	21,329
목공품	가구건구(家具建具)	39	9,900	124,800	-	-	-	-	-	-
	게타(下駄)	1	8,000	4,000	-	-	-	-	-	-
	재래식 칠기(漆器)	3	6,000	9,000	-	-	-	-	-	-
	선박	4	75척	85,000	-	-	-	-	-	-
	기타 목제품	15	-	70,000	-	-	-	-	-	-
	합계	62	-	293,100	126	-	126	8.5	-	112,300
석분(石粉) 및 한수석(寒水石)		1	-	20,000	20	4	24	40	-	12,500

79) 71은 67의 잘못으로 보이지만 원문 그대로 표기함. 이하 동일함.

철공업	금속기계	13	2,590개	644,000	-	-	-	-	-	-
	半木機械	5	2,500	29,000	-	-	-	-	-	-
	기계부품	10	25,210	252,100	-	-	-	-	-	-
	농구	3	106	3,300	-	-	-	-	-	-
	합계	31	-	928,400	965	4	969	434.5	2	780,993
금속제품	금은기(金銀器)	13	6,800	65,956	-	-	-	-	-	-
	동 · 청동기	6	17,500	34,000	-	-	-	-	-	-
	놋그릇	7	8,000	16,000	-	-	-	-	-	-
	철기(鐵器)	15	185,890	288,350	-	-	-	-	-	-
	칼	44	180,000	18,000	-	-	-	-	-	-
	기타 금속제품	4	234,500	269,500	-	-	-	-	-	-
	합계	99	-	692,306	72		72	6		27,000
차량		3	170	41,910	15	-	15	2		4,000
고류(藁類)	노초연(蘆草筵)	3	33,000	1,500	-	-	-	-	-	-
	새끼줄	22	99,376	31,462	-	-	-	-	-	-
	다다미(畳)	2	4,500	13,500	-	-	-	-	-	-
	합계	27	-	46,462	-	-	-	-	-	-
기와 및 벽돌	기와	6	1,221,000	38,605	-	-	-	-	-	-
	벽돌	4	6,519,940	98,689	-	-	-	-	-	-
	시멘트 기와	1	168,000	15,000	-	-	-	-	-	-
	토관(土管)	1	20,000	25,000	-	-	-	-	-	-
	기타 시멘트	1	11,100	15,500	-	-	-	-	-	-
	합계	13	-	192,794	364	98	462	-	135	193,500
유리		3	521,500	62,150	89	1	90	3	-	30,500
제유업(製油業)	들기름	5	45	4,500	-	-	-	-	-	-
	참기름	14	174	20,880	-	-	-	-	-	-
	피마자유(蓖麻子油)	3	120	8,400	-	-	-	-	-	-
	기타 동물성 기름	6	40	9,500	-	-	-	-	-	-
	합계	46	-	43,280	3	-	3	4	-	6,000
빨래 비누		5	82,200관	91,200	19	-	19	8	-	18,000

연초	권연초(卷煙草)	1	832,440	2,891,800	-	-	-	-	-	-
	각연초(刻煙草)	1	420,225관	1,680,900	-	-	-	-	-	-
	합계	1	-	4,572,700	219	198	417	106	-	-
	고무신	10	3,724,000 켤레	2,191,000	-	-	-	-	-	-
	합계	10	-	2,191,000	700	1,105	1,805	1,055	-	1,370,000
정미업	정미(精米)	52	247,956석	2,147,956	-	-	-	-	-	-
	메밀가루	4	54,500	64,550	-	-	-	-	-	-
	기타 전분	30	-	491,000	-	-	-	-	-	-
	합계	96	-	2,703,506	225	391	616	501	-	359,750
	건면류	3	75,156	31,640	12	-	12			15,800
	청주	6	6,749석[80]	506,175	106	13	119	17	-	182,800
	소주	24	58,952	2,473,245	259	-	259	28	145	873,000
간장 주조	왜간장	4	13,910	56,300	-	-	-	-	-	-
	내지 된장(미소)	3	82,000관	58,700	-	-	-	-	-	-
	초	2	95석	1,900	-	-	-	-	-	-
	기타	1	-	28,200	-	-	-	-	-	-
	합계	11	-	145,100	27	2	29	10	-	131,000
	누룩	11	883,275	199,030	48	-	48	28	-	78,500
	맥분(麥粉)	4	-	131,100	10	-	10	15	-	24,000
과자류	과자	19	216,000	488,000	-	-	-	-	-	-
	엿	15	10,500	10,500	-	-	-	-	-	-
	벌꿀	6	700	590	-	-	-	-	-	-
	합계	40	-	499,080	45	-	45	-	-	79,000
	청량음료	2	86,934	80,760	33	6	39	10	-	100,000
	제당업	1	-	15,957,328	129	-	129	5	1,148	51,416,600
장부	장부(帳簿)	5	7,000책(冊)	22,000	-	-	-	-	-	-
	기타 인쇄물	13	-	151,000	-	-	-	-	-	-
	합계	18	-	173,000	167	-	167	15.5	-	381,500

80) 술 1석(石)은 10말에 해당되며, 180.39리터에 해당됨.

연탄		4	28,193	447,695	93	-	93	376	80	210,000
고기 통조림		1	5,000	60,000	4	6	10	2	-	5,000
생사(生絲)		1	67,513	924,757	90	510	600	-	50	15,443
염색품		6	-	55,000	52	4	56	26	-	18,000
도자기		1	250,000	20,020	30	5	35	25	-	30,000
유세공(柳細工)	고리짝	2	25,000	12,500	-	-	-	-	-	-
	바구니	2	5,000	6,000	-	-	-	-	-	-
	합계	2	-	19,100	12	-	12	-	-	10,000
기타	붓	9	63,000	6,300	-	-	-	-	-	-
	잉크	1	3,000	5,000	-	-	-	-	-	-
	밀짚모자	6	17,000	117,000	-	-	-	-	-	-
	기타 모자	4	11,150	4,600	-	-	-	-	-	-
	햄	1	6,000근	16,480	-	-	-	-	-	-
	재제염(再製鹽)	5	400,000	10,000	-	-	-	-	-	-
	쇄모(刷毛 : 솔)	1	2,000	1,400	-	-	-	-	-	-
	유박(油粕 : 깻묵)	34	21,886관	5,218	-	-	-	-	-	-
	장유박(醬油粕) 및 소주박(燒酒粕)[81]	34	-	-	-	-	-	-	-	-
	쌀겨	68	510,500	422,436	-	-	-	-	-	-
	두부 및 곤약	4	110,000	15,500	-	-	-	-	-	-
	밀개떡	1	-	3,125	-	-	-	-	-	-
	벽토(壁土) 여물	1	10,000	8,000	-	-	-	-	-	1
	죽세공품	1	-	52,450	-	-	-	-	-	-
	석제품	10	20,644근	54,100	-	-	-	-	-	-
	석재가공	1	300기(基)	6,000	-	-	-	-	-	-
	합계	180	-	767,609	910	40	950	23	-	176,900
총계		797	-	36,336,633	5,135	2,713	7,848	9,118	5,045	80,009,564

※비고 : 종업원은 피고용자로 가족은 제외함. 원동력(原動力)은 마력수(馬力數)를 표시함. 겸업자가 많으므로 생산 호수 총계는 그 실제 숫자가 아님. 공장 숫자가 생산 호수보다 증가한 것은 자가용품(自家用品) 생산 호수를 포함했기 때문이다. 1929년도 공산액이 크게 늘어난 이유는 행정구획의 확장에 의한다.

81) 장유박(醬油粕)은 간장을 제조하고 남은 부산물(찌꺼기), 소주박(燒酒粕)은 소주를 내린 뒤에 남은 찌꺼기.

원료原料

전술한 바와 같이 평양은 공업경영에서 유리한 조건을 갖춘 데다가 그 부근 서선西鮮 삼도三道의 보고寶庫에 해당된다. 게다가 만몽滿蒙 및 지나支那 본토의 물자를 원료로 이용할 수 있는 매우 편리한 위치에 자리 잡고 있다. 그리고 실제로 평양을 중심으로 한 지방의 각종 공업용 원료로 이미 이용되는 주요한 것을 열거하면 연탄 원료인 무연탄, 연초 원료인 담배잎, 생사生絲 원료인 누에고치, 철공품 원료인 제철, 석탄 및 시멘트 원료인 석회암, 칼슘 원료인 석회석, 양조釀造 원료인 잡곡, 도기陶器 원료인 도토陶土와 고령토高嶺土, 제당 원료인 사탕무(첨채甜菜) 등이 있다. 기타 피혁皮革 원료인 소가죽, 제품용 목재, 통조림 원료인 어류와 육류, 곡분穀粉 연료인 농산물 등이 매우 풍부하므로, 이것들을 잘 이용하여 경영한다면 공업 발전을 이룰 수 있다.

서선(西鮮) 삼도(三道) 물산액 표

종별	연도	평안남도	평안북도	황해도	합계
농산물	1927년	53,999,308	47,090,581	52,759,525	154,849,414
	1928년	60,294,324	54,942,784	62,122,118	177,359,226
	1929년	57,562,176	52,326,461	59,732,806	169,621,443
축산물	1927년	678,146	419,710	829,196	1,927,052
	1928년	712,304	498,493	872,838	2,083,635
	1929년	746,462	882,237	918,776	2,547,475
임산물(林産物)	1927년	4,876,434	6,806,794	4,977,102	16,660,330
	1928년	5,212,858	7,537,951	4,285,962	17,036,771
	1929년	4,502,992	10,615,271	4,210,013	19,328,276
광산물(鑛産物)	1927년	3,741,380	5,006,235	9,955,728	18,703,343
	1928년	5,574,959	4,884,619	11,084,833	21,544,411
	1929년	6,103,810	5,039,637	10,277,050	21,420,497
공산물	1927년	38,473,551	14,075,138	12,992,223	65,540,912
	1928년	46,779,837	13,625,100	13,674,248	74,079,185
	1929년	47,890,121	15,565,687	13,652,861	77,108,669

	1927년	2,074,916	3,729,233	3,307,226	9,111,375
수산물	1928년	1,691,506	3,999,619	4,259,032	9,990,157
	1929년	1,428,494	4,341,929	5,334,095	11,154,512
	1927년	103,843,735	77,127,691	85,821,000	266,792,426
합계	1928년	120,265,788	85,488,566	96,299,031	302,053,385
	1929년	118,234,055	88,771,222	94,175,595	301,180,872

연료燃料

평양탄전 평양탄전이라고 불리는 지역은 평양을 중심으로 하여 대동군 · 강서군 · 강동군 세 군에 걸쳐 있으며, 광대한 무연탄광을 지니고 있다. 탄층은 주로 이첩기二疊紀[82] 석탄에 속하며, 탄질炭質을 조선의 다른 무연탄과 비교하자면 회분灰分이 적고 휘발분揮發分이 많다는 특징을 지녔다. 그러나 유황硫黃이 많다는 결점이 있다. 대부분이 분탄粉炭이므로 연탄 제조용에 적합하며 강동군 삼등면에서는 괴탄塊炭이 생산된다. 그 밖에도 평안남도탄전이라고 칭하는 경우도 있는데, 이는 개천价川 · 순천順川 · 덕천 · 맹산 및 평안북도 영변군에 걸친 광대한 무연탄전을 말하며, 평양탄전과 마찬가지로 이첩기 석탄에 속하며 탄질은 평양에 비해 회분 함유량이 많지만, 휘발분과 유황분이 적어서 가정용 연탄 원료에 적합하다.

전술한 바와 같이 평양 부근에는 양질의 무연탄갱無煙炭坑이 풍부하여 미쓰비시제철주식회사의 광구鑛區 964만 평, 해군연료창 평양광업부 600만 평, 조선전기흥업주식회사 171만 평을 비롯해 매장량이 무려 6억만 톤이라고 알려진 커다란 무연탄전을 지닌다. 기타 안주탄갱 또는 봉산탄갱도 존재하고 있어서 공업용 연료로는 실로 하늘이 준 혜택을 향유하고 있다. 여기에 참고로 현재 무연탄 혹은 석탄을 채굴 중인 탄갱에서 평양까지의 거리를 보면 다음과 같다.

82) 이첩기(二疊紀, permian period) : 지질 시대(地質)시대 구분 중 하나로, 고생대(古生代) 마지막 시기.

현재 가동 중인 탄갱

탄갱명	종류	평양까지의 거리	경영자
강동탄갱	무연탄	약 80리	조선전기흥업주식회사
정백탄갱	상동	약 10리	상동
사동탄갱	상동	약 10리	해군연료창 평양광업부
고방산탄갱	상동	약 20리	상동
율리탄갱	상동	약 10리	상동
삼신동탄갱	상동	약 30리	조선무연탄주식회사
감북(坎北)탄갱	상동	약 10리	상동
대보탄갱	상동	약 50리	미쓰비시제철주식회사
장산탄갱	상동	약 50리	상동
대문산탄갱	상동	약 15리	조선전기흥업주식회사
강서탄갱	상동	약 80리	조선무연탄광주식회사
대성탄갱	상동	약 60리	명치(明治)광업주식회사
안주(安州)탄갱	석탄	약 160리	상동
봉산(鳳山)탄갱	상동	약 190리	봉성(鳳城)탄광주식회사

평양과 각 탄갱과는 모두가 가까운 거리에 있어서 운송비도 각 지방에 비해서 훨씬 유리한 지리에 위치한다. 그런데 지금까지 각 무연탄갱에서 채굴한 수량은 1913년 이후 1928년까지에 걸쳐 약 380만 톤에 불과하다. 위에서는 채굴한 양에 대해서는 기술하지 못했지만, 아직까지는 매우 근소한 양에 불과하다고 한다. 매장된 양을 6억 톤이라고 본다면 실로 구우九牛의 일모一毛[83]에 불과한 것이다. 가령 5억 9천만 톤의 매장량을 지녔다고 한다면, 현재처럼 1년에 약 50만 톤의 무연탄을 채굴하면 앞으로 약 1,200년간 채굴할 수 있겠다. 근래에 그 이용가치가 점차 인식되면서 해마다 수요가 증가하는 상황이다. 실제로 최근 4개년 간 해마다 약 6, 7만 톤에서 8, 9만 톤이 증가해 왔으므로, 앞으로는 1년에 70만씩 채굴하게 된다고 해도

83) 구우의 일모(九牛の一毛, 큐규노 이치모) : 많은 것 중에서 극히 일부임을 나타내는 말.

향후 7, 8백 년간의 수명을 지녔다고 감정할 수 있겠다. 안주와 봉산탄갱 이외에도 평안남도 무연탄전이 존재하므로 평양이라는 땅이 얼마나 연료에 혜택을 받는 곳인지 확인할 수 있을 것이다.

평양무연탄 공업 분석표(기일(其一))

탄명	수분	휘발분	고정탄소	회분	유황	해탄(骸炭)상태	회색	발열량	비중	적요(摘要)
	4.00	3.50	80.50	12.00	0.27	-	-	6,975	-	
강동탄	3.25	6.50	76.32	13.93	0.60	-	-	6,567	1.85	정백리(貞柏里)
	1.29	4.94	85.84	8.29	-	-	-	7,850	-	
	1.20	5.50	91.30	2.00	0.69	비점결(非粘結)	등(橙)	-	1.44	
대성탄	0.83	9.34	86.07	3.76	0.60	상동	대회등(臺灰橙)	7,323	1.41	
	1.04	8.82	84.08	6.06	0.65	상동	담회황(淡灰黃)	-	1.44	
	-	8.27	82.33	9.46	0.27	-	백白	8,000	1.37	
사동탄	1.13	9.61	81.13	8.13	0.79	-	상동	7,685	1.50	
	2.00	10.52	78.10	4.70	0.70	-	-	-	-	
	3.33	6.79	84.21	5.64	0.41	-	-	-	-	
고방산탄	4.64	12.90	77.66	4.80	-	-	-	-	-	
	1.60	10.50	79.70	8.20	0.90	-	-	-	-	
	3.38	3.40	90.22	3.00	0.21	-	-	-	-	
대보탄	6.08	2.03	83.40	8.49	0.26	-	-	-	-	1종 2종
	3.63	6.55	79.57	10.25	0.74	-	담갈(淡褐)	7,180	-	
	3.13	3.80	81.49	11.57	1.17	-	-	7,252	-	
강서탄	3.21	4.10	78.05	14.64	0.77	-	-	7,009	-	A갱坑 B갱
	4.38	5.55	76.32	13.75	0.80	-	담갈(淡褐)	6,742	1.72	
	3.09	1.69	94.03	1.19	-	비점결	회백(灰白)	7,318	1.66	
강동군 삼등면탄	3.21	4.35	85.07	7.37	-	상동	유백(乳白)	-	1.88	
	3.92	3.53	84.54	8.01	-	상동	담적회(淡赤灰)	-	-	

평양무연탄 공업 분석표(기이(其二))

산지	수분	휘발분	고정탄소	회분	유황	해탄(骸炭)상태	회색	발열량	비중
강동군 삼등리	3.18	2.37	86.67	7.58	0.66	비점결(非粘結)	담(淡)회갈색	-	1.820
대동군 삼신동	2.32	6.19	78.97	12.51	0.81	상동	상동	6,933.06	1.520
대동군 감북산	0.44	12.50	79.50	7.56	1.04	상동	적백색	6,598.00	1.500

평양무연탄 회분(灰分)

시험 장소	최소한도 회분	최대한도 회분	보통 회분	비고
대동군	4.40	17.48	5~15	탄갱 불명
강동군	3.93	38.10	5~15	상동
사동갱(寺洞坑)	6.35	15.05	5~15	상동
고방갱(高坊坑)	8.65	25.95	10~15	상동

무연탄 배급지　평양을 중심으로 한 부근 각 무연탄으로 1930년에 철도편으로 선내鮮內(조선 내) 각지에 배송된 수량은 약 16만 천 톤이다. 이중 진남포항에 수송된 9만 6천여 톤은 그 대부분이 내지로 보내졌다고 한다. 결국 선내鮮內에서 수용, 공급된 수량은 약 5, 6만 톤 내외라고 추정할 수 있다. 현재 승호리, 선교리, 기타 각 역에서 발송된 무연탄 수량은 대체로 다음 표와 같다.

무연탄 배송량 조사(1930년)

역명	승호리	선교리	겸이포	기양(岐陽)	대동강	사동(寺洞)	미림	서평양	평양	합계
경성	6,722	460	392	1,705	3,238	290	78	176	942	16,103
평양	3,614	-	-	30	80	442	104	-	-	4,270
대구	410	-	-	85	-	260	52	28	82	917
초량	190	-	52	-	-	-	-	-	136	378
진남포	133	526	-	2,649	20	38,150	54,263	412	393	96,546
부산	106	46	26	-	-	-	-	-	193	371
인천	56	431	-	907	-	-	-	-	-	1,394

안동	28	-	-	59	-	-	-	-	-	87
대전	28	-	-	206	-	52	52	28	-	368
겸이포	28	-	-	-	-	-	-	-	-	28
선교리	28	-	-	-	12,866	2,366	2,288	-	-	17,548
송정리	28	-	-	-	-	-	-	-	-	28
미림(美林)	5	-	-	-	-	-	-	-	-	5
구포	-	210	-	-	-	-	-	-	-	210
김천	-	142	-	-	-	26	-	-	-	168
용산	-	28	-	1,404	28	286	-	-	86	1,832
석암(石巖)	-	51	-	-	-	-	-	-	-	51
어파(漁波)	-	23	-	-	-	-	-	-	1	24
신안주	-	118	-	-	-	-	-	-	30	148
군산	-	179	-	356	-	-	26	20	84	675
목포	-	30	-	-	-	-	-	-	116	146
구(舊)마산	-	56	-	-	-	-	-	-	-	56
광주(光州)	-	118	-	-	-	-	-	-	-	118
경주	-	88	-	-	-	-	-	-	-	88
서호진	-	84	-	-	190	-	-	-	-	274
포항	-	114	-	-	-	-	-	-	-	114
함흥	-	56	-	-	23	-	-	-	26	131
흥남	-	1,520	350	2,073	-	-	-	-	2,049	5,992
신의주	-	28	-	-	-	-	-	-	-	28
승호리	-	2,316		3,409	1,298	-	-	-	3,023	10,324
성선(省線)	-	1	-	-	-	-	-	-	3	4
사리원	-	-	52	174	54	-	-	-	1	281
천안	-	-	-	358	-	26	-	-	-	384
원산	-	-	-	119	-	104	52	-	56	321
수원	-	-	-	180	-	-	-	-	-	180
개성	-	-	-	176	-	-	-	-	-	176

이리(裡里)	-	-	-	89	-	-	-	-	-	89
강경(江景)	-	-	-	60	-	-	-	-	-	60
정읍	-	-	-	58	-	-	-	-	-	58
평택	-	-	-	29	-	-	-	-	-	29
조치원	-	-	-	149	-	-	-	-	-	149
전주	-	-	-	59	28	-	26	-	-	113
신막(新幕)	-	-	-	89	-	-	-	-	-	89
진해	-	-	-	-	24	-	-	-	-	24
선천	-	-	-	-	-	60	-	-	124	184
동막(東幕)	-	-	-	-	-	52	572	-	-	624
논산	-	-	-	-	-	26	26	-	28	80
김제	-	-	-	-	-		26	-	-	26
부산진	-	-	-	-	-	-	-	-	28	28
흑교(黑橋)	-	-	-	-	-	-	-	-	4	4
순안	-	-	-	-	-	-	-	-	2	2
숙천(肅川)	-	-	-	-	-	-	-	-	12	12
맹중일	-	-	-	-	-	-	-	-	1	1
영미(嶺美)	-	-	-	-	-	-	-	-	3	3
박천	-	-	-	-	-	-	-	-	3	3
사인장	-	-	-	-	-	-	-	-	1	1
순천	-	-	-	-	-	-	-	-	4	4
충북선	-	-	-	-	-	-	-	-	43	43
경남선	-	-	-	-	-	-	-	-	26	26
황주선	-	-	-	-	-	-	-	-	1	1
청량리	-	-	-	-	-	-	-	-	30	30
합계	11,376	6,625	872	14,425	19,825	42,90[84)]	57,565	952	7,531	161,461

84) 42,90은 잘못 표기되었지만 그대로 표기함. 이하 동일함.

연료 소비액 더불어 최근 1년 동안 평양부내府內에서 소비된 연료는 다음 표와 같은데, 평양 부근에는 아직 무허가 탄갱구炭坑區가 매우 많다. 따라서 앞으로 평양부 또는 단체를 통해서 적절하게 채굴 허가를 받고 나서 부민府民들을 위해서 가장 저렴하게 연료를 공급할 수 있는 계획을 세울 때, 공업상으로도 생활상으로도 커다란 복리福利가 이루어질 것이라고 믿는다.

평양부 연료 소비 조사(1929년)

품명	수량(톤)	단가(원)	금액(원)
강동탄	48,353	7.00	338,471
안주탄	8,129	13.00	105,677
봉산탄	300	10.00	3,000
대문산탄	160	17.00	2,720
대성탄	1,585	13.70	21,145
기타 무연탄	4,150	8.50	35,275
합계	62,677	-	506,288
무순탄	30,126	16.00	482,016
본계탄	1,000	18.00	18,000
풍국탄	728	16.50	12,903
합계	31,909	-	512,919
전흥(電興) 연탄	7,115	18.50	131,628
전흥연탄 별구(別口)	3,185	15.00	47,775
해군(海軍) 연탄	7,300	17.50	127,750
미쓰비시연탄	1,300	16.00	14,800
평양마셋쿠(マセック)	1,950	17.00	33,150
기양(岐陽) 연탄	200	13.00	2,600
구멍난 연탄(穴明キ煉炭)	1,345	17.00	22,865
코크스(해탄(骸炭))	1,000	30.00	30,000
합계	23,395	-	410,568
장작	1,699,500	0.06	101,970

목탄	701,000	0.20	140,200
솔잎	3,514,000	0.10	354,000
합계	5,914,500	-	595,970

※비고 : 강동탄(江東炭), 무순탄(撫順炭) 중에서 14,500톤, 전흥(電興) 연탄 3,185톤은 전흥(電興)과 제당(製糖) 발전용으로 사용되는 동력(動力) 원료임.

노은勞銀

평양의 인구는 매년 5, 6천 명씩 증가하고 있는데 이는 각종 사업이 발흥勃興하면서 필연적으로 늘어나는 것뿐만 아니라, 한편으로는 농촌이 피폐疲弊하면서 도시에 집중하는 경향이 나타나고 있다. 그저 만연漫然히 이주해 오는 이도 다수 존재한다. 이러한 측면의 인구증가는 신규 사업의 발흥을 능가凌駕하여 마구잡이로 노동력이 증가되는 상태에 있다. 따라서 노은勞銀(품삯)도 선내鮮內의 다른 도시에 비교해 훨씬 싸다. 이로 인해 수입이 적고 실업失業하여 비참한 생활을 영위하는 자도 많다.

선내(鮮內) 주요 도시의 조선인 보통 인부(人夫) 임금표(賃金表)(1929년 9월 말)

평양	진남포	신의주	경성	대구	목포	인천	부산	청진(淸津)	원산	군산
0.63	0.59	0.70	0.79	0.80	0.77	0.70	1.00	0.90	0.70	0.80

※수치는 원.

위 조사를 보면, 보통 인부들의 임금은 부산, 청진, 대구, 군산, 경성, 목포, 원산, 인천, 신의주 순으로 점점 싸지는데, 평양은 다음 순위에 해당된다. 이처럼 평양의 노동 임금이 저렴한 이유는 노동력 과잉과 함께, 종래從來 이 지방에 품삯이 싼 지나인支那人 노동자들이 많이 들어온 것도 적지 않은 영향을 주었다.

평양부내(府內) 품삯(노은(勞銀)) 표(수치는 원).

직업별	인별	평균액			직업별	인별	평균액		
		1927년	1928년	1929년			1927년	1928년	1929년
목수	내지인	3.65	3.50	3.10	기와 적재	내지인	3.95	4.00	4.00
	조선인	1.80	2.50	2.00		조선인	1.80	2.28	2.00
미장이	내지인	3.95	4.00	4.00	페인트	내지인	3.95	4.00	4.00
	조선인	1.80	3.00	2.75		조선인	1.80	3.00	2.50
석공	내지인	3.95	4.00	4.00	다다미	내지인	월급63.75	65.00	55.00
	조선인	1.73	2.00	2.00		조선인	월급33.75	35.00	30.00
톱장이	내지인	3.95	4.00	4.00	표구사(表具師)	내지인	3.65	3.50	3.50
	조선인	1.65	2.00	2.00		조선인	1.65	2.38	2.00
지붕 시공	내지인	3.65	3.50	3.50	통장수	내지인	3.80	3.50	3.50
	조선인	1.85	2.25	1.75		조선인	-	-	-
기와 시공	내지인	4.05			차제조(車製造)	내지인	3.65	3.50	3.00
	조선인	1.90				조선인	1.80	2.50	2.25
염색	내지인	2.15			간장 제조	내지인	△75.00	△75.00	△75.00
	조선인	0.95				조선인	△45.00	△45.00	△45.00
양복	내지인	월급63.75			소방대	내지인	3.43	3.00	3.00
	조선인	월급33.75				조선인	1.65	2.00	1.75
신발	내지인	2.65			소방수	내지인	-	-	-
	조선인	1.85				조선인	0.68	1.00	1.00
활판공	내지인	2.08			막벌이	내지인	2.08	2.00	2.00
	조선인	1.08				조선인	1.28	1.13	1.00
이발	내지인	△47.25	△50.00	△55.00	자동차 운전수	내지인	월급70.00	70.00	65.00
	조선인	△36.50	△45.00	△50.00		조선인	월급60.00	60.00	52.50
두사(杜師)	내지인	△125.00	△125.00	△125.00	인력 차부	내지인	-	-	3.50
	조선인	-	-	-		조선인	-	-	3.50
담차(擔車)	내지인	-	-	-	하인	내지인	△30.00	△30.00	△30.00
	조선인	0.70	0.70	0.70		조선인	△20.00	△24.00	△24.00
짐꾼	내지인	2.38	2.00	2.00	하녀	내지인	△28.00	△28.00	△26.50
	조선인	1.28	1.50	1.50		조선인	△20.00	△22.00	△22.00

△표시는 숙식제공을 포함한 월급에 해당됨.

상업

무역

평양은 서선西鮮 삼도三道의 중추이고 수륙水陸 교통편 역시 발달하였다. 남쪽에 황해도라는 보고寶庫가 있고 북쪽으로 평안북도에 접하고 있다. 또한, 동쪽으로 함경남도 및 강원도와 서로 접하며相接, 서쪽에 진남포라는 좋은 항구를 관문關門으로 두고 남북지나南北支那 사이에 황해黃海를 끼고 있다. 이처럼 교통 운수상運輸上 매우 유리한 위치에 있다. 혜택받은 경제 중심지로 우월優越한 상권商權을 파악하고 서선西鮮의 커다란 소비도시로 웅비雄飛할 수 있었고, 한때는 커다란 수입 무역지였다. 최근에 들어서 서선西鮮지방의 산업 발전과 함께 평양을 중심으로 각종 사업이 발흥되어, 곡물과 두류豆類는 물론이고 소고기 · 소뼈 · 각종 비료 · 잠업蠶業 · 면화 · 면실綿實 · 평양밤 등의 특산물 이외에도, 대량생산품으로 설탕 · 시멘트 · 무연탄 등 수출 · 이출에 기초해 성대하게 발전되고 있다. 무역 상황은 다소 출입出入의 균형을 유지해 왔는데, 지금까지 수송輸送 및 세관 수속에서 통관 절차가 복잡하기 때문에, 실제 무역액보다도 평양 관세 통계는 훨씬 낮게 파악돼왔다고 보인다.

그런데 유럽대전(제1차 세계대전) 발발 이래, 평양은 조선 유일의 공업지로 각종 산업이 기획되어 평양 무역은 급격히 증가하게 되었다. 즉 공업 발흥勃興과 함께, 공장의 시설경영施設經營에 필요한 여러 기계 재료의 수입 · 이입을 비롯하여, 재계財界의 호황에 따른 경제력의 증진 등은 수출 · 이출입 둘 다 완전히 일신一新되었다.

요컨대 무역지로서 평양의 장래는 그 전도前途가 매우 유망하며, 장래 대동강의 개수改修, 평원철도平元鐵道의 완성, 국경國境 만포진철도滿浦鎮鐵道의 개통 등이 완료된다면 수륙 양쪽의 교통편이 한층 증가될 수 있을 것이다. 이들 연선沿線들에 내장된 무진장한 물산物產들이 개척되어서 반드시 평양 시장에 집산集散될 것이며, 만일 그 장래에 내지內地의 자금이 더 유입된다면 이들 자원을 절묘하게 이용하여 공업경영을 행하는데 평양 상공업상의 지위는 더욱 높아질 것이다.

평양부 무역 통계(단위 : 원)

종별	1929년	1928년	1927년
수출(輸出)	4,931,477	5,375,755	3,957,387
이출(移出)	16,494	15,482	9,722
합계	4,947,971	5,391,237	3,967,109
수입	7,257,456	8,911,956	7,059,230
이입	8,129,400	6,298,020	5,140,010
합계	15,386,856	15,209,976	12,199,240
총계	20,334,827	20,601,213	16,166,349

중요 수출품 가액(價額, 단위 : 원)

품명	금액	품명	금액	품명	금액	품명	금액
설탕	4,311,606	신발	54,850	세신(細辛)	13,574	조선종이	6,927
피혁류	273,570	청주	19,356	간장	6,368	기타	61,555
사과	155,351	재수출품	21,778	철	5,779	합계	4,930,714

중요 수입품 가액(價額, 단위 : 원)

품명	금액	품명	금액	품명	금액	품명	금액
설탕	4,767,505	두박(豆粕)	243,762	선철(銑鐵)	47,019	면직물	32,376
피혁류	956,937	폭발약	168,449	나사(羅紗)	41,009	기타	137,180
밤	716,517	소포우편물	110,441	코크스	36,261	합계	7,257,456

중요 이출품(移出品) 가액(價額, 단위 : 원)

품명	금액	품명	금액	품명	금액	품명	금액
견포(絹布)	3,728	의류	12,701	기타	65	합계	16,494

중요 이입품(移入品) 가액(價額, 단위 : 원)

품명	금액	품명	금액	품명	금액	품명	금액
면직물	2,928,069	소포우편물	1,399,378	모직물	309,705	기타	43,002
설탕	2,205,587	견직물	1,173,654	주류	70,568	합계	8,129,964

수륙공로(水陸空路)별 수 · 이출입 가액(價額) 누적(累積) 연표(수치는 원)

연별	수출 · 이출(移出)				수입 · 이입(移入)				합계			
	육로	수로	공로	합계	육로	수로	공로	합계	육로	수로	공로	합계
1927년	3,462,171	504,936	-	3,967,109	9,535,008	2,664,232	-	12,199,240	12,997,179	3,169,170	-	16,166,349
1928년	4,485,368	905,869	-	5,391,237	11,370,526	3,839,450	-	15,209,976	15,855,890	4,745,319	-	20,601,213
1929년	4,116,304	831,214	-	4,947,971	11,622,866	3,763,673	317	15,386,856	15,739,170	4,594,887	770	20,334,827

즉 최근의 대외무역對外貿易은 수출 493만여 원, 수입 725만여 원, 합계 1,218만여 원에 달한다.

그 거래처는 수입에서 네덜란드령 인도가 478만여 원으로 총 수입액의 약6할 5푼, 지나支那가 218만여 원으로 약 3할이다. 수출은 그 대부분이 지나이다.

또한 그 주요한 무역품에서는 지나의 유입품은 쌀 · 좁쌀 · 기장 · 두박豆粕 등이며, 네덜란드령 인도에서의 수입품으로는 설탕 · 피혁 등이다. 지나의 수출품은 설탕이 그 대종大腫으로 약 9할을 점한다.

주요한 외국 거래처(단위 : 천 원)

외국명	수입	수출	합계
지나(支那)	2,182	4,932	7,114
네덜란드령 인도	4,781	-	4,781
영국	170	-	170
기타	125	-	125

상점

이조李朝 이래 평양은 서선西鮮의 웅도雄都임과 동시에, 도치道治의 중심이었다. 인구도 많고 수비력이 왕성했다. 평양의 조선인 상인들은 특히 상재商才에 밝으며 개성상인과 길항拮抗할 정도로 실력을 지녔다. 최근에 이르러서는 내지인內地人 · 지나인支那人의 상업세력도 진출하여 특히 철도의 발달, 여러 산업의 흥륭興隆 등으로 평양의 상권商圈은 현저하게 확대되어 경성을 압도하고, 서선西鮮 삼도三道는 물론이고 강원도와 함경도 방면에 이르기까지 거래를 확대하고 있다. 평양 토착 상인들의 결실한 영업 방식은 그 점포의 구조 등에서도 확인할 수 있다. 또한, 신용을 중시하는 것도 분명한 특색이라고 생각된다. 지금 평양부내府內 1개년간의 판매업 및 준상업準商業 영업액은 816만 9천 원에 달하며, 업종별 · 경영자별 액수는 다음과 같다.

평양부내(府內) 상업 호수(戶數) 및 판매액(1929년)

(1) 판매업 분류

분류별	인별	호수(戶數)(호)	영업액
곡류 · 분류(粉類)	내지인	17	507,900
	조선인	193	4,753,600
	법인	2	985,700
	외국인	-	-
	합계	212	6,249,200
소재(蔬菜) · 과일 · 김치류	내지인	21	180,900
	조선인	31	92,100
	법인	2	10,700
	외국인	4	6,400
	합계	58	290,100

어류 · 해조류	내지인	14	274,000
	조선인	50	452,000
	법인	-	-
	외국인	-	-
	합계	64	726,000
고기류 · 우유류	내지인	10	93,700
	조선인	48	672,900
	법인	-	-
	외국인	-	-
	합계	58	766,600
주류 · 조미료 · 청량음료수	내지인	11	131,600
	조선인	39	331,700
	법인	2	59,600
	외국인	-	-
	합계	52	522,900
과자 · 연초(煙草) · 빵류	내지인	46	300,300
	조선인	143	351,100
	법인	-	-
	외국인	55	104,500
	합계	244	755,900
식료품 잡화류	내지인	44	655,000
	조선인	294	833,900
	법인	12	2,056,200
	외국인	13	116,100
	합계	363	3,661,200
연료류	내지인	2	730,600
	조선인	58	606,600
	법인	9	2,997,300
	외국인	-	-
	합계	88	4,335,500

목재 · 석재 · 건축재료	내지인	14	569,600
	조선인	17	378,600
	법인	4	605,900
	외국인	-	-
	합계	35	1,554,100
가구 · 다다미류 · 초물(草物)	내지인	30	183,700
	조선인	50	214,800
	법인	3	39,300
	외국인	3	4,800
	합계	86	442,600
도자기 · 유리류	내지인	14	259,200
	조선인	19	73,900
	법인	1	10,200
	외국인	-	-
	합계	34	343,300
금속기구 기계 · 차량 · 농구류	내지인	45	563,000
	조선인	107	1,035,000
	법인	8	1,572,400
	외국인	2	16,400
	합계	162	3,189,000
피혁류 · 신발 · 잡화류	내지인	62	974,300
	조선인	274	1,189,000
	법인	3	41,600
	외국인	19	735,800
	합계	358	2,940,700
직물 · 피복 · 옷 종류	내지인	60	1,584,900
	조선인	215	3,252,500
	법인	9	2,484,800
	외국인	10	2,546,800
	합계	194	9,868,600

종이 · 문구 · 종이 제품류	내지인	37	449,200
	조선인	21	167,500
	법인	2	26,400
	외국인	-	-
	합계	60	643,100
도서 · 신문 · 출판물류	내지인	3	185,000
	조선인	9	57,600
	법인	-	-
	외국인	-	-
	합계	12	243,600
약품 · 향료 · 화장품류	내지인	19	279,000
	조선인	32	278,000
	법인	6	274,800
	외국인	-	-
	합계	57	832,200
도량형과(科) · 시계 · 보석	내지인	16	84,600
	조선인	38	218,400
	법인	2	59,700
	외국인	-	-
	합계	56	362,700
합계	내지인	484	8,008,500
	조선인	1,638	14,960,600
	법인	65	11,224,200
	외국인	106	3,530,800
	합계	2,293	37,724,100

(2) 준상업(準商業) 분류

분류별	인별	호수(戶數)	영업액
창고 운송	내지인	24	2,006,400
	조선인	11	174,100
	법인	13	486,100
	외국인	-	-
	합계	48	2,666,600
청부업(請負業)	내지인	100	3,001,200
	조선인	7	62,900
	법인	6	1,016,800
	외국인	4	24,300
	합계	117	4,105,200
도매, 대리(代理), 중개	내지인	35	73,600
	조선인	92	139,100
	법인	13	114,400
	외국인	-	-
	합계	140	327,100
요리, 여관, 음식점	내지인	52	450,900
	조선인	60	522,900
	법인	-	-
	외국인	56	96,800
	합계	168	1,070,600
합계	내지인	211	5,532,100
	조선인	170	899,000
	법인	32	1,617,300
	외국인	60	121,100
	합계	473	8,169,500

시장

이미 이조 시대에 평양의 시장은 남선南鮮의 대구 · 전주 · 강경 등과 함께, 전선全鮮 굴지의

장소로 칭해졌다. 병합 이후에 상설 점포가 발달하면서 큰 시장은 오히려 교통이 불편한 지방으로 이동되었고, 평양의 시장은 다소 쇠퇴하는 경향에 있었다. 장날에는 지금도 사람들이 많아서 시장 부근도 북적거리는데 행상行商 중에는 물건을 사들이기 위해 찾는 자들도 많다.

전술한 바와 같이 근년 평양부에서는 물가 조절을 목적으로 공설시장을 설치하였다. 또한, 수산물의 거래를 목적으로 한 주식회사 평양어시장 등이 설립되었고, 게다가 1930년에 보통문 밖에 돼지고기 및 새끼돼지 거래 시장을 만들었다.

평양부내(府內) 시장표(市場表)(1928년)

시장명	소재지	경영자	개시(開市) 횟수	1개년 매매량(賣買量)(원)						비고
				농산물	수산물	직물	축산	기타	합계	
평양사창 공설시장	창전리	평양부	362	24,367	1,872	7,534	23,118	23,118[85)]	56,861	1호 시장. 정초 3일만 휴장.
수정(壽町) 공설시장	수정	상동	362	27,781	14,401	-	36,126	36,126	78,308	상동
행정(幸町) 공설시장	행정	상동	362	11,680	4,553	-	14,174	14,174		상동
신양시장	신양리	상동	68	21,050	39,500	66,600	63,700	63,700		음력 4, 9일
식량품시장	수정	상동	-	-	-	-	-	-	-	거래 없음
상영시장	상수리	상동	-	-	-	-	-	-	-	상동
기림시장	기림리	상동	-	-	-	-	-	-	-	상동
선교리시장	선교리	상동	-	-	-	-	-	-	-	상동
주식회사 평양어시장	앵정	주식회사 평양어시장	362	50,862	303,118	-	-	-	353,680	3호시장. 정초 3일만 휴장.

85) 표 수치에 잘못이 산견된다. '축산'과 '기타'의 수치가 동일하고 '합계'가 다르지만, 원문 그대로 번역함. 이하 동일함. 또한 '기타' 항목의 수치가 잘못된 것으로 판단된다.

또한 평양 부근의 촌락 시장(시골장)을 보면 장날은 대체로 음력 15, 27, 38, 49, 50과 같은 식으로 5일장으로 선다. 농가에서는 평양부내府內의 시장이나 촌락 시장에서 가내 생산품을 팔고, 다른 필수품을 산다. 참고로 대동군내 시장에 대해 그 매출과 장날 등을 제시하면 다음과 같다.

대동군내(大同郡內) 시장표(市場表)(1930년)

시장명	소재지	경영자	개시(開市) 횟수	1개년 대매량(賣買量)(원)						장날
				농산물	수산물	직물	축산	기타	합계	
휴암시장	추을미면 사동리	추을미면(秋乙美面)	72	60,400	1,300	-	3,160	17,520	82,380	음력 5, 0일
이본시장	추을미면 이본리	상동	72	44,200	7,980	-	5,950	10,050	68,180	음력 3, 8일
원장시장	김제면 원장리	김제면(金祭面)	60	49,144	9,809	10,151	3,950	49,020	237,074	음력 3, 8일
원장 가축시장	상동	상동	60	-	-	-	26,235	-	26,235	음력 3, 8일
장현시장	김제면 장현리	상동	71	35,573	6,941	6,012	69,715	33,497	151,738	음력 2, 7일
장현 가축시장	김제면 상동	상동	71	-	-	-	1,218	-	1,218	음력 2, 7일
원암시장	남관면 원암리	남관면(南串面)	67	82,468	4,441	5,860	19,584	4,354	117,697	음력 4, 9일
대평시장	대보면 태평외리	대보면(大寶面)	71	-	8,100	13,550	2,009	8,360	59,649	음력 5, 0일
태평 가축시장	상동	상동	71	-	-	-	17,520	-	17,520	음력 5, 0일
광탄시장	고평면 광탄리	고평면(古平面)	59	-	1,160	1,622	5,778	13,419	36,692	음력 2, 7일
마람시장(馬嵐市場)	부산면 마산리	부산면(斧山面)	72	4,647	840	329	269	1,068	7,151	음력 1, 6일
장수원시장	시족면 노산리	시족면(柴足面)	72	32,918	3,350	10,869	28,968	3,966	80,071	음력 5, 0일

검포시장	용연면 검포리	용연면(龍淵面)	72	19,380	4,160	4,680	5,578	4,991	38,789	음력 5, 0일
무진시장	율리면 무진리	율리면(栗里面)	71	26,000	3,140	3,430	3,110	3,750	39,430	음력 2, 7일
하석화시장	재경리면 하석화리	재경리면(在京里面)	70	4,914	-	1,301	322	-	6,537	음력 4, 9일
가작시장	율리면 석정리	율리면	거래 없음	-	-	-	-	-	-	음력 3, 8일
평양상설 가축시장	용산면 당상리	용산면	상동	-	-	-	-	-	-	매일. 1930년 10월 21일 설치

행상行商

평양부내府內는 항상 각 지방으로부터 행상인들이 들어왔는데, 이와 동시에 평양 상인들이 지방으로 행상을 나가는 경우도 상당히 많았다. 1930년 조사에 따르면, 외래 행상자 수는 75명, 지방으로 나가는 지역행상인 수는 355명에 이른다.

행상인 조사

외래 행상인의 출신지방별 수		지역 행상인의 행상처 수	
부산부(釜山府)	20명	평안남도 일원(一圓)	350명
원산부	15	평북 강계군	20
청진부	5	원산부	15
전주부	10	영변군	10
경성부	20	황해도 인읍(隣邑)	50
통영읍	5	청진부	10
합계	75	합계	355

물가

한국병합 후, 상품의 종류가 현저히 증가하고 내지內地 및 외국 정세의 지배를 받는 일이 매우 빨라졌다. 특히 최근 상공도시로서 부각되면서 전선全鮮의 소비시장인 경성京城의 상황

商況에 의해 영향 받는 일도 많다. 그리고 조선 내 물가가 내지 시장의 영향을 받은 것은 당연한데, 그중에서 쌀은 내지보다도 오히려 조선, 특히 인천의 정기定期시장, 부산 · 대구 · 군산 등의 시장 정세에 큰 영향을 받게 되었다. 또한, 좁쌀은 만주와도 가까워서 사실상 수입 제1위를 점하는 동시에, 평양 지역에서도 다량을 산출하고 있으므로 평양이 전선全鮮의 가격을 선도하였다. 그 외에도 설탕, 시멘트, 무연탄, 연탄, 소고기, 양말, 고무신, 소주, 평양밤 등이 많이 나와서 각 방면과 밀접한 교섭을 가지므로, 조선의 주산지主產地로서 평양의 시세가 내외 시장에서 중시되고 있다.

평양부 공설시장 물가 표(단위 : 원.전)

품명	단위	1926년	1927년	1928년	1929년	1930년
정미(精米)	15kg	3.78	3.68	3.17	3.00	2.83
보리 도정	상동	3.00	2.85	2.70	2.60	2.55
좁쌀 도정	상동	2.30	2.20	2.20	2.10	2.00
대두(大豆)	상동	2.00	1.90	1.95	1.90	1.90
소두(小豆)	상동	1.90	1.80	1.90	1.75	1.75
소고기	600g	40	38	39	33	34
닭고기	상동	69	55	58	53	48
돼지고기	상동	38	37	35	35	30
계란	10개	40	38	37	40	28
가쓰오부시	400g	1.93	1.99	1.75	1.80	1.80
된장	상동	8	9	9	6	6
간장	1되	69	65	65	61	55
식염	600g	40	40	40	40	38
설탕(백(白))	상동	29	26	24	22	22
차(茶)	상동	1.09	1.09	1.00	1.00	1.00
청주	1되	1.51	1.46	1.40	1.40	1.00
조선 소주	1병	52	50	50	50	45
미쓰야 사이다	상동	21	20	19	18	18

시트론	상동	21	20	21	20	18
포도주	상동	1.20	1.20	1.20	1.20	1.20
기린 맥주	상동	39	39	39	38	35
장작(소나무)	1관	7	8	9	7	5.5
목탄(근탄(根炭))	상동	23	25	24	24	24
석탄	1가마니	1.45	1.60	1.25	1.25	1.20

회사

예부터 평양은 서선西鮮 지방에서 경제계經濟界의 중심이었다. 그 상권商圈은 멀리 만주와 시베리아 및 남북지나南北支那, 기타 외국에 이른다. 더불어 공업의 원동력인 석탄, 용수用水도 풍부하며 그 기반이 되는 농업 · 임업 · 광업 · 수산업을 지닌다. 이렇게 대공업지로서 일반 상공업이 급속도로 발전하게 되었고, 여러 회사도 계속해서 생겨났다. 현재 회사 수는 본점이 39개, 지점이 104개로, 업무별로 보면 상업과 공업이 대부분을 차지한다.

회사 종별 표(1929년 말 현재)

본점

종별	회사 수			자본금		적립금	차입	대부	순익
	주식회사	기타	합계	공칭	납입자본				
농림업	-	2	2	120,000	120,000	400	82,498	-	2,748

회사표(1929년)

명칭	위치	창립 연월	영업 종류	공칭 자본금(원)
합자회사[86] 우치다 백화원	남정(南町)37	1913.02	수묘(樹苗)	20,000
동양척식주식 평양지점	황금정 3	1908.12	척식	50,000,000
평남종묘합자	죽원정 1	1928.05	상묘(桑苗)	10,000

86) 이하 '합자회사', '주식회사', '합명(合名)회사'는 각각 '합자', '주식' '합명'으로 생략함. 이하 동일함.

상업	2	11	13	758,610	403,885	19,450	13,760	9,183	12,942
공업	5	8	13	11,435,000	3,593,000	127,240	6,024,115	8,131	15,180
수산업	-	-	-	-	-	-	-	-	-
은행 · 금융업	4	-	4	930,000	237,040	97,760	84,052	567,936	19,684
운수업	2	-	2	100,000	55,000	4,000	20,560	-	16,186
기타	5	-	5	1,260,000	422,000	10,014	586,340	25,836	13,279
합계	18	21	39	14,603,610	4,830,925	258,954	6,811,325	611,086	47,965

지점

종별	회사 수			자본금		적립금	차입	대부	순익
	주식회사	기타	합계	공칭	납입자본				
상업	5	32	37	10,563,700	3,973,475	17,295	2,297,592	274,101	146,058
농림업	1	3	4	50,130,000	3,509,000	1,469,400	1,824,460	12,074,937	1,943,155
공업	8	22	30	85,592,600	50,313,600	7,741,020	6,202,630	16,500	4,489,601
은행 · 금융업	7	3	10	235,738,000	92,988,000	62,038,150	307,091	1,494,673	43,642
운수업	6	3	9	26,148,000	19,143,000	1,295,700	454,629	-	841,080
기타	5	9	14	1,292,220	597,920	28,477	90,936	32,620	15,840
합계	32	72	104	409,464,520	170,524,995	72,590,042	11,277,338	13,892,931	7,479,376

납입 자본금	적립금	차입금	대부금	순익금	연배당 보합	결산기 경영자
20,000	400	22,760	-	△	△	6월 내지인
35,000,000	1,469,000	2,801,702	12,074,937	1,943,155	5푼	3월 내지인
10,000	-	20,000	-	△	△	5월 내지인

명칭	위치	창립 연월	영업 종류	공칭 자본금(원)
서선조림합자	팔천대정	1912.03	조림(造林)	100,000
합명 다케우치(武內)상회	항정(港町) 5	1924.08	재목 판매	30,000
다카하마(高濱)합명 평양지점	관후리	1918.07	견직물 판매	150,000
합자 중곡초자점(中谷硝子店)	욱정(旭町)	1924.06	유리 판매	5,000
합자 중산(中山)상점	대화정(大和町)	1923.08	양복 잡화	10,000
합자 양선(兩銑)상회	본정 11	1924.01	선철(銑鐵) 판매	50,000
하립상사주식	대화정	1912.06	총포화약 판매	200,000
편창식산(片倉殖産)주식	상동	1922.03	토지소유관리, 농림경영	1,500,000
사이토(齋藤)합명 평양지점	이문리 60	1923.07	곡물, 비료	50,000
합명 오쿠다(奧田)양행문구점	대화정 9	1925.08	종이 문구 인쇄	20,000
합자 촌중페인트상회	천정(泉町) 9	1925.10	페인트 도료 판매	10,000
합자 환천시계점	대화정 17	1925.12	시계 악기	50,000
합자 삼천상점	관후리 81	1925.07	도기, 철물	3,000
합자 미야자키자전거상회	욱정 15	1916.06	자전거 수리	10,000
합자 빈(濱永)영상회	염점리 19	1926.11	석탄업	3,000
조선특산물 합자	대화정	1921.08	밤 가공, 특산물 위탁판매	45,000
주식 타키하라(瀧原)화학공업	상동	1923.09	고무원료	150,000
니시무라(西村)합명	본정 5	1927.10	약 판매	6,000
조선연초매팔주식 평양지점	죽전리 18	1927.12	담배 제조 판매	8,000,000
합자 대삼상회	아청리	1929.05	잡화, 관염(官鹽)	3,500
합자 상신(常信)상회	상동	1927.09	잡화	1,500
합자 마에다(前田)상회	행정(幸町) 42	1928.07	상동	2,000
합자 고조(高鳥)상점	행정 40	1928.09	식료 잡화	2,000
단종(丹宗)제약주식	대화정 3	1928.05	약 제조 판매	100,000
합자 환덕(丸德)상회	팔천대정 41	1928.11	신탄(薪炭) · 연탄	2,000
도이(土肥)재목합자	상동	1929.10	목재 판매	12,000
합자 시오가이(鹽貝)상회	죽전리 2	1028.10	곡물 비료 위탁판매	10,000
합자 홍린규상점	채관리128	1928.10	포목 판매	3,000

납입 자본금	적립금	차입금	대부금	손익금	연바당 보합	결산기 경영자
60,000	-	100,000	-	-	-	12월 내지인
30,000	-	12,500	1,925	-	-	상동
150,000	-	-	-	-	-	3월 내지인
5,000	1,000	-	-	-	-	12월 내지인
10,000	-	-	-	△	△	6월 내지인
50,000	-	-	-	△	△	4, 10월 내지인
50,000	2,390	-	-	-	-	5, 11월 내지인
1,135,000	3,500	2,244,200	240,776	145,448	1할2푼	3월 내지인
50,000	-	85,322	-	△	△	3월 내지인
20,000	-	-	-	65	-	6월 내지인
3,000	200	-	-	330	1할	3월 내지인
50,000	3,500	-	-	-	-	12월 내지인
2,000	-	-	-	-	-	4, 9월 내지인
10,000	-	-	-	-	-	6월 내지인
3,000	-	2,000	-	2,076	5푼1리	6, 12월 내지인
22,775	-	-	-	-	-	6월 내지인
150,000	6,705	-	23,360	1할	-	5월 내지인
-	-	8,900	-	-	-	7월 내지인
2,000,000	-	-	-	-	-	3, 9월 내지인
3,500	-	-	-	-	-	12월 내지인
1,500	-	-	-	△	△	11월 선인(鮮人)
2,000	-	-	-	△	△	6, 12월 내지인
2,000	-	200	-	△	△	상동
25,000	-	3,470	7,264	△	△	2, 8월 내지인
500	-	-	776	△	△	12월 내지인
8,500	-	-	-	-	-	3월 내지인
7,000	-	-	-	-	-	12월 내지인
3,000	-	-	-	△	△	12월 조선인

명칭	위치	창립 연월	영업 종류	공칭 자본금
합자 산근성일상점	항정 125	1929. 12	미곡 도매	10,000
합자 에구치(江口)상점	대화정14	1929. 12	식료 잡화	100,000
평양화장품판매합자	팔천대정60	1929. 12	화장품	10,000
합자 오타(太田)상점	욱정17	1929. 08	식료 잡화	10,000
합자 고전원차포(高田園茶舖)	수정(壽町)97	1929. 03	차 판매	2,500
합자 야마나카(山中)상점	대화정5	1929. 10	메리야스 잡화	3,200
합자 우메다(梅田)제화점	대화정6	1923. 02	신발 부속품 판매	10,000
합자 구주상행	유정(柳町)	1920. 10	주물(鑄物) 제조	10,000
합자 사카노(坂野)상점	수정95	1923. 06	다다미	5,000
합자 이마이케(今池)상점	앵정(櫻町)55	1925. 07	세공 일식	3,000
합자 다케나카(竹中)화학공업소	교구정64	1925. 03	탄산칼슘 석분(石粉)	125,000
조선상공주식 평양지점	앵정3	1919. 10	각종 상품 제조 판매 보험대리	2,000,000
합자 다즈노키(尋木)상점	욱정17	1923. 05	다다미	58,000
사이토주조(酒造)합명	황금정	1918. 04	주조업	50,000
합자 야마다관힐소(罐詰所)	유정62	1926. 08	소고기 통조림(간즈메(罐詰))	6,000
합자 미야가와(宮川)상점	경제리4	1926. 03	간장 제조	100,000
대평양조(大平醸造)주식	교구정	1926. 04	소주 제조	500,000
서경(西京)상공주식	유정79	1924. 05	고무신 제조	500,000
동양주철공업소	교구정56	1928. 05	주물(鑄物)	3,000
합자 아화야(阿波屋)	남문정	1928. 06	안경 종류	2,000
합자 평안주조장	선교리	1927. 02	주류 제조	18,000
합자 복희주조장	교구정	1928. 03	주류 제조	20,000
조선송전주식	선교리46	1928. 08	전기 공급	500,000
대일본제당주식 조선지점	선교리46	1920. 12	각종 설탕, 골탄(骨炭) 제조판매	51,416,600
조선흥업전기주식	상동	1919. 09	전기, 석탄	5,000,000
야마모토제사(山本製絲)주식	평천리	1926. 09	제사(製絲)	25,000,000
평안제혁합자	동대원리	1929. 06	조선신 제조	1,500
합자 황림호화동 제작소	아청리75	1929. 05	비누, 모자 제조	1,500

납입 자본금	적립금	차입금	대부금	순익금	연버당 보합	결산기 경영자
7,000	-	-	-	-	-	3월 내지인
100,000	-	-	-	△	△	2월 내지인
6,000	-	-	-	-	-	3월 내지인
10,000	-	-	-	△	△	상동
2,500	-	-	-	15	-	6월 내지인
3,200	-	-	-	-	-	4월 내지인
10,000	-	-	-	△	△	10월 내지인
10,000	-	-	-	△	△	12월 내지인
5,000	-	-	1,500	△	△	6, 12월 내지인
1,500	-	-	-	-	-	4, 9월 내지인
125,000	-	95,000	-	△	△	3월 내지인
500,000	-	-	-	-	-	10월 내지인
58,000	-	12,000	-	△	△	4월 내지인
50,000	-	250,000	-	△	△	5월 내지인
6,000	-	-	-	△	△	6, 12월 내지인
100,000	-	21,430	-	28	-	6, 12월 내지인
250,000	-	-	-	1,200	-	5, 12월 내지인
125,000	-	20,000	-	20,000	1할	12월 조선인
3,000	-	-	-	400	-	12월 내지인
2,000	-	500	-	△	△	12월 내지인
18,000	-	2,500	15,000	830	4푼	8월 조선인
-	-	9,750	-	78	-	12월 내지인
190,000	3,000	479,200	-	3,983	-	5, 10월 내지인
34,749,100	7,728,000	-	-	5,063,182	2할	4, 10월 내지인
1,500,000	-	-	-	-	-	3, 9월 내지인
12,000,000	-	-	-	-	-	2월 내지인
1,500	-	-	-	-	-	7월 조선인
1,500	-	-	-	-	-	12월 조선인

명칭	위치	창립 연월	영업 종류	공칭 자본금
합자 이와타(岩田)상점	본정5	1929.06	기계공구	5,000
합자 히라마쓰(平松)상점	본정	1929.07	석탄	20,000
합자 시미즈(清水)공장	팔천대정52	1929.08	철공업	7,000
합자 아키시카(秋鹿)상점	대화정12	1929.10	도기(陶器)	4,000
합자 가와무라철공소	유정10	1929.10	철공업	6,000
합자 조선발효화학연구소	선교리31	1929.11	누룩제조	20,000
합자 서선직조(織造)상사	평천리108	1929.12	양말 직조	1,000
평양연탄제조주식	교구정86	1929.05	연탄, 석탄 제조	200,000
주식 평양어시장	앵정61	1911.07	어류 판매	300,000
주식 한성은행 평양지점	이향리55	1911.09	은행업	3,000,000
주식 야스다(安田)은행 평양지점	남문정	1923.11	상동	150,000,000
조선상업은행 평양지점	대화정14	1902.04	상동	8,925,000
조선은행 평양지점	이문동	1909.04	상동	40,000,000
주식 한성은행 평양지점[87]	상동	1905.10	상동	3,000,000
조선식산은행 평양지점	수정16	1918.10	상동	30,000,000
평양무진주식	욱정2-4	1925.08	무진[88]업(無盡業)	100,000
평양흥업금융주식	수옥리146	1925.11	금융대부업	200,000
평양신탁주식	욱정2-4	1920.04	신탁업	500,000
대동신탁주식	천정20	1926.10	금전대부업	13,000
합자 덕상광업소	수옥리57	1929.04	광업	6,000
주식 평남자동차대리점	욱정16	1917.01	운수업	10,000
주식 기성자동차상회	수정86	1928.12	자동차업	90,000
합자 킹택시	선교리54	1929.11	상동	10,000
합자 동아자동차부(部)	황금정54	1929.09	상동	8,000
국제운수주식 평양지점	수정136	1911.06	운송업	15,500,000

87) 중복으로 다른 은행의 오기 또는 오식으로 보지만, 원문 그대로 번역하였다. 이하 동일함.
88) 무진(無盡) : 상호신용계(相互信用契).

납입 자본금	적립금	차입금	대부금	순익금	연배당 보합	결산기 경영자
1,500	-	-	-	-	-	5, 11월 내지인
20,000	-	13,000	-	-	-	12월 내지인
7,000	-		-	-	-	상동
4,000	-	-	-	-	-	상동
6,000	-	1,500	-	-	-	상동
20,000	-	7,750	-	-	-	11월 내지인
1,000	-	-	-	-	-	12월 내지인
50,000	-	-	-	-	-	4월 내지인
112,500	20,550	-	-	15,508	2할4푼	5, 11월 내지인
1,875,000	-	-	-	-	-	6, 12월 내지인
92,750,900	62,000,000	-	802,554	9,900,761	-	상동
4,475,000	-	-	-	-	-	상동
-	-	-	-	-	-	상동
-	-	-	-	-	-	상동
-	-	-	-	-	-	상동
50,000	23,900	-	345,000	15,840	2할	상동
50,000	2,000	70,000	85,318	4,474	4푼	4월 내지인
125,000	12,250	237,091	131,525	10,317	8주(朱)	9월 내지인
13,000	-	-	130,276	2,132	-	6, 12월 내지인
-	-	3,000	-	-	-	4월 내지인
10,000	20,000	18,000	-	9,619	3할	12월 내지인
45,000	200	-	-	-	-	12월 조선인
10,000	-	-	-	-	-	6, 12월 내지인
8,000	-	-	-	-	-	3, 9월 조선인
15,500,000	1,191,500	436,629	-	831,461	8푼	3, 9월 내지인

명칭	위치	창립 연월	영업 종류	공칭 자본금
합자 환금(丸金)운수부	이문리55	1927. 04	상동	10,000
주식 대동운수조(運輸組)	산수정32	1929. 05	상동	500,000
주식 협동조(協同組)	본정	1927. 11	상동	20,000
국제운수주식 평양지점	항정	1926. 08	상동	10,000,000
주식 평양권번(券番)	앵정51	1921. 05	권번업	60,000
주식 다마이(玉井)상점	교구정1	1921. 09	토목 청부	100,000
주식 나카히라조(中平組)	본정32	1922. 05	토목건축 청부	500,000
합자 요시자와(吉澤)조	앵정6	1928. 04	청부 광물 채굴, 판매	100,000
합자 이노우에상회	앵정	1928. 06	장의(葬儀) 토목 청부	8,000
평양토지건물 주식	남정42	1928. 04	부동산 신탁 조사 감정	100,000
서선양계(養鷄)합자	남정	1928. 10	양계	3,000
합자 대흑당약방	욱정21	1929. 11	약종(藥種)	3,000
합자 야노(矢野)조	빈정60	1929. 03	토목건축 청부	100,000
합자 마루쓰(丸通)상점	천정10	1929. 03	토목 청부	3,000
합자 동승루(東昇樓)	신창리43	1928. 10	요리점	4,500
합자 호접(蝴蝶)양품점	관후리87	1929. 10	일본 서양 잡화	2,920
합자 가라이(加來)상점	수정139	1929. 11	군용품	1,800
합계				409,464,520

보험

보험업이 평양에 진출하게 되었다. 화재보험은 1904년 일본화재日本火災의 진출로 출발하였고, 생명보험은 1906년 일본생명이 그 효시라 하겠다. 현재는 보험업자 출장소, 대리점이 60여 점에 달하며, 일반 조선인들의 보험에 대한 지식도 점차 향상되었지만, 아직도 충분하지는 않다. 실제로 생명보험 등은 중도해약자가 매우 많다.

납입 자본금	적립금	차입금	대부금	순익금	연버당 보합	결산기 경영자
10,000	-	-	-	-	-	12월 조선인
160,000	-	-	-	-	-	2, 9월 내지인
-	-	-	-	-	-	3, 9월 내지인
34,000,000	84,000	-	-	-	-	상동
60,000	-	13,500	18,290	162	-	3월 내지인
100,000	-	5,811	13,017	-	-	12월 내지인
125,000	5,000	-	-	-	-	3월 내지인
100,000	-	-	-	-	-	12월 내지인
8,000	-	-	-	-	-	상동
25,000	-	12,530	-	△	-	4월 내지인
3,000	1,897	3,195	1,313	15	△	12월 내지인
3,000	-	-	-	-	-	상동
45,000	-	-	-	△	△	3, 9월 내지인
3,000	-	-	-	-	-	12월 내지인
4,500	-	-	-	-	-	상동
2,920	30	300	-	150	5푼	상동
-	-	-	-	-	-	상동
202,050,995	72,590,042	12,459,340	13,892,831	17,371,354	-	

보험계약자(1929년 말 현재)

구분	점 수(店數)	계약고(契約高)			
		내지인	조선인	외국인	합계
생명보험	19	561,194	279,600	-	840,794
징병보험	2	12,000	-	-	12,000
화재보험	26	8,819,455	6,977,340	206,000	16,002,795
해상보험	15	1,915,462	1,697,800	66,500	3,679,762
합계	62	11,308,111	8,954,740	272,500	20,535,351

보험회사 표(1929년)

회사별	출장소 대리점 등	보험 종류	신계약고(新契約高)			해약고(解約高)			
			인별	건수	금액(원)	계약만기자		계약해제자	
						건수	금액	건수	금액
일본생명보험주식	대리	생명	내	53	98,000	2	3,000	45	43,500
			선	26	60,000	5	15,000	21	22,500
일청(日淸)생명보험주식	상동	상동	내	6	9,000	2	3,000	2	2,000
			선	2	3,000	1	2,000	1	1,000
일화(日華)생명보험주식	상동	상동	내	-	-	1	500	3	3,000
			선	-	-	-	-	3	3,000
유린(有隣)생명보험주식	상동	상동	내	36	4,794	-	-	-	-
			선	7	1,100	-	-	-	-
대동(大同)생명보험주식	상동	상동	내	-	-	1	5,000	2	2,000
			선	-	-	-	-	-	-
후지(富士)생명보험주식	상동	상동	내	14	12,500	-	-	34	20,000
			선	30	28,500	-	-	4	4,000
제국생명보험주식	상동	상동	내	30	40,000	-	-	10	15,000
			선	5	5,000	-	-	-	-
동양생명보험주식	상동	상동	내	55	53,900	8	7,289	4	278
			선	31	36,500	4	3,000	1	65
대정(大正)생명보험주식	상동	상동	내	-	-	-	-	1	1,000
			선	-	-	-	-	-	-
가타쿠라(片倉)생명보험주식	상동	상동	내	7	7,000	-	-	12	17,000
			선	3	2,500	-	-	4	4,500
치요다(千代田)생명보험주식	상동	상동	내	176	332,000	4	8,000	32	65,000
			선	44	66,000	2	3,000	11	18,000
야스다(安田)생명보험주식	상동	상동	내	1	2,000	-	-	-	-
			선	-	-	-	-	-	-

합계		연말 현재 계약고		수입 보험료	지불 보험료	보험금 이외 지불 금액
건수	금액	건수	금액			
47	46,500	1,387	1,987,843	6,035	8,778	760
26	37,500	733	1,405,177	6,510	1,257	-
4	5,000	6	6,348	2,433	1,256	414
2	3,000	5	4,500	343	-	38
4	3,500	10	2,815	2,331	-	95
3	3,000	7	7,385	107	-	8
-	-	131	130,095	1,179	1,883	-
-	-	26	33,100	933	883	-
3	7,000	62	81,500	-	-	-
-	-	1	3,0000	-		-
34	20,000	183	7,500	8,659	-	-
4	4,000	28	27,904	659	-	-
10	15,000	477	611,400	125,000	1,500	1,000
-	-	27	44,000	25,000	-	-
12	7,468	299	459,349	16,733	10,633	-
5	3,075	71	88,508	-	-	-
1	1,000	8	8,500	208	198	-
-	-	112	2,000	-	-	-
12	17,000	101	1,103,000	4,500	-	578
4	4,500	21	20,500	763	-	-
36	73,000	273	292,700	23,200	-	-
13	21,500	44	95,400	3,228	-	-
-	-	1	2,000	30	20	-
-	-	-	-	-	-	-

회사별	출장소 대리점 등	보험 종류	신계약고(新契約高)			해약고(解約高)			
						계약만기자		계약해제자	
			인별	건수	금액(원)	건수	금액	건수	금액
도키와(常磐)생명보험주식	상동	상동	내	1	1,000	-	-	-	-
			선	64	77,000	-	-	-	-
제일징병보험주식	징병	상동	내	13	12,000	12	12,000	3	3,000
			선	-	-	-	-	-	-
부상(扶桑)해상화재보험주식	화재	상동	내	1	68,000	1	68,000	2	42,000
			선	-	-	-	-	-	-
동방(東邦)화재보험주식	상동	상동	내	31	131,700	-	-	8	25,500
			선	281	782,790	-	-	64	136,700
대평양(大平洋)해상화재보험주식	상동	상동	내	18	96,500	1	10,000	-	-
			선	145	657,000	23	70,000	-	-
공동화재보험주식	상동	상동	내	456	1,524,538	76	222,175	38	31,300
			선	51	134,450	22	27,735	1	1,000
명치(明治)화재보험주식	상동	상동	내	38	1,975,132	19	1,134,250	1	80,104
			선	59	299,500	23	83,150	9	42,200
일본화재보험주식	상동	상동	내	12	4,000	5	11,000	-	-
			선	-	-	-	-	-	-
풍국(豊國)화재보험주식	상동	상동	내	22	262,165	-	-	12	101,399
			선	-	-	-	-	-	-
제국(帝國)화재보험주식	상동	상동	내	12	27,866	1	3,000	5	8,963
			선	78	388,000	9	24,000	-	-
요코하마(横濱)화재보험주식	상동	상동	내	73	551,669	1	633	-	-
			선	13	45,400	2	9,239	-	-
태평양화재보험주식	상동	상동	내	1	3,000	-	-	-	-
			선	1	5,000	-	-	-	-

합계		연말 현재 계약고		수입 보험료	지불 보험료	보험금 이외 지불 금액
건수	금액	건수	금액			
-	-	1	1,000	46	27	19
-	-	64	77,000	349	2,005	1,463
15	15,000	223	228,400	5,121	-	-
-	-	-	-	-	-	-
3	110,000	13	183,000	664	-	-
-	-	-	-	-	-	-
8	25,500	74	267,275	3,561	941	-
64	136,700	414	1,169,330	871	752	-
1	10,000	40	117,500	753	-	-
23	70,000	639	688,000	3,391	225	-
114	253,475	1,107	3,974,065	8,512	7,920	51
23	28,735	35	162,970	342	35	8
20	1,214,264	91	1,508,003	2,174	350	-
32	125,350	133	657,296	327	100	-
5	11,000	22	97,121	82	70	-
-	-	2	1,000	20	-	-
12	101,399	110	744,127	3,174	-	-
-	-	-	1,000	-	-	-
6	11,963	866	5,514,467	660	-	-
9	24,000	1,382	4,915,846	2,234	-	-
1	633	281	2,714,867	-	-	-
2	9,239	99	305,211	-	-	-
-	-	19	47,722	195	-	-
-	-	10	16,978	-	-	-

회사별	출장소 대리점 등	보험 종류	신계약고(新契約高)			해약고(解約高)			
			인별	건수	금액(원)	계약만기자		계약해제자	
						건수	금액	건수	금액
일본해상보험주식	화재	상동	내	123	1,046,192	4	32,000	21	86,000
			선	122	432,800	1	4,000	27	115,000
일본간이(簡易)화재보험주식	상동	상동	내	304	602,000	40	75,400	-	-
			선	117	153,000	8	8,000	-	-
부국(富國)화재보험주식	상동	상동	내	5	20,000	2	12,000	-	-
			선	10	40,900	16	20,700	-	-
도쿄화재보험주식	상동	상동	내	29	26,100	-		-	-
			선	19	86,600	-		-	-
일본공립화재보험주식	상동	상동	내	199	909,882	20	101,325	-	-
			선	16	27,100	6	19,090	-	-
부국화재해상보험주식	상동	상동	내	63	417,920	7	73,000	-	-
			선	5	30,600	1	500	-	-
뉴질랜드보험주식	상동	상동	내	43	309,000	-	-	-	-
			선	53	541,000	-	-	13	60,800
도쿄해상화재보험주식	상동	상동	내	73	322,850	-	-	53	262,830
			선	49	77,900	-	-	36	60,950
아사히(朝日)해상화재보험주식	상동	상동	내	-	-	-	-	-	-
			선	11	85,000	-	-	-	-
커머셜유니온회사	상동	상동	내	19	80,300	-	-	-	-
			선	2	3,500	1	2,000	-	-
대정(大正)상해화재보험주식	상동	상동	내	4	32,000	-	-	-	-
			선	-	-	-	-	-	-
일본해상화재보험주식	상동	상동	내	7	18,000	-	-	-	-
			선	0	-	-	-	-	-

합계		연말 현재 계약고		수입 보험료	지불 보험료	보험금 이외 지불 금액
건수	금액	건수	금액			
25	118,000	458	2,713,318	5,314	1,740	2
28	119,000	222	1,797,982	3,640	3,080	3
40	75,400	433	843,600	3,210	400	100
8	8,000	127	175,000	3,000	-	-
2	12,000	25	153,270	95	80	
16	40,900	23	45,200	127	116	
19	108,000	152	934,800	1,569	389	
4	41,000	48	173,420	649	32	
20	101,325	588	2,507,646	5,022	36	-
6	19,090	42	57,050	1[illegible]7	-	-
7	73,000	107	620,361	1,884	5,075	-
1	500	6	32,600	174	-	-
-	-	175	1,754,585	1,027	1,550	-
13	60,800	257	1,308,589	2,000	3,259	-
53	262,830	20	59,956	2,3[illegible]2	96	-
36	60,950	13	17,950	577	1,003	-
-	-	-	-	535	-	-
-	-	11	85,000	-	-	-
3	15,000	19	80,300	359	-	-
1	2,000	2	1,500	16	-	-
-	-	4	32,000	-	-	-
-	-	-	-	-	-	-
-	-	7	18,000	38,455	3,531	-
-	-	-	-	-	-	-

회사별	출장소 대리점 등	보험 종류	신계약고(新契約高)			해약고(解約高)			
			인별	건수	금액(원)	계약만기자		계약해제자	
						건수	금액	건수	금액
대북(大北)해상화재보험주식	상동	상동	내	-	-	-	-	-	-
			선	131	395,000	7	25,000	-	-
도쿄해상화재보험주식	상동	상동	내	284	1,027,525	248	888,400	32	111,600
			선	813	4,000,000	748	3,675,000	65	325,000
조선화재해상보험주식	상동	상동	내	4	401,287	-	-	-	-
			선	-	-	-	-	-	-
오사카(大阪)해상화재보험주식	상동	상동	내	10	28,300	2	3,000	-	-
			선	123	539,000	17	97,000	-	-
대련(大連)화재보험주식	상동	상동	내	62	596,010	52	584,160	-	-
			선	-	-	-	-	-	-

금융

은행

평양의 금융 관계는 1904년 일로전역日露戰役(러일전쟁) 초기에 처음으로 제일은행이 임시 출장소를 개설했다. 이것이 서조선 은행업의 시작으로 그 후에 몇 번이나 변천을 거쳐서 오늘날에는 일반은행 업무를 취급하는 은행이 7개소, 특수금융을 취급하는 동양척식주식회사(동척東拓) 지점을 비롯해 4개소가 있었다. 그 외에 평양 무진無盡주식회사가 설립되어 각각 사명감을 가지고 그 기능을 발휘하고 있다. 그리고 은행은 조선은행 지점, 조선식산은행 지점, 조선상업은행 지점 · 출장소, 야스다은행 지점, 한성은행 지점 · 출장소 7개로 그 예금 및 대출 상황은 다음과 같다.

합계		연말 현재 계약고		수입 보험료	지불 보험료	보험금 이외 지불 금액
건수	금액	건수	금액			
-	-	194	1,484,648	-	-	-
7	25,000	296	614,173	2,648	150	-
280	1,000,000	200	1,740,140	1,8[illegible]2	200	-
813	4,000,000	94	163,602	7,000	585	-
-	-	468	1,651,521	1,892	1,618	-
-	-	108	910,838	-	-	-
2	3,000	43	806,582	230	25	-
17	97,000	-	1,178,946	2,738	-	-
52	584,160	10	11,850	197	-	-
-	-	-	-	-	-	-

각 은행 영업 개황(概況)

연차	은행 수	예금			대출		
		예입	인출	현재	대출	상환	현재
1927년 말	7	199,322,922	199,796,356	7,831,211	117,723,724	122,725,223	13,060,428
1928년 말	7	203,687,075	202,522,605	8,995,681	117,235,465	117,863,494	12,432,399
1929년 말	7	219,274,721	220,013,104	8,257,298	122,515,908	123,332,943	11,615,365

각 은행 제 대출금(諸貸出金) 종류별 표

종류	1927년 말		1928년 말		1929년 말	
	총액	현재	총액	현재	총액	현재
대부금	47,692,814	9,431,761	48,494,255	7,794,150	50,808,747	7,593,500
당좌 대월(貸越)	28,606,898	418,656	30,359,404	387,169	30,946,135	442,350
여러 어음 할인	41,424,012	3,210,011	38,381,806	4,252,080	40,761,027	3,579,515
합계	117,723,724	13,060,428	117,235,465	12,432,399	122,515,909	11,615,365

각 은행 대출금 용도(用途) 및 담보별 표

연차	은행 수	용도별					담보별				
		상업 자금	농업 자금	공업 자금	기타	합계	유가 증권	상품	토지 건물	신용	합계
1927년 말	7	11,009,117	47,400	12,500	1,991,411	13,060,428	1,058,345	1,623,725	5,976,926	4,401,432	13,060,428
1928년 말	7	8,641,377	206,108	783,103	713,926	10,344,514	1,247,481	1,712,981	4,959,753	4,512,183	12,432,399
1929년 말	7	8,633,230	140,896	988,189	55,850	9,818,165	765,529	1,984,534	5,240,643	3,624,659	11,615,365

각 은행 예금별 표

연차	은행 수	공금(公金)	정기	당좌	소액	기타	합계
1927년 말	7	828,822	3,188,383	1,616,692	1,643,615	653,698	7,831,211
1928년 말	7	846,518	3,703,800	1,566,894	1,693,985	1,184,484	8,995,681
1929년 말	7	561,499	3,461,675	1,712,630	1,774,718	746,777	8,257,298

금융조합

평양부내의 금융조합은 도시조합으로 평안남·북에 두 개의 금융조합이 있다. 촌락조합으로 대동大同금융조합이 있었고, 1929년에는 선교리船橋里금융조합이 증설되었다. 게다가 부내府內에는 평안남도금융조합연합회가 있다.

금융조합 영업 개황(단위 : 원)

연차	조합 수	예금			대출		
		예입	인출	현재	대출	상환	현재
1927년 말	3	6,727,393	6,342,855	1,401,932	2,667,416	2,738,370	1,003,436
1928년 말	3	8,682,838	7,906,034	1,958,446	2,829,611	2,795,185	1,217,365
1929년 말	4	9,924,718	9,377,614	2,445,610	2,931,188	2,755,256	1,420,807

금융조합 대출금 종류별 표

종별	1927년 말			1928년 말			1929년 말		
	조합 수	총액	현재	조합 수	총액	현재	조합 수	총액	현재
대출금	-	1,922,742	931,226		2,419,631	1,147,971		2,738,599	1,365,793
당좌대월	-	227,544	12,843		278,148	8,370		150,265	7,750
할인어음	-	517,130	59,367		131,832	61,024		42,324	47,264
합계	3	2,667,416	1,003,436	3	2,829,611	1,217,365	4	2,931,188	1,420,807

금융조합 대출금 용도별 표

연차	조합 수	상업자본원	농업자본	공업자본	기타	합계
1927년 말	3	468,361	156,267	112,693	266,115	1,003,436
1928년 말	3	448,358	215,777	108,848	444,382	1,217,365
1929년 말	4	514,396	438,057	121,412	346,942	1,420,807

금융조합 예금별 표

연차	조합 수	정기(원)	당좌	저축	기타	합계
1927년 말	3	342,563	51,777	562,126	445,466	1,401,932
1928년 말	3	711,441	45,772	751,320	449,913	1,958,446
1929년 말	4	722,104	39,767	779,067	904,672	2,445,610

무진無盡[89] · 대금업金貸

평양에서 면허를 받은 무진업無盡業은 평양무진주식회사 하나뿐이다. 내선內鮮人은 각각 코講,[90] 계契를 행하는 자가 있고, 개인대금업은 150명으로 산출된다. 평양의 개인대금업

---

89) 무진(無盡) : 상호신용계(相互信用契).

90) 코(講, こう)는 한국의 계와 유사하다, 단지 본래는 동일 신앙을 섬기는 결사(結社)였다. 이후 무진(無尽) 코(講) 등 상호부조단체 등으로 개념이 확산되었다. 여기에서는 신앙 결사가 아니라, 상호부조단체, 특히 근대 이후의 상호신용계(相互信用契)를 말한다.

중에서 가장 특색이 있는 것은 신용 있는 조선인 상인들 사이에서만 행해지는 삭채朔債라고 하는 신용대금 방식이 있다. 대금업자와 빌리는 자 사이에는 이를 중개하는 업자가 있는데, 보통은 2개월 기한으로 대차貸借한다. 그 금리는 월리 1푼 내지 1푼 2리로, 일반적인 개인대금업자에 비하면 매우 저렴하다.

개인 금융표

영업명	대부 예상액(원)	과세(課稅) 표준액(원)	세액(원)	호수(戶數)(호)
내지인	357,000	107,000	1,284	38
조선인	458,100	137,430	1,649	71
법인	67,380	16,845	202	6
합계	882,480	261,275	3,135	115

무진회사 대부액(단위 : 원)

종별	1927년 말			1928년 말			1929년 말		
	총액	회수	현재	총액	회수	현재	총액	회수	현재
부동산 담보 대부금	176,243	37,633	129,610 △ 113	459,370	193,681	265,688 △200	571,870	290,427	281,442 △250
부금(賦金)에 대한 대부금	139,589	100,272	39,298 △ 117	153,292	100,480	52,810 △110	349,404	186,500	62,904 △112
상권(商劵) 담보 대부금	10,290	9,770	520 △ 4	11,695	11,415	280 △2	480	60	420 △3
합계	317,122	147,675	169,428 △ 234	624,357	305,576	318,778 △312	821,754	476,987	344,766 △365

비고 : △표시는 구수(口數)를 말한다.

무진 현재액

연별	무진 모임 수	구수(口數)	급부금(원)	미급부금(원)
1929년	39	1,588	537,000	1,335,000

더불어 평양부내의 우체국에서 취급하는 우편환, 저금, 대체 저금(우편 대체 저금), 기타 수입受入 및 환불 상황은 다음과 같다.

우편환 저금

종별		1927년 말		1928년 말		1929년 말	
		구수(口數)	금액(원)	구수	금액(원)	구수	금액(원)
우편환	수입	81,034	3,234,560	83,749	3,299,585	90,836	3,416,784
	환불	126,010	3,129,852	124,750	3,197,063	135,719	3,293,934
저금	수입	127,077	910,726	133,461	1,048,545	171,867	1,339,124
	환불	32,294	790,402	39,176	965,802	46,381	1,179,759
대체 저금	수입	39,117	8,536,368	40,259	1,887,847	45,482	1,939,778
	환불	9,122	2,248,903	10,139	2,572,209	11,283	2,784,643
기타	수입	769	1,144,820	13,290	19,700,071	20,626	21,920,910
	환불	3,947	539,917	7,639	18,776,525	9,340	21,264,688
합계	수입	247,997	6,826,474	270,759	25,936,048	328,820	28,616,596
	환불	171,373	6,709,074	181,704	25,511,589	202,723	28,522,924

금리金利

대출 금리율 표(1929년)

종류	은행			금융조합		대금업(푼)		전당포(푼)	
	담보(전)	신용	어음할인	담보	신용	내지인	조선인	내지인	조선인
최고	3.2	3.3	3.1	3.5	3.8	연리5.0	5.0	4.0	6.0
최저	2.4	2.9	2.6	2.2	-	연리2.5	3.0	2.0	2.0
보통	3.0	3.1	3.0	3.0	3.5	연리3.5	3.5	2.5	4.0

예금 이율 표(1929년)

종류	은행			금융조합			우체국	
	정기(푼)	저축(전)	공금(전)	정기(푼)	저축(전)	공금(전)	저축(푼)	대체 저금(전)
최고	연리5.8	1.0	1.0	6.2	-	-	4.6	-
최저	연리5.5	0.9	0.9	6.0	1.3	-	-	-
보통	연리5.7	1.0	1.0	6.0	1.6	-	4.4	0.26

전기사업電氣事業

평양부영府營 전기사업은 전등電燈 · 전력 공급 및 전기궤도電氣軌道(노면전차)를 경영하고 있는데, 전자前者는 1927년 3월 평양전기주식회사를 매수하여 그 경영을 개시하였다. 이어서 1929년 12월 조선전기흥업주식회사 경영에 참여해, 대동력大動力 공급 사업을 양수讓受[91] 받아서, 부내府內의 관련 사업 전반을 통제하였다. 그리고 후자는 1922년도에 이 사업을 창시創始하여, 이후 축차적으로 확충해 지금에 이르게 되었다.

전등電燈 · 전력 공급

평양부는 시민들의 오랜 숙망宿望을 받아들여 조선에서 솔선하여 본 사업을 공영公營하고 있다. 당초에는 사영私營시기에 비해서 전등료電燈料를 약 2할, 동력動力을 약 3할 인하를 단행해 시민들의 부담은 연간 10여만 원 경감되었다. 또한, 부내府內 전기사업을 통괄하게 되면서 부영府營 개시 이후에 실험을 철저히 하고 전기 공급 방식에 일대 개혁을 가하고 요금을 개정함으로써 연간 약 9만 원을 감액減額할 수 있었다. 1930년 6월 1일부터 이를 실시해 사업부 조직을 전면적으로 합리화하고, 더욱더 시민들의 일상생활과 식산흥업에 편리함을 제공하려고 노력했다. 이를 위해서 현재, 요금 및 이용자의 사용 수속 등에서 그 간편함은 전선全鮮

91) 양수(讓受) : 타인의 권리, 재산 및 법률상의 지위 등 양도 받는 일.

중에서 유례를 찾아볼 수 없다. 본사업의 부영화府營化로 인해 부민들의 편익은 결코 적지 않다고 하겠다.

그리고 사업 개시 당초에는 전등電燈점등點燈 수 37,371등(10촉광燭光 환산 49,024등), 동력 644,075W였는데, 1930년 3월 말에는 전등점등 수 49,052등(10촉광 환산 72,768등), 동력(통제에 따른 증가분을 포함) 4,188,446W에 달했다. 전등에서 약 50퍼센트, 동력에서 550% 이상 증가되었는데, 공급 구역 내에 총 호수 38,850호에 대해, 수요需要가호家戶 수는 불과 14,183호에 머물고 있다. 앞으로 민도民度의 향상과 사업의 발전과 함께, 필연적으로 수요가 증가될 것으로 예상된다.

본사업의 자금은 145만 원으로 전부 공채로 조달했으며, 1927년도부터 1951년도까지 25개년(1931년도까지 5개년 거치据置) 연부상환年賦償還할 예정이다. 매년 사업 수입 중에서 원리元利를 지불하고, 관리 비용 대가로 조선전기흥업주식회사에 대해 911,538원을 1929년도부터 1944년도까지 16년간 매년 분할 지불하기로 했는데, 다음 표와 같이 상당액을 일반 부비용府費用으로 보충하고 있다.

연도	수입액	지출액			
		사업비	공채상환	타(他)경비 충당	합계
1927년도	425,093	251,684	105,850	67,559	425,093
1928년도	495,547	378,434	105,850	111,263	495,547
1929년도	607,192	369,387	105,850	131,955	607,192

※비고 : 1929년도 사업비 중에는 대상금(代償金)을 포함함.

전기궤도電氣軌道 경영

전기궤도(노면전철) 창업 당초에는 평양역 앞을 기점으로 하여 복선 20마일[92]을 부설敷設하였다. 객차客車십량十輛으로 운전을 개시한 이후 1923년 대동강 인도교 개통과 함께 선교

92) 1마일은 1.609344km에 상당함.

리까지 단선單線으로 60체인, 대신궁大神宮(일본신사) 앞에서부터 기림리까지 단선으로 51체인, 선교리 지선支線을 선교리역 앞까지 단선으로 32체인을 연장하였다. 또한, 객차를 사량四輛 추가했고, 1927년에는 본선 중 단선을 51체인 복선으로 깔아 본선 전부를 복선화複線化했다. 그리고 객차 10량의 사동선寺洞線을 단선으로 3마일 4체인 길이로 부설하였다. 또한, 살수차撒水車 1량, 화물차 3량도 운행 중이다. 따라서 현재 궤도는 단선 4마일 17체인, 복선 3마일 20체인, 연장 7마일 37체인이고, 차량8, 객차24, 화물차3, 살수차1에 이른다.

본사업의 자본은 전부 공채公債를 통해 조달하는데 1922년에 48만 원, 1925년에 15만 원, 1927년에 24만 원을 빌려 공채발행 수수료를 합해서 8십 8만 1천 5백 5십 원에 달했다. 1941년도까지 상환할 계획으로 1928년도까지는 순이익으로 이를 충당할 수 있었다. 그러나 최근에 자동차의 발달과 재계財界의 불황으로 전철 경제에 현저한 영향을 끼치고 있다. 1929년도 결산은 다음 표처럼 1만 6천여 원 손실을 입었다. 따라서 전철 경제를 강화하고 시내교통의 편리성에 기여하기 위해서 시내버스의 공영화를 계획하여, 1930년도에는 2만 1천여 원을 투자해 새로 기림리 궤도 종점과 서평양역을 연결하는 궤도 단선 43체인 남짓의 공사를 시행 중이다.

연도	수입액	지출액			부족
		사업비	공채 상환	합계	
1929년도	234,037	141,065	109,220	250,285	16,248

1929년도 말 현재 전철 및 전동기(電動機) 수

종별		전철 중량 (톤)	객차 정원, 화물차 정량 (명)	차량 수		전동기 총수	
				대수(臺數) (대)	전기(前期) 대비 증감(대)	마력 수 (마력)	개수 (개)
전기 기관차		-	-	-	-	-	-
	보기대차[93]	-	-	-	-	-	-

93) 보기대차 : 보기(회전)식 대차, 보기 대차(Bogie 臺車)란 차체에 대해 수평 방향으로 회전 가능한 장치를 가진 대차의 총칭.

	전동차	사륜차	10 8	40	14 10	-	25 30	40 8
객차	부수(附隨)차	보기대차	-	-	-	-		-
		사륜차	-	-	-	-	-	-
	합계		10 8	40	14 10	-	25 30	40 8
화물차	전동차	보기대차	-	-	-	-	-	-
		사륜차	5	6	3	-	25	6
	부수(附隨)차	보기대차	-	-	-	-	-	-
		사륜차	-	-	-	-	-	-
	합계		5	6	3	-	25	6

사용차량 수 및 차량 주행 거리, 승객 재화(載貨) 수량(1929년도 말)

영업 일수(日數)(일)	객차(客車)	365
	대차(貸車)	71

종별	일별	객차	전기(前期)에 비해 증감
		보기대차 사륜차	
사용차량 수	연도 총수(대)	24	-
	평균 1일	15.13	1.7
차량 주행 킬로미터 수	연도 총수(㎞)	1,312,183.5	111,844.6
	평균 1일	3,595.0	306.4
	평균 1일 1차	237.6	17.9
승객 수	연도 총수(명)	4,666,089	504,849
	평균 1일	12,783.8	1,383.1
	평균 1일 1㎞	3.6	0.1
사용차량 수	연도 총수(대)	3	-
	평균 1일	1.7	1.3

사용 주행 킬로미터 수	연도 총수(㎞)	5,520.0	391.1
	평균 1일	77.7	31.4
	평균 1일 1차	45.7	9.5
재화(載貨) 수	연도 총수(톤)	2,255.3	45.3
	평균 1일	31.8	15.2
	평균 1일 1㎞	0.4	-
1차 1㎞에 대한 전기 사용량(변전소)(Wh)		61	

전등 전력 공급

평양 부영府營의 전기사업 개황은 위와 같은데, 그 공급에 드는 전등, 전력 수요 호수, 용도별을 제시하면 다음과 같다.

전기 수요 호수(1930년 3월 말 현재)

종별		연말 현재	전기(前期)에 비해 증감
일반수요	정액	12,946	709
	종량(從量)	1,105	164
	병용	443	98
	합	14,494	971
은행, 회사, 관공서 등	정액	72	6
	종량(從量)	60	4
	병용	10	1
	합	142	11
합계		14,636	982
전등수요 호(戶) 실수(實數)		14,183	883

전등 개수 및 와트 수(1930년 3월 말 현재)

종별			내지인		조선인		외국인		회사 관긍서 등		합		합계		
			외등	실내등	외등	실내등	외등	실나등	외등	실내등	외등	실내등	개수	촉광수	와트 수
백열등	6촉광(10W)	정액	0	6	1	3	0	0	0	0	1	9	10	60	100
		종량	17	573	5	239	0	66	1	523	23	1,401	1,424	8,544	1,424[94]
	10촉광(13)	정액	1,003	3,170 △651	1,301	13,033 △277	39	295 △17	213	429 △156	2,556	16,927 △1,101	19,483 △1,101	194,830 △11,010	253,279 △14,313
		종량	621	4,613 △507	212	2,189 △672	67	766 △36	114	2,449 △145	1,014	10,017 △1,360	11,031 △1,360	110,310 △13,600	143,403 △17,680
	16(20)	정액	203	2,217	87	947	17	41	37	160	344	3,365	3,709	59,344	74,180
		종량	59	2,728	12	809	16	420	19	2,039	106	5,996	6,102	97,632	122,040
	25(30)	정액	14	708	12	325	1	8	8	79	35	1,120	1,155	28,875	34,650
		종량	28	1,016	1	256	0	134	29	768	58	2,174	2,232	55,800	66,960
	32(40)	정액	11	184	5	110	0	5	0	16	16	315	331	10,592	13,240
		종량	3	591	1	109	0	54	0	480	4	1,234	1,238	39,616	49,520
	50(60)	정액	17	67	3	137	0	2	5	14	25	220	245	12,250	14,700
		종량	5	870	2	121	2	60	11	412	20	1,463	1,483	74,150	88,980
	100(100)	정액	13	13	5	48	0	0	0	1	18	62	80	8,000	8,000
		종량	2	185	1	46	0	5	17	197	20	433	453	45,300	45,300
	200(150)	정액	1	0	0	1	0	0	0	0	1	1	2	400	300
		종량	0	23	1	14	0	0	0	0	1	37	38	7,600	5,700
	400(300)	정액	0	0	0	0	0	0	1	0	1	0	1	400	300
		종량	6	6	0	1	0	0	16	0	22	7	29	11,600	8,700
	600(400)	정액	1	0	0	0	0	0	2	0	3	0	3	1,800	1,200
		종량	0	0	0	1	0	0	2	0	2	1	3	1,800	1,200

94) 오기 또는 오식으로 보이지만 원문대로 표기함. 이하 동일함.

합계	정액등	1,263	6,365 △651	1,414	14,604 △277	57	351 △17	266	699 △156	3,000	22,019 △1,101	25,019 △1,101	316,551 △11,101	399,949 △14,313
	종량등	741	10,605 △507	235	3,785 △672	85	1,505 △36	209	6,868 △145	1,270	22,763 △1,360	24,033 △1,360	452,352 △13,600	546,043 △17,680
	합	2,004	16,970	1,649	18,395	142	1,856	475	7,576	4,270	44,782	49,052	768,903	945,992
	휴등(休燈) 합계	-	△1,158	-	△949	-	△53	-	△301	-	△2,461	△2,461	△24,610	△31,993
	합계	2,004	18,128	1,649	19,338	142	1,909	475	7,868	4,270	47,243	51,513	793,513	977,985

전등 수요 호수(호)

내지인	3,701
조선인	9,926
외국인	260
회사 관공서 등	296
합계	14,183

이 기간 종량 계산 전등 공급 총 kWh 917,854kW

공급 구역 내 호수 및 인구

내지인	8,249호	28,180명
조선인	29,943호	135,275명
외국인	658호	1,818명

전력 수요 호수(1930년 3월 말 현재)

종별	구분	연도 말 현재	전기(前期) 말에 비해 증가
전동기	정액	1	0
	종량	287	61

전열	정액	0	0
	종량	28	4
기타 전력장치	정액	0	감소 1
	종량	4	감소 7
전기 사업자	정액	0	0
	종량	3	2
합계	정액	1	감소 1
	종량	322	60
전력 수요 호수		323	59

용도별 전력장치 개수 및 와트 수(1930년 3월 말 현재)

종별	용도	장치 개수	총 마력 수, kW
전동기 (마력(馬力))	정미용 전동기	66	766.00
	제사(製絲)용 전동기	3	11.00
	인쇄용 전동기	9	18.50
	청량음료 제조용 전동기	2	6.00
	염색용 전동기	7	27.00
	철공용 전동기	29	103.33
	방직(紡織)용 전동기	26	100.50
	절단용 전동기	1	2.00
	운전용 전동기	18	29.60
	제재(製材)용 전동기	6	41.60
	면 제조용 전동기	15	48.25
	가스발생용 전동기	2	0.50
	조리용 전동기	1	1.00
	양조용 전동기	28	88.00
	재봉용 전동기	2	2.00
	두부 제조용 전동기	8	5.00

	죽세공용 전동기	1	10.00
	제유(製油)용 전동기	3	6.00
	밤 굽기용 전동기	6	8.50
	수리용 전동기	8	7.00
	유리 제조용 전동기	2	3.00
	연탄 제조용 전동기	4	64.00
	벽돌 제조용 전동기	4	110.00
	도자기용 전동기	2	25.00
	주철(鑄鐵)용 전동기	7	33.50
	석회 제조용 전동기	2	40.00
	탄면(彈綿)용 전동기	15	78.50
	시험용 전동기	11	13.99
	통조림 제작용 전동기	1	3.00
	재차(製車)용 전동기	1	2.00
	광고용 전동기	1	0.25
	석재 가공용 전동기	2	10.00
	비누 제조용 전동기	5	16.00
	가마보코(蒲鉾) 제조용 전동기	1	1.00
	박판(薄板)제조용 전동기	1	1.00
	세탁용 전동기	1	2.00
	송풍용 전동기	10	19.00
	도금(鍍金)용 전동기	2	5.00
	제침(製針)용 전동기	3	4.00
	화학공업용 전동기	3	3.00
	연마용 전동기	22	49.25
	목공용 전동기	9	11.33
	담배 제조용 전동기	7	106.00
	고무 제조용 전동기	31	1,295.00
	합계	388	3,177.00

전열장치 (kW)	과자 제조용 전열장치	4	21,000
	양말용 전열장치	54	29,000
	난실(煖室)용 전열장치	29	19,000
	주방용 전열장치	28	21,860
	자동차 타이어 수리용 전열장치	1	4,000
전기장치	의료용 전기장치	10	26,352
기타	전동기 이외 합계	126	121,292

이외에도 민영 전기회사로 자본금 천만 원을 가지고 1920년 선교리에 설립된 조선전기공업주식회사가 있다. 이 회사는 회사 탄갱에서 채굴한 가장 저렴한 무연탄을 미분탄 완전연소법으로 발전發電하고 있는데 조선의 연료 동력계에 일대 혁명을 일으켰다. 평양부가 전기를 관리하기 전까지는 가장 저렴하게 풍부한 전력을 각 공장에 공급해 왔는데, 1929년 12월 대동력大動力공급사업을 평양부에 양도하고 현재는 회사 두연탄갱에 송전하는 한편, 멀리 진남포 전기회사에도 송전하고 있다. 지금은 조선송전주식회사로 거듭나서 평안북도 창성군 금광에도 송전을 하고 있다.

또한, 대동강 수계水系의 수력 지점을 답사한 결과, 1,000기 이상이 4개소로 총 14,255기였고, 1,000기 미만이 1개소로 830기였다. 도합 5개소 15,085기의 수력 지점을 보유하고 있어서, 장래에 수력발전사업이 유망함을 알 수 있었다.

교통

철도

평양은 조선 경의선京義線의 중앙지점에 위치하며 남쪽 경성까지 280.7㎞, 북쪽 신의주까지 236㎞ 거리에 있다. 동쪽으로 평양탄광선을 통해 오노다시멘트공장 소재지인 승호리에 이르며, 서쪽은 평남선을 통해 진남포에 이른다. 이를 통해 멀리는 대련大連, 청도青島, 지부芝

罘, 상해上海 등 북지北支 주요 각지, 시모노세키, 오사카, 고베 등 내지內地의 제항諸港과 연락 통로를 갖게 되었다. 게다가 현재 공사 중인 평원서부선은 이미 서포西浦 - 신창新倉 사이를 연결했는데, 그 공사가 완성된다면 동조선東朝鮮의 유일한 양항良港인 원산과 직결될 수 있다. 동해[95] 횡단 항로로 일본의 쓰루가敦賀 또는 마이즈루舞鶴를 통해 선만鮮滿무역의 책원지策源地인 한신阪神(오사카 고베)지방과 연결될 수 있다. 또한, 함경선으로 러시아, 지나 국경과 연결되어 기존의 교통 계통과 비교하면 크게 거리를 단축할 수 있고, 물자 운반상 초래될 편리성이 막대하다 하겠다.

운수(運輸) 일람표(1929년도)

역명	승차 인원	하차 인원	화물(톤)		수입(收入)(원)		
			발송 수	도착 수	화물 수입	여객 수입	합계
대동강	17,076	17,002	27,570	40,090	31,047	7,281	38,328
평양	671,440	663,387	123,588	213,974	645,007	885,975	1,530,982
서평양	34,631	35,690	819	4,207	3,583	19,071	22,654

여객 통과 표(1929년도)

역명	여객			화물		
	상행	하행	합계	상행	하행	합계
대동강	407,006	411,218	818,224	1,005,462	452,952	1,458,414
평양	319,772	323,208	642,980	1,086,028	211,852	1,297,880
서평양	352,914	355,292	708,206	1,085,414	207,850	1,293,264

95) 원문은 '일본해(日本海)'라고 기록되었다.

각 역(各驛) 주요 화물 발착 톤수(噸數)(1929년도)

종별	대동강역		평양역		서평양역	
	발	착	발	착	발	착
쌀	31	-	13,858	10,719	-	-
보리	26	-	1,901	349	-	2
콩	-	-	442	194	-	-
좁쌀	-	-	574	11,101	1	-
잡곡	-	-	3,824	10,557	-	-
야채	1	1	327	1,458	-	-
과일	-	1	3,508	3,472	-	-
면	-	-	210	506	-	-
잎담배	-	-	1,529	3,327	251	1,027
장작	-	-	-	4,811	-	-
목탄	-	-	40	2,471	-	-
목재	33	80	1,343	17,364	40	50
나무 말뚝	-	1,508	111	216	-	-
석탄	22,654	810	5,873	25,064	-	1
해탄(骸炭)	-	-	183	1,645	-	-
연탄	1,062	-	995	2,922	-	-
흑연	-	-	49	55	-	-
광석(鑛石)	26	-	24	1	-	-
자갈	-	30	3	-	-	30
석재	-	-	37	588	-	-
석유	205	394	752	1,769	-	1
소금	-	-	195	315	-	1
생선	-	-	135	847	-	-
절인 생선	-	-	1,044	5,455	-	-
말린 생선	-	-	39	384	-	-
해초	-	-	531	1,700	-	-
맥분	-	-	561	3,183	-	-

종이	-	-	210	925	-	-
금속류	-	59	2,406	4,197	49	-
금속기류	1	51	2,371	1,189	23	-
비료	-	-	1,212	728	2	4
두박(豆粕)	-	150	58	3,719	-	-
벽돌	3,391	-	1,060	128	-	26
토관(土管)	2	-	64	13	-	-
석회	-	1	70	93	-	-
시멘트	-	-	521	5,219	-	-
석분	-	1	156	723	-	-
설탕	-	-	11	5,887	-	-
된장 간장	-	-	264	381	-	-
면사(綿絲)	-	-	119	1,130	-	-
면포	-	-	900	2,682	-	-
도자기	-	-	200	742	-	-
일본 술	-	-	10,988	257	10	-
맥주	-	-	480	405	-	-
각권(刻卷)담배	-	-	3,794	565	-	-
약품 약재	-	5	87	1,264	-	-
성냥	-	-	47	399	-	-
깔개	-	-	358	497	1	-
가구	-	1	112	367	-	2
식료품	18	6	1,457	1,579	-	-
소가죽	-	-	420	160	-	-
소	-	-	319	55	375	-
군용품	-	-	981	1,382	-	-
국용화물(局用貨物)	-	36,618	38,441	49,919	30	2,956
기타	120	372	18,351	18,896	37	108
합계	27,570	40,090	123,588	213,974	819	4,207

창고 영업 성적(1929년)

	평수	전년이월(톤)	입고	출고	잔고	재고 연일수(延日數)(톤)	1일 평균 재고 수(톤)	수입(원)	증권 발행액(장)
평양	454	478	810	964	324	62,247	170.5	1,683	76

수운水運

대동강은 평양남도 영원군 낭림산狼林山을 수원水源으로 하며, 서남으로 흘러서 덕천군과 순천군 등을 지나 지천支川인 불류강 및 남강, 평양, 겸이포를 지나서 또 하나의 지천支川인 재령강과 합류된다. 진남포 하류에서 황해에 도달하는데, 유역 면적은 15,715㎢, 길이는 397㎞에 달하며, 조선 제5위에 속하는 하천에 해당된다. 유역 내의 대부분은 산지이고, 하류 지역에 일부 평야가 있다. 그 경작 면적은 약 34만 7천 정보町步[96]로, 전 유역全流域 면적의 22%에 해당된다. 그 대부분은 밭이고, 논 면적은 약 3만 정보町步에 불과하다. 상류 지역의 산지는 수목이 잘 우거져 있고, 전선全鮮 중에서 적게 보이는 양호한 수원水源을 지녔다. 토사土砂 유출이 매우 적어서 하상河床(하천 바닥)에 누적되는 추세를 보인다. 일반적으로 제방이 높고, 중 · 상류 지역은 홍수의 피해가 적지만, 하류인 평양에 이르면 지대가 낮아서 매년 홍수로 범람하며, 연안沿岸 도시와 부락의 물 피해는 다액多額에 달한다.

대동강 유역 내에서는 우량優良한 탄전이 많다. 특히 평양을 중심으로 대동군과 강동군으로 이어지는 이른바 평양탄전은 일찍부터 개척되었다. 실제로 해군연료창 평양광업부, 조선전기흥업회사, 강서무연탄광주식회사, 미쓰비시겸이포광업부, 명치明治광업주식회사, 조선무연탄주식회사 등의 경영으로 산출되는 석탄은 매년 40만 톤에서 50만 톤에 달하며, 이것을 반출하기 위해서는 대동강 수운水運을 이용하는 것이 매우 중요하다.

하구河口의 조석潮汐 간만의 차이가 약 6m인데, 간만의 차이는 평양 상류인 사동 부근에까지 영향을 미친다. 평양에서도 1m 내외의 차이가 있다. 평양 하루 약 십 수 ㎞ 지점까지는 간조 시에도 물이 깊어서 선박이 자유롭게 항해할 수 있는 천혜의 좋은 해로이다. 하류 겸이포

---

96) 1단보가 3백 평, 10단보(3천 평)를 1정보(町步)라 함.

는 5천 톤급 기선 10척이 충분히 정박할 수 있다. 평양의 약 25킬로 하류에 위치한 보산포에도 3천 톤급 기선 약 5척을 정박시킬 수 있고, 보산포에서는 각 석탄업자들이 경쟁해서 저탄장貯炭場을 설치해 장차 평양탄 반출의 요충지가 되려고 노력하고 있다. 대동강 항운航運은 예부터 상류지방의 물자 수출·이출移出에 대해 유일한 운송 수단이었는데, 최근에는 철도의 발달에 동반하여 점차로 수세에 처해졌다. 그러나 한편으로 전술한 석탄 등의 화물이 급증하면서 선박 및 운송 계통의 변화가 생겨나 개량 공사의 실시는 초미焦眉의 관심으로 부상하고 있다.

이처럼 대동강의 현상現狀은 연안沿岸평야에 방수공사를 시행하여 물 피해를 막고, 현재 한계에 직면한 항운航運의 개량공사를 수행할 필요가 있으므로, 조선총독부는 국비 3백만 원을 투자해 1926년도 이후 10개년 계속사업으로 하천 개수공사를 시행 중이다. 이것이 완성된다면 수리水利, 항운, 방수 상으로 큰 이익이 될 것으로 기대된다. 단지 대부분의 평야는 아직 방수 설비가 없어서 대홍수 때에 여전히 재해를 면하기 어려운 것도 사실이다.

대동강 개수공사改修工事 개요

1. 고수高水공사로는 주로 연안 평야에 방수공사를 시행하는 것을 방침으로 하였다. 먼저 새 하천 부지는 재래在來의 하천 부지를 따라 능라도, 양각도, 이암도, 봉래도蓬萊島, 두로도豆老島 등에서 갈라지는 남북 유로流路를 그대로 존속시켰다. 또한 이들 섬들에는 비상시에 고수부지로 충당하기 위해 방수공사를 시행하지 않고, 하류에 있는 두단도, 문발도를 비롯해 벽지도, 합도蛤島를 방수구역으로 편입시켰다. 그 개수改修구역은 남강南江이 합류하는 부근에서부터 보산포에 이르는 평야부 50㎞ 구간으로 하며, 몽리蒙利면적[97]은 7만 9천단[98]에 달한다.

강폭은 대체로 유로流路를 유지하며 연안 지형地形에 따라 다소 홍수 부지를 남기고, 제방은 일반적으로 천단 폭天端幅 6m로 하지만 홍수 예방을 위해 1m 반의 여유를 두고, 각 방수

97) 몽리 면적 : 논밭 따위가 저수지, 보와 같은 관개 시설로 물을 받게 되는 면적.
98) 1단(反)은 300보(步), 1정(町)의 1/10, 약 10아르에 해당함.

구역의 외곽에 건설한다.

2. 저수低水공사로는 먼저 현재의 항로航路 상황 및 장래에 수운水運이 개량되었을 때에 수운을 이용할 화물 수량을 고려해야 할 것이다. 여기에는 2개의 안案이 있다. 제1안은 벽지도, 합도의 측류側流를 막음으로써 하류 지역인 강선 및 곤양강구昆陽江口의 물길을 크게 한다. 항로 종점을 석호정石湖亭으로 하고 좌안左岸을 따라서 평양까지 운하를 개설한다. 더불어 상류 남강의 합류 지점까지 50톤에서 200톤의 부선艀船을 운행해 25톤을 적재할 수 있도록 꾀하는 방안이다. 제2안은 보산포의 항로 종점은 그대로 두고 순화강 합류점 부근에 산란散亂되어 있는 항로를 현재 가장 수량이 많은 북측 유로流路로 합치는 방안이다. 물길을 개량하여 평양까지 4시간 운행을 가능하게 한다면, 상류 남강 합류점 부근까지는 50톤 선박을 운행해 그 상류 및 지류는 최대 25톤 내외를 목표로 할 수 있을 것이다.

대동강 강운(江運) 상황(1927년)

하천명	포	거리(㎞)	유조(有潮)시 거리	무조(無潮)시 거리	선박(톤)	화물(톤)	출입	주요 화물	비고
본류	진남포	12.0	12.0	-	거선(巨船)	400,700	출	석탄, 곡물, 시멘트, 설탕	대동강 측에서 통과한 화물은 제외
							입	비료, 설탕, 맥분, 소금	
상동	겸이포	31.3	43.3	-	5천	360,000	출	선철(銑鐵)	기타 3만 톤 탄갱의 물자가 통과함.
							입	개평탄(開平炭), 무연탄, 광석	
상동	요포(瑤浦)	11.7	55.0	-	3천	-	출	디곡	
							입	소금, 잡화, 비료	
상동	보산포	10.7	65.7	-	3천	-	출	석탄	기타 통과 석탄 2십만 톤
							입	석탄	
상동	평양	26.4	92.1	0	50	165,784	출	석탄, 소금	
							입	석탄, 원당(原糖), 광석, 잡화	

상동	사동	8.0	-	8.0	25	-	출 입	석탄 나무 말뚝	
상동	미림	2.0	-	10.0	상동	-	입	나무 말뚝	
상동	남강구	4.0	-	14.0	상동	-			
상동	고비리	16.3	-	30.3	상동	91,529	출 입	석탄 나무 말뚝	
상동	맥전	4.5	-	34.8	15	-	출 입	곡물 소금, 잡화	
상동	관파	1.5	-	36.3	8	-	출 입	곡물 소금, 잡화	
상동	한대	8.0	-	44.3	-	-			
상동	요파	11.2	-	55.5	-	-			
상동	자산	17.0	-	72.5	-	-			
상동	순천	8,0	-	80.5	8	-			
상동	북창	8.8	-	89.3	상동	-			북창 위는 거의 무(無)운항
상동	무진대	15.3	-	104.6	상동	-			
상동	도령	18.0	-	122.6	상동	-			
상동	대평	26.8	-	149.4	상동	-			
상동	덕천	19.5	-	168.9	상동	-			
비류강	송강리	22.0	-	22.0	상동	-			합류 기점
상동	성천	10.3	-	31.3	상동	-			
상동	기창	19.4	-	51.7	상동	-			
남강	파읍	12.5	-	12.5	상동	-			합류 기점
상동	삼등	30.0	-	42.5	상동	-			
상동	능파	28.0	-	70.5	상동	-			
상동	일송정	22.5	-	93.0	상동	-			
상동	문성장	12.6	-	105.6	상동	-			
보통강	이평양	5.0	5.0	-	20	-			합류 기점
순화강	추교	7.2	7.2	-	상동	43,000			상동

곤양강	곤양	6.6	6.6	-	상동	-	상동
상동	석교	11.5	18.1	-	상동	-	
봉상천	청산포	11.6	11.6	-	상동	59,400	합류 기점
인양천	노양동	7.2	7.2	-	상동	-	상동
매상천	마산포	12.6	12.6	-	상동	-	상동
상동	삼가포	15.6	28.2	-	상동	-	상동
황주천	군량포	18.0	18.0	-	상동	-	상동
합계	-	513.6	187.4	326.2	-	1,120,313	

실제로 항행航行화물은 위 합계에서 진남포의 화물 40만 톤 제외한 72만 톤, 그 외에 누락된 1만 톤 이내로 봐도 무방하다고 보인다. 그렇다면 1㎞ 당 화물 수량은 실로 1,400여 톤에 달한다. 이것은 다른 하천에 비하면 몇 배에 달하는 운수량에 해당된다. 이를 통해서 대동강의 수운 화물이 얼마나 많은 것인지를 확인할 수 있을 것이다.

대동강 강운 선박(1929년)

선박 종류	적재량(積載量)	배 수(척)
범선(帆船)	2,084톤	178
범선	4,087석(石)	36
발동기선	16톤	2
하천선(河川船)	750톤	259

도로

도로 행정에 대해서는 가장 힘을 기울여 해마다 도시시설 또는 시구市區 개정 등으로, 지금은 부내府內 공유公有도로는 1등 도로 12,298m, 2등 도로 2,081m, 삼등 도로 6,013m, 등외等外 도로 110,061m, 도합 130,454m이다. 이러한 도로 개수改修 상황은 다음과 같다.

누년(累年) 도로 개수(改修) 상황

선명	등급	연도	연장(延長)(m)
본정 - 정차장 앞선(線)	1등	1922년도	1,010.9
정차장 앞통(通) - 세관 앞선	등외	1923년도	249.0
상동	상동	1924년도	301.8
대화정 종점 - 대동강안선	상동	1925년도	372.7
대화정 종점 - 암정(岩町)선	1등	1925년도	667.9
남문정 종점 - 대동군청선	3등	1926년도	549.0
전차(電車)통 - 송영(松永)통선	등외	1927년도	567.3
평원교 - 대동강안선	상동	상동	200.0
욱정(旭町) - 정해문선	상동	1928년도	687.0
수옥리지(地) 내선	상동	상동	80.6
앵정(櫻町)지 내선	상동	상동	127.5
수정공설시장 앞선	상동	상동	135.0
유정(柳町)전기과 앞선	상동	상동	80.0
정해문 - 보통문선	상동	1929년도	537.0
대안강(對岸江) 안선(岸線)	상동	상동	1,260.0
주암선(酒岩線)	상동	상동	2,263.0

도로 연장(延長) 조사(1930년 1월 현재)(단위 : m)

등급	개수(改修) 거리	미 개수 거리	합계	주요 노선명
1등 도로	12,666.2	-	12,666.2	경성 의주선
2등 도로	2,517.9	-	2,517.9	대화정 도청부청선
3등 도로	6,912.5	-	6,912.5	부청 앞 군계(郡界)선
등외 도로	8,224.0	101,837.0	110,061.0	정해문(靜海門)선

육상 운반구 수(단위 : 대)

종류	자동차	인력거	짐차	우차(牛車)	짐마차	객마차	합계	비고
수량	96	127	1,281	208	109	-	1,821	영업용 자동차 79대, 사용(私用) 17대, 1929년 말 현재

통신 · 항공

항공 평양에는 육군비행연대가 있고, 비행기의 조립 · 수리를 하는 조선 유일의 병기兵器 제작소가 있다. 일본항공수송주식회사의 도쿄 - 대련大連 사이의 연락비행 항공로의 정기定期착륙장이기도 하다. 여기에서 대련까지 3시간, 후쿠오카까지는 18시간, 도쿄까지는 25시간에 도달할 수 있다. 연락 비행은 단순히 여객 수송뿐만 아니라, 우편물 · 소포 등의 수송도 행해진다.

통신 1929년 말 현재, 부내府內의 통신사업은 다음과 같다.

통신사업 개요(1929년 말)

우편국 1개, 우편소 8개, 자동전화기4, 우체통 54개, 우편함 17개				
통상 우편(통)	수탁	7,831,411	배달(통)	7,465,692
소포 우편(개)	수탁	180,899	배달(개)	166,910
전신(통)	발신	213,035	착신(著信)(통)	203,387

또한, 평양부내府內 및 교외에는 평양부가 운영하는 전기궤도(노면전차)를 통해, 전차를 운전하고 있는데 전차의 설명은 전술한 전기사업 쪽에서 다루었다.

생활상태조사 (其四) 평양부平壤府 끝

지도

평양부 약도平壤府略圖

평양지방平壤地方 기일其日 평양서부平壤西部

평양지방平壤地方 기이其二 평양동부平壤東部

평양지방平壤地方 기삼其三 선교리 부근船橋里附近

평양지방平壤地方 기사其四 평양남부平壤南部

大同

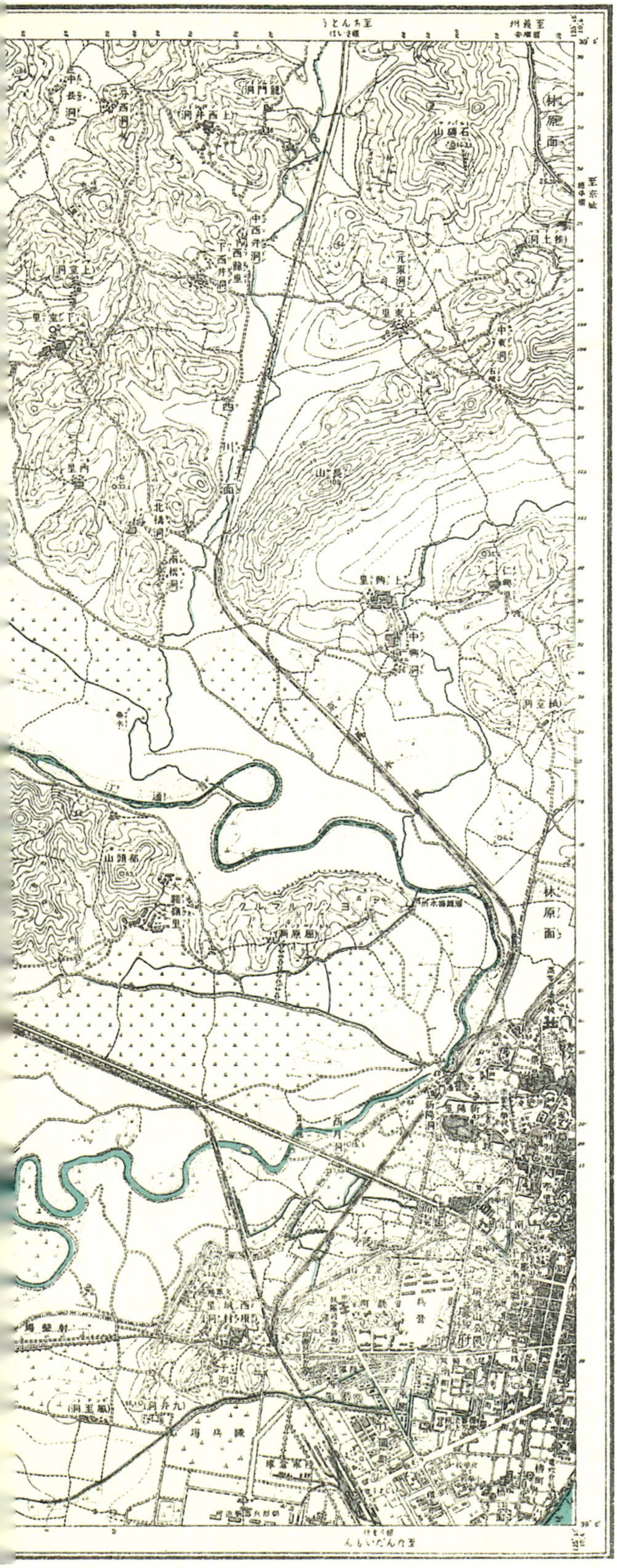

평양지방平壤地方 기이其二
평양동부平壤東部

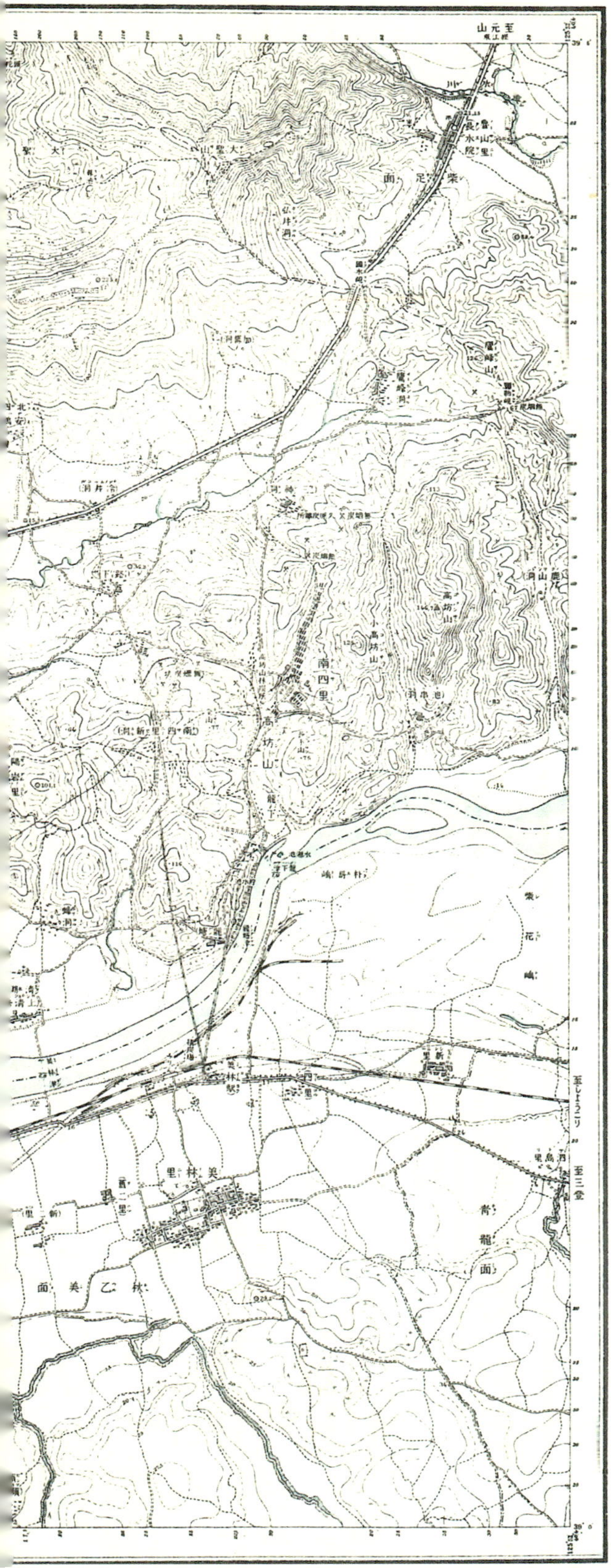

大同江
大同江面
大同

평양지방平壤地方 기삼其三
선교리 부근船橋里附近

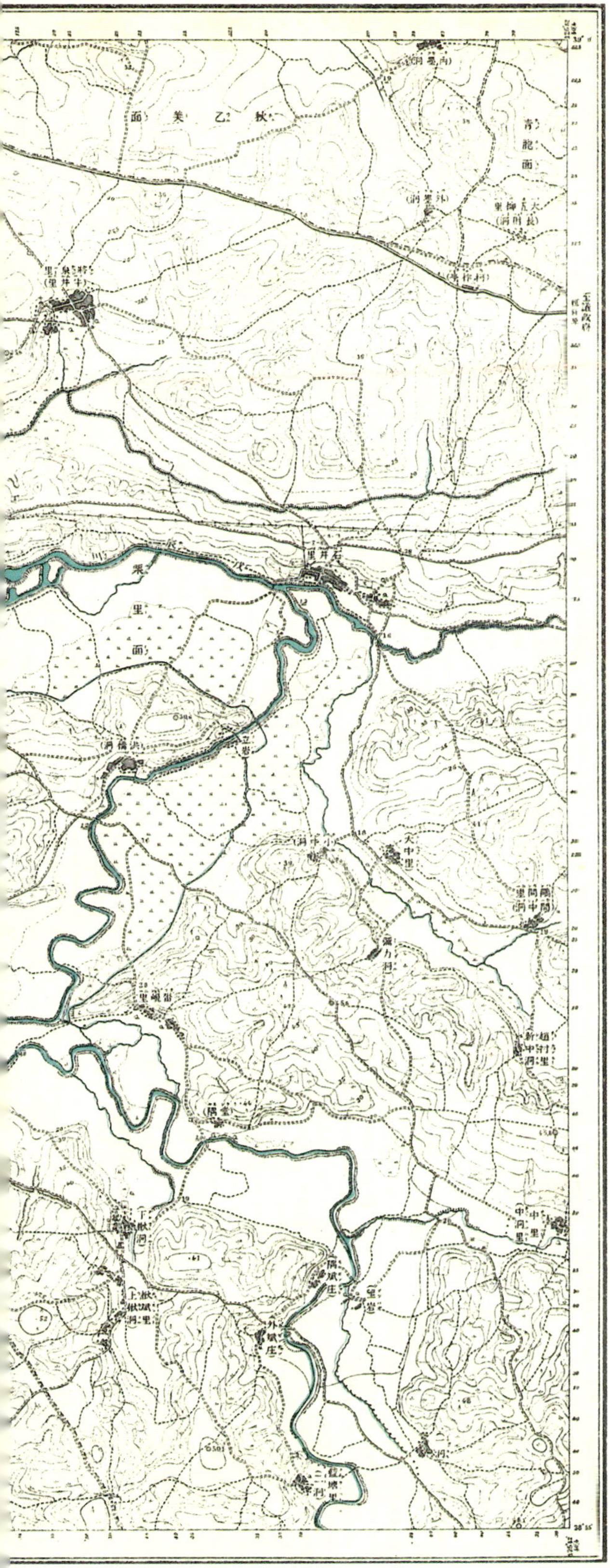

大同江
大同
江西
中和

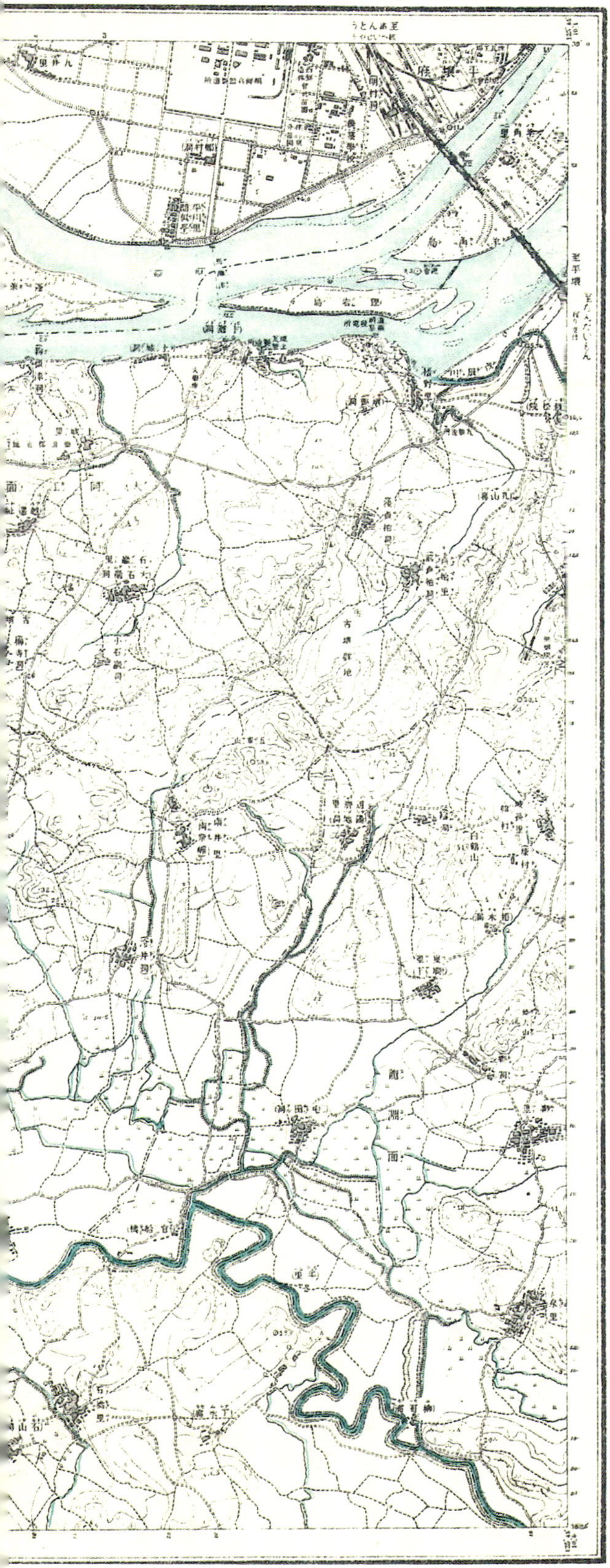

사진

사진 목차

1. 명소고적名所古蹟

2. 시가市街 · 近郊近郊

3. 건축물建築物

4. 민가民家

5. 풍속風俗

6. 관혼상제冠婚喪祭

7. 생활生活

8. 오락娛樂 · 유흥遊興

9. 교육教育

10. 대동강大同江

11. 상업商業

12. 공업工業

13. 농업農業

▴ 모란대
▾ 대동강의 맑게 흐르는 물(淸流)

▲ 부벽루
▼ 을밀대

▲ 기자릉
▼ 대동문

▲ 평양신사
▼ 선교리 청일전쟁[1] 기념비

▲ 영명사 대웅전
▼ 연광정

▲ 오마키노차야(お牧の茶屋) 요정
▼ 평양운동장

▲ 대동강 철교
▼ 대동강 인도교

▲ 평양시가(1). 신시가지의 큰길
▼ 평양시가(2). 남문정 망루에서 본 구시가

▲ 남문통(1). 남문정 망루에서 본 신시가의 일부
▼ 남문통(2). 남문정의 일본인 상점가

▲ 대화정(1). 신시가 대화정(大和町)의 일부
▼ 대화정(2). 신시가 대화정(大和町)의 일부

▲ 구시가(1). 구시가 조선인 상점가

▼ 구시가(2). 중국 상가가 많은 서문통

▴ 구시가 뒷골목의 거리. 빈민이 많은 조선인 지역의 뒷골목

▾ 기림리 부근. 평양의 변두리 기림리

▲ 서양인 마을(村). 경창리, 신양리 일대의 외국인 거주지에 있는 학교와 교회
▼ 중국인 구역. 구시가 중국인 지역의 야채가게

▲ 전구리 길(通). 구시가 전구리 전차길
▼ 남문정 옛길. 남문정 뒷골목의 혼잡함

▴ 진정(賑町)(1). 일본인 유곽 거리
▾ 진정(賑町)(2). 조선인 유곽 거리

▲ 신양리(新陽里) 부근. 평양 서부 신양리 진남포 가도
▼ 선교리(船橋里) 부락. 대동강 기슭 선교리의 큰길

▲ 당상리(堂上里) 부락. 교외 당상리의 농촌 부락
▼ 양각리(羊角里) 부락. 대동강 가운데 양각리 농촌

▲ 농촌 부락. 대동군 대보면의 퇴비 지도 부락
▼ 산수(山手) 관사 거리. 평양시가 산수정(山水町) · 남산정(南山町) 일대는 우아하고 고상하며 관리의 관사가 많다.

▲ **철도 관사.** 평양 철도 운수 사무소 부근의 죽원정(竹園町) · 약송정(若松町) 방면은 철도 관리의 관사 거리를 이루고 살고 있다.
▼ **육군 관사.** 창광산(蒼光山) 기슭 평지의 동정(東町) · 서정(西町)은 여단사령부 · 연대에 접해 육군의 관사 거리이다.

▲ 사동(寺洞) 시가. 해군연료창 평양 광업부 소재의 시가로서 전방에 보이는 관사이다.
▼ 승호리(勝湖里) 시가. 승호리 오노다시멘트 회사 종업원 사택

▲ 평안남도청
▼ 평양부청

▲ 평양 복심(覆審)법원 · 평양 지방법원
▼ 평양경찰서

▲ 보병 제77연대
▼ 야포병 제26연대

▲ 비행 제6연대
▼ 평양 헌병대

▲ 대동군청
▼ 평양 우편국

▲ 평양역
▼ 평양역 플랫폼

▲ 일본항공수송주식회사 평양비행장
▼ 부립도서관 열람실

▴ 평양측후소

▾ 평안남도 물산진열관

▲ 평양 상공회의소
▼ 평안남도 금융조합연합회

▲ 평양 철도호텔
▼ 평양 형무소

▲ 평양 의학강습소
▼ 평양 자혜의원

사진 32

▲ 서성리(西城里) 격리병사

▼ 공설욕장(浴場) · 간이숙박소 · 공익질옥(公益質屋, 전당포)

▲ 평양 면수(免囚)[2] 보호회

▼ 평양불교광제회(廣濟會)

▲ 능라도 수원지
▼ 평양 부영 도우장(屠牛場)3

▲ 조선식산은행 평양지점
▼ 동양척식주식회사 평양지점

▲ 만수대 위의 소방 망루
▼ 평양 상비 소방대

▲ 박씨의 집(1). 상류 가정 박기양(朴箕陽) 씨 주택 정문
▼ 박씨의 집(2). 현관과 대청

▲ 박씨의 집(3). 거실
▼ 박씨의 집(4). 취사장

▲ 정씨의 집(1). 상류 가정 정인하(鄭寅河)씨 주택의 현관
▼ 정씨의 집(2). 사랑채(客間)와 창고

▲ 정씨의 집(3). 취사장
▼ 정씨의 집(4). 김장 장독대

◂ 중류 민가(1). 중류 민가의 외관
▸ 중류 민가(2). 중류 민가의 거실

▲ 중류 민가(3). 중류 가정의 김장 장독대
▼ 중류 민가(4). 중류 가정의 부엌

▲ 민가의 지붕(1). 평양 교외에서 눈에 띄는 돌 지붕집(石葺屋)
▼ 민가의 지붕(2). 교외 민가의 기와지붕 · 함석지붕 · 돌지붕 · 초가지붕

▴ 신식가옥(1). 아오키 가이조(青木戒三) 씨의 주택
▾ 양식가옥(2). 이나바의원(稲葉醫院)의 건물

▲ 농가(1). 기림리(箕林里)의 상류 지주(地主)의 집
▼ 농가(2). 동대원리(東大院里)의 중류 농가

▲ 빈민굴. 교외 당상리(堂上里)의 빈민가옥
▼ 토막생활. 당상리(堂上里)의 극빈자가 사는 토막

▲ 농가의 우사(牛舍)(1). 선교리(船橋里)의 농업겸 운반업의 우사
▼ 농가의 우사(牛舍)(2). 교외 농가의 우돈사(牛豚舍)

▲ 농가의 돈사(豚舍)(1). 서성리(西城里) 농가의 재래 돼지우리

▼ 농가의 돈사(豚舍)(2). 도(道) · 부(府) · 군(郡)의 장려에 의한 동혈식(洞穴式) 돼지우리

◂ **노인.** 풀솜(眞綿)4으로 명주실(絹糸)을 뽑는 할머니
▸ **노인.** 대동강에 낚시줄을 드리우고 물고기를 낚는 노인

▲ **농부.** 부근 촌락으로부터 평양의 시장으로 나가는 농부
▼ **부인.** 시장에서 식사하는 부인들

◂ 행상(1). 어류 행상인
▸ 행상(2). 잡화 행상인

▲ **길거리의 점쟁이.** 길옆에 앉아 손님을 기다리는 점쟁이
▼ **무녀.** 기도하는 무녀의 풍속

◂ 여학생. 스마트한 여학생의 복장

▸ 신랑 신부. 신식의 혼례풍속

▲ **노닐고 있는 부모와 자식.** 나무 아래 쉬면서 시간을 보내고 있는 어머니와 아이
▼ **일신상의 상담.** 인사상담소에 온 사람들

▲ 그네(1). 음력 5월 단오절에 조선 부인의 즐거운 놀이의 하나였던 그네 경기에는 지방에서의 인파도 많고 현상금이 붙어 일등에게 금반지를 내기도 한다.

▼ 그네(2). 종래에는 어디서나 나뭇가지에 그네가 매달려 있었으나 지금은 지정장소 이외에서는 허가되지 않는다.

▲ 널뛰기. 2명의 아이가 판자의 양단에 번갈아 밟고 뛰어오르는 놀이인 널뛰기
▼ 돌 튕기기. 아이가 지상에 선을 그어서 노는 돌 튕기기

▲ **조선 장기.** 조선 재래의 장기는 지금도 왕성하게 행해진다.

▼ **조선 씨름.** 조선 재래의 씨름은 지방 청년들 사이에 일본으 시골 씨름처럼 유행한다.

▲ 생일 축하. 조선 재래의 생일 축하
▼ 회갑식. 조선 재래의 환갑 축하

▲ **혼례(1).** 재래의 결혼식, 식장은 이웃 사람들이 모여서 구경한다.
▼ **혼례(2).** 조선식 혼례. 중앙이 신랑 신부

▲ 혼례(3). 약간 신식을 더한 혼례. 신랑은 학생복이고 그 좌측이 신부
▼ 혼례(4). 결혼식 행렬

▲ 혼례(5). 신식 결혼식
▼ 장례식(1). 조선 재래의 장례식 행렬

▲ 장례식(2). 상류계급의 장례식
▼ 장례식(3). 중류계급의 장례식

▲ 묘지(1). 조선인 공동묘지
▼ 묘지(2). 조선인 공동묘지

▲ 묘지(3). 조선인 공동묘지
▼ 묘지(4). 일본인 공동묘지

▲ 평양부 화장터
▼ 기독교, 교회에서의 조선인 신자의 예배

▲ **불교.** 일본파 불교의 진언종(眞言宗)5 국태사(國泰寺)
▼ **천도교.** 천도교 평양 종리원(宗理院)6

▲ 조선 요리(1). 칠첩반상(七楪飯床)
▼ 조선 요리(2). 교자상

▲ 김장(1). 가을의 끝에서 겨울에 걸친 김장의 계절에는 각 가정의 여성은 모두 김장에 바쁘다.

▼ 김장(2). 배추에 각종 조미를 해서 담근 김장은 조선인이 일상으로 취하는 부식물이라기보다는 오히려 주식물로 그 많고 적음은 생활 정도의 고저를 측정할 만큼 중요하다.

▲ 물긷기(1). 교외 선교리(船橋里)에서의 소녀의 물긷기
▼ 물긷기(2). 교외 당상리(堂上里) 공동 우물의 물긷기

▲ 가내수공업(手內職)(1). 가정에서의 삯일인 목화에서 씨를 빼내는 작업
▼ 가내수공업(手內職)(2). 가정에서 장갑 만드는 삯일

▲ 마을에서 시장으로(1). 야채 · 면화 · 곡물 등을 팔러 시장으로 나가는 부인들
▼ 마을에서 시장으로(2). 평양의 시장에 오는 촌락의 솔잎 장수

▲ 빨래. 보통강에서의 부인들의 빨래
▼ 조선 메밀국수. 명물 조선 메밀국수의 제작 조리

▲ **운반 인부.** 공업이 번성한 평양에서는 운반 인부가 많이 살고 있는데, 이것은 교통이 빈번한 진남포 가로의 보통교 강 위의 해질 무렵.

▼ **낡은 옷 고르기.** 서성리(西城里) 빈민부락의 낡은 옷 고르는 모습

◂ 극장. 일본인 경영의 금천대좌(金千代座)
▸ 활동상설관(1). 일본인 경영의 가이라쿠칸(階樂館)[7]

◂ 활동사진관(2). 일본인 경영의 키네마관(キネマ館)
▸ 활동사진관(3). 조선인 경영의 제일관

▲ 요정(1). 일본인 요정 다마야(玉屋)
▼ 요정(2). 일본인 요정 기라쿠(喜樂)

▲ 요정(3). 조선 요리집 장춘관(長春館)
▼ 요정(4). 중국 요리집 동승루(東昇樓)

▲ 기생학교(1). 기성권번(箕城券番) 부속 기생학교 외관

▼ 기생학교(2). 기생학교 생도의 정렬

▲ 기생학교(3). 기생학교에서의 국어(일본어) 교수
▼ 기생학교(4). 기생학교에서의 가요 연습

▲ 기생의 무용(1). 배경은 봄의 모란대
▼ 기생의 무용(2). 무용은 기성권번(箕城券番)의 명화(名花)

▲ 기생의 거주(1). 현관에서 손님을 맞이하는 대이화선(大李花仙)8
▼ 기생의 거주(2). 침실에서 휴식하는 김춘홍(金春紅)9

▲ 기생의 수양(1). 툇마루에서 조용히 신문을 보는 김춘홍(金春紅)
▼ 기생의 수양(2). 거실에서 독서하는 대이화선(大李花仙)

▲ 기생의 일상(1). 내방에서 작은 새소리를 들으면서 생각에 잠긴 장연홍(張蓮紅)10
▼ 기생의 일상(2). 숙련된(得意) 사군자를 붓으로 그리는 강산월(康山月)

▲ **조회.** 약송(若松, 와카마츠) 심상고등소학교에서의 조회 상황
▼ **염색 실습.** 남산여자보통학교에서의 염색 실습

▲ 수공 실습. 산수(山手, 야마테) 심상고등소학교의 수공 실습
▼ 양말 제조. 종로 보통학교에서의 양말 제조 실습

▲ 목공 실습. 공업보습학교생도의 목공 실습
▼ 제사(製絲) 및 염색 실습. 기업(機業)강습소의 제사 및 염색 실습

▲ 배추 경작(競作). 평양고등여학교 생도의 배추 경작 품평회
▼ 제초 실습. 평양농업학교 생도의 제초 실습

▲ 교련 사열. 평양중학교에서의 복장 검사
▼ 교련. 평양고등보통학교에서의 교련

▲ 일본요리(割烹) 실습. 평양여자고등보통학교 생도의 음식 조리 실습
▼ 수예작품 전람회. 평양여자고등보통학교 생도의 수제작품 전람회

▲ 기업(機業)[11]의 실습. 루라웰즈학원의 기계실습

▼ 재봉실습. 루라웰즈학원의 재봉실습

▴ 유치원(1). 일본인 유치원 원아의 유희
▾ 유치원(2). 조선인 유치원 원아의 유희

▲ 강 위의 선박(1). 대동강 상류의 선박 왕래

▼ 강 위의 선박(2). 평양 강 건너편 선교리(船橋里) 부근에 몰려드는 선박

▲ 스케이트의 번성. 장쾌한 대동강 위의 스케이트

▼ 강 위의 뱃놀이(舟遊). 운치가 풍부한 대동강의 뱃놀이. 강기슭에 우뚝 솟은 대동문과 연광정

▲ 어업(1). 대동강 기슭의 지예망(地曳網)12 출어준비
▼ 어업(2). 강 위의 낚싯배. 주로 잉어 등을 잡는다.

▲ 어업(3). 얼음판 위(氷上)의 물고기 낚시
▼ 어업(4). 얼음판 위(氷上)의 물고기 낚시

▲ 나루터(渡船場)(1). 대동문에서 건너편 부락으로의 나루터
▼ 나루터(渡船場)(2). 양각도(羊角島) 나루터에서 대평소주(大平燒酎) 공장을 바라봄.

▲ 채빙(採氷)(1). 대동강의 채빙 작업
▼ 채빙(採氷)(2). 대동강의 채빙 운반

▲ 채빙(採氷)(3). 대동강의 채빙 처리
▼ 빨래(1). 대동강에서의 빨래

▴ 빨래(2). 강 가운데 재목 위에서의 빨래
▾ 빨래(3). 겨울철 얼음을 깨고 빨래

▲ 하양(荷揚)[13](1). 대동교 아래의 하양장(荷揚場)
▼ 하양(荷揚)(2). 강기슭의 하양

▲ 하양(荷揚)(3). 뗏목을 풀어서 재목을 하양함
▼ 하양(荷揚)(4). 석탄의 하양

▲ 하양(荷揚)(5). 조선 항아리의 하양
▼ 하양(荷揚)(6). 잡화의 하양

▲ 하양(荷揚)(7). 대두(大豆)의 하양

▼ 하양(荷揚)(8). 시민의 연료로 상류지방에서 운반해 온 솔잎 실은 배의 하양

▲ 하양(荷揚)(9). 솔잎(松葉)의 하양, 그 거래는 강기슭에서 많이 행해진다.

▼ 빙상의 운반. 겨울철 대동강이 결빙하면 사람과 수레도 빙상을 교통한다.

▲ 강기슭의 시장(1). 솔잎 시장의 성황, 범선은 석탄 운송선

▼ 강기슭의 시장(2). 대동강 기슭의 공터는 하양장인 동시에 시장으로서 이용되는데, 이것은 야채 시장

▲ 야적(野積)(1). 산과 같은 강기슭의 벼(籾) 야적
▼ 야적(野積)(2). 강기슭에서의 벼의 야적

▲ 제재(製材)(1). 강기슭에서 목재를 두는 곳
▼ 제재(製材)(2). 강기슭에서의 제재 작업

▲ 상점(1). 조선 옷장(箪笥) 상가
▼ 상점(2). 조선 가마솥 상점

▲ 상점(3). 철물 상점
▼ 상점(4). 종이 상점

▲ 상점(5). 해산물 상점
▼ 상점(6). 곡물 상점

▲ 상점(7). 신탄(薪炭)14 상점
▼ 상점(8). 도기(陶器) 상점

▴ 상점(9). 민물고기 도매상(川魚問屋)
▾ 상점(10). 조선 메밀국수집(蕎麥屋)

▲상점(11). 밤 도매상(栗問屋)
▼상점(12). 밤 소매상

◂ 상점(13). 한약 도매상(漢藥卸商)
▸ 상점(14). 조선 전당포(質屋)

▴ 시장(1). 수정(壽町)공설시장 과실상점

▾ 시장(2). 신창리(新倉里) 시장의 바구니 시장(籠市)

▲ 시장(3). 신창리(新倉里) 시장의 타면15 시장(打綿市)
▼ 시장(4). 신창리(新倉里) 시장의 조면16 시장(繰綿市)

▲ 시장(5). 신창리(新倉里) 시장의 잡화 시장
▼ 시장(6). 신창리(新倉里) 시장의 도기상

▲ 시장(7). 신창리(新倉里) 시장의 포목상
▼ 시장(8). 신창리(新倉里) 시장의 수예품(手藝品) 매매

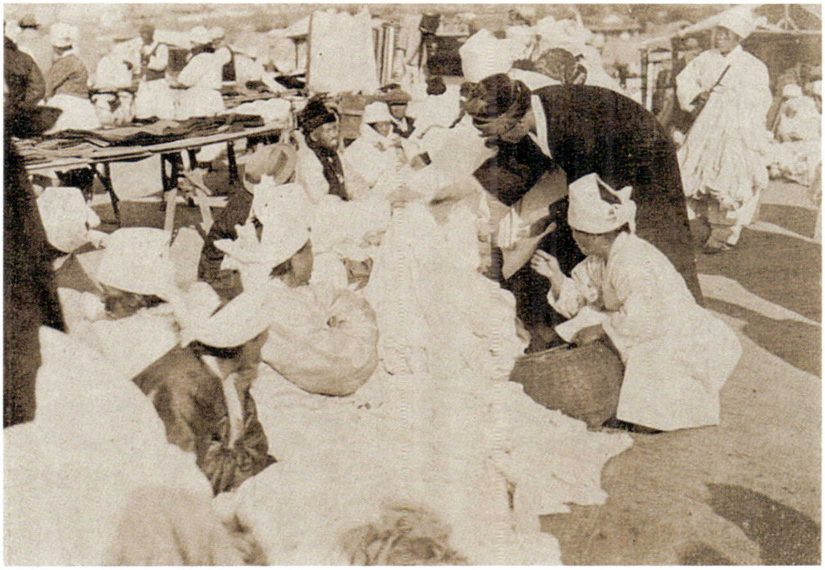

▲ 시장(9). 신창리(新倉里) 시장의 명주(紬) 시장
▼ 시장(10). 신창리(新倉里) 시장의 돼지 시장

▲ 시장(11). 평양 공설 야채(蔬菜) 시장
▼ 시장(12). 평양 공설 신탄(薪炭) 시장

▲ 시장(13). 대동강 기슭의 고구마 시장
▼ 시장(14). 대동군 남관면(南串面) 가마니(繩叺) 시장

▲ 시장(15). 서성리(西城里) 시장의 엿 장사
▼ 시장(16). 수정(壽町) 시장의 음식점

▲ 시장(17). 신창리(新倉里) 시장의 음식점
▼ 시장(18). 신양리(新陽里) 시장의 음식점

▲ 행상(行商)(1). 닭 행상
▼ 행상(行商)(2). 닭 행상

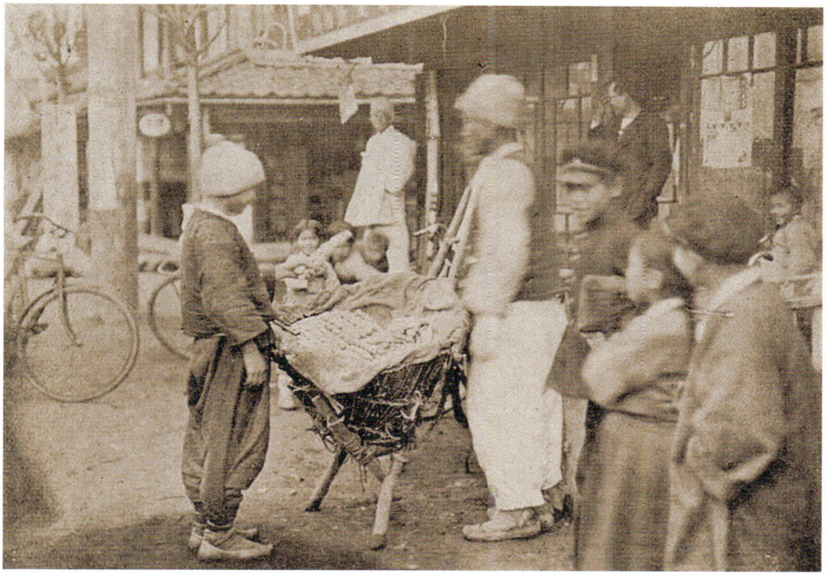

▲ 행상(行商)(3). 엿 행상
▼ 행상(行商)(4). 아이스크림 판매

▲ 행상(行商)(5). 길가의 소매상
▼ 행상(行商)(6). 중국인 야채 행상

▲ 여관(1). 일본인 여관 삼근(三根, 미쓰네) 여관
▼ 여관(2). 일본인 여관 앵옥(櫻屋, 사쿠라야)

▲ 여관(3). 조선인 여관 경흥(慶興) 여관
▼ 여관(4). 처마가 나란히 늘어선 조선인 여관

▲ 해군연료창 평양 광업부(1). 부속공장과 연탄공장으로, 부속공장에서는 석탄갱(炭坑)에 필요한 기계 건물 등의 수리를 하고, 연탄공장에서는 해군용 연탄, 조선철도용 연탄, 가정용 2구멍 연탄, 3구멍 연탄, 마켓쿠형 연탄을 제조한다.

▼ 해군연료창 평양 광업부(2). 사동(寺洞) 제 1갱. 갱 입구는 9개소(사동 3갱, 율리(栗里) 2갱, 고방(高坊) 4갱)로, 모두 경사지이다.

▲ **해군연료창 평양 광업부(3).** 연탄 저탄장 및 마셋쿠 연탄공장으로 높은 건물의 마셋쿠 연탄공장에 쌓여있는 저장탄은 약 1만톤, 개수 1천만개 이상에 달한다.

▼ **해군연료창 평양 광업부(4).** 코히나루 연탄기의 회전 상황, 2구멍 3구멍 연탄제조기로, 2구멍 연탄은 무연탄을 분토(粉土)해 굳히고, 3구멍 연탄은 무연탄을 패치로 굳힌 것이다.

▲ **해군연료창 평양 광업부(5).** 마셋쿠 연탄기계 롤러 회전 상황. 마셋쿠 연탄은 종래 철도용으로만 사용되었지만 근래 일반에 판매하고, 포인(舗印)보나카 연탄은 그 기계로 만들어진다.

▼ **해군연료창 평양 광업부(6).** 제품을 화차(貨車)에 실어서 철도로 각지로 수송한다.

▲ 오노다시멘트공장(1) 승호리(勝湖里) 오노다시멘트공장 전경
▼ 오노다시멘트공장(2) 채석장에서의 석탄석 채굴 및 운반차에 싣는 상황

▲ 오노다시멘트공장(3) 쇄석공장의 석할기(石割機)로 컨베이어에서 석탄석을 반입하는 상황
▼ 오노다시멘트공장(4) 소성통으로부터 시멘트 원료가 대부분 용융점 가까이 구워지고 있는 상황

▲ 오노다시멘트공장(5) 시멘트 소괴(燒塊)17가 냉각통을 나오는 상황

▼ 오노다시멘트공장(6) 포장기(袋詰機)로 시멘트 제품을 포장하고, 벨트컨베이어에서 화차로 포대 수송(袋輸送)하는 광경. 1시간에 5백킬로그램 포장 5백 포대 내외의 포장력을 가지고 있다.

▲ 제당(製糖)공장(1) 대일본 제당주식회사 조선지사 평양 공장 전경

▼ 제당(製糖)공장(2) 대일본 제당 평양 공장 결정관(結晶鑵) 작업 상황

▲ 조선전기공업주식회사공장. 선교리(船橋里)의 공장 전경
▼ 청주(淸酒)공장. 명주(銘酒) 금천대(金千代)로 유명한 사이토 주조장(齋藤酒造場)의 전경

▲ 소주공장(1) 대평양조(大平釀造)주식회사 공장 최신식 기공식 증류기의 일부. 제조 능력 하루 낮밤에 35도 소주 250석(石)을 증류한다.

▼ 소주공장(2) 대평양조(大平釀造)공장의 제품부 저장탱크 및 힐장(詰場)작업. 기계는 본공장 특유의 능률 증진계량기로 1시간에 6백병을 담는다.

▲ 연초공장(1). 평양 전매지국 황각(荒刻)포장 작업
▼ 연초공장(2). 평양 전매지국 양절(兩切)포장 작업18

▲ **연탄공장.** 평양 연탄제조주식회사 공장. 제조 능력 1시간에 마셋쿠연탄 8킬로그램, 2구멍 6킬로그램, 제품의 용도는 증기, 난방, 취사용

▼ **양말공장(1)** 삼공(三共, 산쿄) 양말공장 기계부

▲ 양말공장(2) 삼공(三共, 산쿄) 양말(洋襪)공장의 양말공장
▼ 양말공장(3) 삼공(三共, 산쿄) 양말공장 삯일(賃仕事) 수취소

▲ 제사(製絲)공장(1). 산중(山中, 야마나카) 제사공장 제사작업
▼ 제사(製絲)공장(2). 산중(山中, 야마나카) 제사공장 제조작업

▲ 고무공장(1). 세창(世昌) 고무공장 훈련장(練場)
▼ 고무공장(2). 세창(世昌) 고무공장 마무리하는 곳

▲ 고무공장(3). 평안(平安) 고무공장 마무리하는 곳

▼ 연와(煉瓦)공장. 고목(高木, 다카기) 연와공장

▲ 소가죽 건조. 도살된 소가 많은 평양에서 소가죽 건조 상황
▼ 메밀가루(蕎麥粉) 제조. 기계 제분공장. 명물 평양 메밀의 원료로 용도가 많다.

▲ 정미(精米)공장(1). 평안(平安) 정미공장 돌 골라내는 작업
▼ 정미(精米)공장(2). 평안(平安) 정미소 정미포(精米) 포장 작업

▴ 중국인의 공업(1). 중국인 철공소의 조선 솥 제조공장
▾ 중국인의 공업(2). 대동강 기슭에서의 중국인 석공 작업

▲ 야채밭(1). 선교리(船橋里)의 야채밭
▼ 야채밭(2). 교외 당상리(堂上里)의 중국인 배추밭

▲ 야채밭(3). 대동군(大同郡) 대보면(大寶面)의 고구마 수확
▼ 야채밭(4). 대동강의 섬인 양각도(羊角島) 무밭

▲ 야채밭(5). 양각도(羊角島)의 무 뽑은 모습(取入)
▼ 야채밭(6). 양각도(羊角島) 농가의 무 건조

▲ 과수원. 기림리(箕林里)의 과수
▼ 조(粟) 작황(1). 대동군(大同郡) 조(粟) 모범밭의 작황

▲ 조(粟) 작황(2). 교외 농가의 조 베기
▼ 조(粟) 작황(3). 교외 농가의 조 수확

▴ 탈곡(1). 교외 농가의 기장(黍) 탈곡
▾ 탈곡(2). 보통강 기슭 농가의 팥(小豆) 탈곡

▲ 목화밭. 대동강의 섬인 능라도(綾羅島)의 목화밭
▼ 목장. 선교리(船橋里)의 조선 농사(農事)회사의 목장

▲ 양돈. 대동군(大同郡) 대보면(大寶面)의 씨돼지(種豚) 사육
▼ 가금류 사육(養禽). 교외 당상리(堂上里) 농가의 가금류 사육

사진 미주

1 '일청전역'을 청일전쟁으로 번역함.

2 형기(刑期)를 마치고 출옥(出獄)한 사람.

3 소를 잡는 곳.

4 실을 켜지 못하게 된 허드렛 고치로 늘여 만든 솜. 명주를 짤 때 실이 끊어지면 매듭을 짓지 않고, 이 솜을 조금 뜯어서 싹 비빈 다음 고정시키면 풀처럼 붙는다고 해서 생긴 이름이다. 하얗고 광택이 있으며 목화솜보다도 가벼우면서도 따뜻하다.

5 밀교의 종파로, 일본에서는 승려인 구카이(空海, 774년 7월 27일~835년 4월 22일)가 중국 당나라의 장안으로 건너가 청룡사에서 혜과(惠果)로부터 배운 밀교를 기반으로 하고 있다.

6 사무와 행정을 맡아보는 기관. 중앙 종리원과 지방 종리원이 있다.

7 階樂館은 偕樂館의 잘못이다.

8 이화선은 1915년 10월 가정박람회 때 출연하였다. 1918년 당시의 나이는 24세. 원적은 경상북도 대구부(大邱府). 현주소는 경성부 무교정(武橋町) 82번지. 기예는 각종 정재무(各種呈才舞)·(特上) 경성행가(京城行歌)·서도리창(西道俚唱). 1931년 9월 21~23일 제2회 팔도명창대회 때 김농월(金弄月)·장산월(張山月)·김명선(金明仙) 등과 함께 출연하였다. 1932~1937년 가사·경기가요(京畿歌謠)·"경복궁타령(景福宮打令)"·단가·"달거리"·"무녀가(巫女歌)"·"방아타령" 등 여러 곡을 방송하기 위해 경성방송국(京城放送局)에 출연하였다. [네이버 지식백과] 이화선(李花仙)(송방송, 『한겨레음악대사전』, 2012.11.02).

9 평양 기성권번(箕城券番) 기생. 평양 또는 용강(龍岡) 출생. 김종조(金宗朝)의 제자. 일제강점기 평양의 금천대좌(金千代座)에서 "용강긴아리"와 "용강타령" 등 서도민요를 잘 불러 청중의 사랑을 받았다. 1933년 "용강긴아리"를 비롯한 20여 곡을 레코드에 취입하여 후세에 남겼다. 김관준(金寬俊)이 작사·작곡한 "적벽가(赤壁歌)"의 한 부분을 김종조가 개편한 "화용도(華容道)"를 전수 받았다. 1930년대 "수심가(愁心歌)"·"엮음수심가"·"영변가(寧邊歌)" 등의 많은 서도민요를 음반에 취입했으며, 김난홍·김옥엽·김진명 등과 함께 활동하였다. 1931년 9월 21~23일 제2회 팔도명창대회 때 출연했고, 1938년 5월 3~4일 전조선향토연예대회 중 여류명창경창대회 때 고일손·김벽도·장학선 등과 함께 서도민요를 공연하였다. 1932~1938년 경성방송국(京城放送局)에 출연하여 "건곤가(乾坤歌)"를 포함한 20여 곡의 민요를 방송하였다. 그녀가 취입한 "긴아리"를 포함 여러 곡은 일본 콜럼비아음반에 전하고, 그녀가 취입한 "타령" 등은 일본 빅타음반에 전한다. 그녀가 취입한 "간지타령(簡紙打令)"·"공명가(孔明歌)" 등 10여 곡의 민요는 폴리돌관현악단 반주로 취입되었다. [네이버 지식백과] 김춘홍(金春紅)(송방송, 『한겨레음악대사전』, 2012.11.02).

10 장연홍은 조선 역사상 가장 잘 알려진 기생 중 한 명이였다. 그녀는 1911년 평양에서 외동딸로 태어났다. 장연홍은 14살의 나이에 평양권번(券番)에 들어갔다. 그녀는 21살의 나이에 박영도라는 기생하고 상해로

유학하러 갔다. 상해에서 유학한 후 장연홍의 행방은 아직 불명이다. 친일파 이지용이 미모에 반해 당시 엄청난 거금인 1만원으로 소실 자리를 제안하자 장연홍이 "나라를 욕보인 자에게 가느니 죽음을 택하겠다"라고 답한 일화는 굉장히 유명하다. 출처 : https://futureplan.tistory.com/entry/기생-장연홍張蓮紅-21세-상하이로-유학-이후-행방-몰라 [한국정치 노트 Notes on the Politics of Korea : 티스토리].

11 틀을 사용하여 천을 짜는 사업. 일종의 방직업.

12 강이나 바다에 넓게 둘러치고 여러 사람이 두 끝을 끌어당겨 물고기를 잡는 큰 그물.

13 뱃짐을 부림.

14 땔감으로 쓰이는 땔나무, 숯, 석탄 따위.

15 솜을 타는 일.

16 목화의 씨를 앗아 틀어 솜을 만듦. 또는 그 솜.

17 ① 시멘트의 원료인 석회석과 규산질물(silica)·반토질물(alumina)·산화철 등이 포함된 점토를 주원료로 소성한 것(덩어리). ② 시멘트의 중간 제조품. 로터리 킬른으로 소성한 흑색 괴상물이며 이것을 석고와 같이 분쇄해서 시멘트를 만든다. [네이버 지식백과] 클링커(clinker, 燒塊)(대한건축학회 건축용어사전).

18 황각 담배는 '각연초', '봉지 담배', '봉초'라고도 불리는데, 잘게 썬 연초를 봉지에 담아 판 것으로 잎담배가루를 말한다. 황각 담배를 구매한 사람들은 집에서 신문지 등 종이에 말아 피우거나 파이프에 담아 피웠다. 양절 담배란 양쪽이 절단되었다는 의미로 무필터 궐련이다.

찾아보기

ㄱ

ㄴ

ㄷ

ㄹ

ㅁ

ㅂ

ㅅ

ㅇ

ㅈ

ㅊ

ㅌ

ㅍ

ㅎ

지은이

젠쇼 에이스케善生永助(1885~1971)

일본 와세다대학早稻田大學 정치경제학과를 졸업하고, 1923년 3월부터 1935년 말까지 조선총독부 관방조사과 촉탁으로, 그 후에는 만철 경제조사국滿鐵經濟調查局, 척식장려관拓植奬勵館, 만주국의 국무원 총무청 촉탁으로 1941년까지 근무하면서 일본 식민지 정책과 관련한 조사업무를 수행하였다

옮긴이

박희용朴喜用, Park Hi-Yong

서울시립대학교에서 「창덕궁 정전 영역의 구성과 운영」으로 박사학위를 받았으며, 요코하마 국립대학 건축공학과 건축예술사학 교환학생으로 수학했다. 현재 서울시립대학교 서울학연구소 수석연구원으로 재직하고 있으며, 서울과 평양의 도시와 건축을 역사와 함께 공부하고 있다.

김광식金廣植, Kim Kwang-Sik

東京學藝대학에서 「제국일본의 일본어조선설화집의 간행과 그 추이」로 박사학위를 받고, 東京理科대학, 릿쿄대학 등에서 강의했다. 현재 충남대학교 인문과학연구소 연구교수로 재직하고 있으며, 북한민속학 및 평양 전설의 변용양상을 공부하고 있다.